社会工作实习与督导
（第 2 版）

李伟梁　库少雄　主编

华中科技大学出版社
中国·武汉

内 容 简 介

本书以社会工作实习的"问题"或"过程"为序进行专章介绍。第一章讨论了社会工作实习的含义、意义和历史，以及实习时间标准和常见实习形式；第二章介绍了社会工作实习的五大主要目标及不同标准分类下的实习内容；第三章分析了学校、学生、机构、案主、学校实习指导老师和督导员等几大实习主体各自的角色、需求与责任；第四章介绍了社会工作实习前的机构及学校的准备工作，以及实习的三个实施阶段；第五章介绍了社会工作实习中的通用服务过程、常见服务技能、记录和社会工作者的文化能力；第六章介绍了社会工作实习的预估、过程评估和结果评估，以及实习评估的原则与注意事项；第七章介绍了社会工作实习督导的内涵、现状、原则、条件和功能；第八章讨论了社会工作实习存在的常见伦理及法律议题，并总结了当前我国社会工作实习教育存在的主要问题。

图书在版编目(CIP)数据

  社会工作实习与督导(第2版)/李伟梁 库少雄 主编.—武汉：华中科技大学出版社，2012.4
  ISBN 978-7-5609-7693-8
  Ⅰ.社… Ⅱ.①李… ②库… Ⅲ.社会工作-教材 Ⅳ.C916

中国版本图书馆CIP数据核字(2012)第011102号

社会工作实习与督导(第2版)   李伟梁 库少雄 主编

责任编辑：杨玉斌
责任校对：刘 竣
封面设计：潘 群
责任监印：周治超
出版发行：华中科技大学出版社(中国·武汉)
     武昌喻家山 邮编：430074 电话：(027)87557437
录 排：华中科技大学惠友文印中心
印 刷：华中科技大学印刷厂
开 本：710mm×1000mm 1/16
印 张：13
字 数：262千字
版 次：2012年4月第2版第1次印刷
定 价：22.00元

本书若有印装质量问题，请向出版社营销中心调换
全国免费服务热线：400-6679-118 竭诚为您服务
版权所有 侵权必究

目 录

第一章 社会工作实习与社会工作专业教育 (1)
 第一节 社会工作实习及其意义 (1)
 第二节 社会工作实习的历史 (11)
 第三节 社会工作实习的时间标准与形式 (13)

第二章 社会工作实习的目标和内容 (19)
 第一节 社会工作实习的目标 (19)
 第二节 社会工作实习的内容 (29)

第三章 社会工作实习中的角色、需求与责任 (40)
 第一节 学校的角色与责任 (40)
 第二节 学生的角色、需求与责任 (43)
 第三节 机构的角色、需求与责任 (48)
 第四节 案主的角色与需求 (54)
 第五节 督导员的角色与责任 (57)

第四章 社会工作实习的准备与实施 (64)
 第一节 实习前的准备 (65)
 第二节 实习的实施 (71)
 第三节 实习中督导员的安排与工作 (86)

第五章 社会工作实习的服务过程与技能 (92)
 第一节 实习的服务过程 (92)
 第二节 实习的服务技能 (105)
 第三节 记录与社会工作者的文化能力 (113)

第六章 社会工作实习评估 (118)
 第一节 社会工作评估与实习评估 (118)
 第二节 实习前的预估 (121)
 第三节 实习中的过程评估 (123)
 第四节 实习后的结果评估 (133)
 第五节 实习评估的原则与注意事项 (139)

第七章 社会工作实习督导 (142)
 第一节 实习督导的概念及发展现状 (142)
 第二节 实习督导的原则和条件 (147)
 第三节 实习督导的功能 (150)

第八章　社会工作实习的伦理议题及存在的问题……………………（167）
　　第一节　社会工作实习的伦理议题………………………………（167）
　　第二节　社会工作实习教育的问题及完善………………………（177）
附录一　东吴大学社会工作实习计划摘录……………………………（189）
附录二　台北人民总医院社会工作学生实习教学计划实习进度表…（194）
附录三　社会工作实习各类表格………………………………………（195）
附录四　《深圳市社工督导人员工作职责手册》(试行)………………（197）
附录五　深圳市社会工作实习生管理办法(试行)……………………（201）
后记………………………………………………………………………（204）

第一章 社会工作实习与社会工作专业教育

第一节 社会工作实习及其意义

一、什么是实习

作为未来的专业社会工作者,学生在课堂上学习社会工作专业的价值、原则、理论与方法。但是,课堂知识并不能自动转化为为案主服务的能力。在面对形形色色的案主及其形形色色的问题时,怎样消除不适当的感受、态度和偏见(例如,当你面对一位杀死自己父亲的案主、一位对儿童进行性虐待的案主,或者一位同性恋者时所产生的感受),怎样艺术地整合运用所学的专业价值、原则、理论与方法为案主提供最有效的服务,不是仅仅依靠课堂教学就能解决问题的,而必须通过有计划的、系统的、长期的实习,把课堂知识应用于实际的工作情境之中。

这种在社会工作机构里——在真实的工作情境中帮助学生学习整合运用社会工作专业的价值、原则、理论与方法,培养社会工作者应有的价值与态度,为学生毕业以后独立从事社会工作做好充分的心理准备和知识、技能准备的教学方式即为实习教育。通过实习,学生逐渐学会熟练、灵活地与个人、小组、组织和社区打交道,学会准确地分析案主的需要和问题,学会制订适当的工作计划和介入策略。在实习中,学生还必须学会根据不同的情况灵活地扮演不同的角色。这些角色包括倡导者、经纪人(中间人)、教育者、小组领导、调解人、治疗师、社区计划者和社区组织者、行政工作人员,等等。也只有通过实习,学生才能逐渐做到专业知、觉、行三者的统一与融合,逐渐形成专业自我。因此,社会工作专业教育包括必不可少的两个部分——课堂学习和在社会工作机构里的实习。

实习不是课堂知识的重复讲解,因此,课堂教学不能取代实习;实习也不是没有理论基础的技能训练,因此,实习离不开课堂教学。实习应该是以教育为取向的。在实习中,学校明确规定实习的目标和内容,在适当的时机根据学生的兴趣和意愿把学生安排到适当的机构中,由机构安排适当的工作人员担任督导员,指导学生如何运用机构所提供的机会,尝试扮演实务工作者的角色,让学生在为案主服务的过程中,促进专业知、觉、行的发展与融合。实习为学生提供了向专业工作人员学习的机会,机构中所有的工作人员都会对学生有不同程度的影响和帮助。故而,学生得以在学校实习指导老师、督导员与其他工作人员的共同帮助下不断地思考、探索、练习和尝试,在专业成长的道路上不断前进。

Stein 曾经针对实习教育对培养社会工作专业人才的意义进行过一次调查研究,结果发现,学生们普遍认为实习比其他专业课程更重要,许多学生对实习教学的评价高于对课堂教学的评价。(曾华源,1987)他得出了如下三点结论。

(1) 大多数学生认为,关于诊断问题、解决问题的方法与技巧主要是从实习或实习与课堂教学的结合中学到的。而对于许多方面的知识与技能,例如专业关系的建立与运用、社会资源的运用、如何处理面对案主时的心理问题等,实习教学被证明是唯一有效的学习方法。

(2) 专业人员的自我知觉(self-awareness)完全来自实习。

(3) 实习有助于学生了解社会工作机构的结构与运作程序。

我们通过对历届社会工作专业学生的调查也得出了类似的结论。学生大多反对仅仅在课堂上学习理论知识,而对实习有很强的兴趣和主动性,对学校不能提供更多、更好的实习机会深为不满,强烈要求学校提供较多的实习机会。当然,其中也有一些比较偏激的思想,例如,少数同学认为社会工作是一个以"做"为主的专业,不应该"在课堂里浪费时间,学习过多的理论知识"。正确的态度应是既不忽视理论学习,又不忽视实习。只有把课堂学习与实习科学地结合起来,才能培养出合格的专业社会工作者。

二、实习的意义

在多年的教学实践中,我们发现实习的意义主要有以下几个方面。

(1) 实习是社会工作专业教育的有机组成部分,是达成专业教育目标的必要手段。

一般专业的课程体系都可以划分为基础课、专业基础课和专业课。社会工作的性质决定了该专业的学生至少应该在完成基础课和专业基础课的学习之后,进入专业课的学习之前及完成专业课的学习之后进行两次性质、目的不同的实习。第一次实习的主要目的是培养学生对专业的感性认识,为专业课的学习打下必不可少的认识基础,人们通常称之为认知实习;第二次实习的主要目的是在实践中具体运用所学的专业知识和技能,进一步熟练、巩固和提高专业知识和技能,人们通常称之为毕业实习。因此,不难理解,实习是社会工作专业教育的有机组成部分,是达成专业教育目标的必要手段。

目前,社会工作专业教育已经形成了自己的课程体系,教学内容非常广泛,除了一般性的课程(例如计算机、公共关系学、社会学、社会心理学、心理学、人类学等)之外,还包括社会工作概论、人类行为与社会环境、社会工作研究、社会福利政策与服务、个案工作、小组工作、社区工作、社会工作实习、儿童社会工作、学校社会工作、医疗社会工作,等等。在这些课程当中,社会工作的专业课程大致可以分为四类。

第一类是对社会工作进行一般性介绍的课程,例如社会工作概论、社会福利政策与服务、社会立法,等等。

第二类是专业基础课程,例如人类行为与社会环境。

第三类是社会工作方法课程,例如个案工作、小组工作、社区工作、社会发展、社会工作研究,等等。

第四类是实务课程,例如社会工作实习、儿童社会工作、学校社会工作、医疗社会工作,等等。

如果不学习第一类课程,就不清楚社会工作研究什么,以及社会工作者是干什么的。

第二类课程是实务工作者进行分析、诊断的依据,就像医生所必需的医学理论与知识一样。如果不学习这类课程,社会工作者就没有专业理论基础,就无从分析、诊断和治疗。

第三类课程是有关方法和工具的,就像医生使用的医疗器材(例如听诊器)一样。如果社会工作者不知道如何使用这些方法和工具,也是无法帮助案主的。

开设第四类课程的目的是使学生了解各种社会工作实务并亲身参与实务工作,分别担任个案工作、小组工作、社区工作、社会发展及社会工作行政人员,将理论应用于实践。更高的要求是在实践中验证理论、发展理论、创造理论。

目前,世界范围内社会工作专业教育正在进行重大的改革,人们更加重视基础知识与工作技能的发展、理论研究与实务工作的结合。在理论方面,作为专业方法与技能的理论基础的人类行为与社会环境课程越来越受重视,它不仅是本科生的必修课,也是硕士生和博士生的必修课。在实践方面,无论是本科生、硕士生,还是博士生,实习在其课程中都占了相当多的时间与学分。其中,本科学习阶段注重总体社会工作实务(generalist social work practice)(通才式)训练,学生必须学习社会工作的基本理论和方法,研究生则依照各自的研究方向而有所侧重,重点学习和研究某特定领域里的社会工作。一般而言,研究生实习课程的比重比本科生实习课程的比重大。(沙依仁,1983)

此外,我们还可以从美国流行的所谓"三步分级法"中看到实习是专业教育的有机组成部分。美国社会工作教育界普遍认为,在本科学习阶段,社会工作教育必须培养学生以个人、家庭、小组、组织和社区为服务对象的总体社会工作实务的能力。为了达到这一目的,大多数学校实行所谓"三步分级法"。

第一步,学生提出学习社会工作的申请,并学习一些必要的基础知识。

第二步,完成基本核心课程——人类行为与社会环境、社会工作实习、社会福利政策和服务、社会工作研究等的学习。

第三步,学校实习指导老师把学生分派到机构中实习,使学生有机会练习他们

已经掌握的技能,并学习新的技能。(Royse,Dhooper,Rompf,1999)

(2) 实习有助于学生理解社会对社会工作的需求和社会工作者的责任,激发和坚定他们从事社会工作的信心。

社会工作在我国是一个新专业,许多学生因看不到社会工作者的作用和社会对社会工作者的需求,从而失去了学习社会工作的兴趣与信心。实习有助于解决这个问题。实践表明,通过在实习中接触现实社会生活,许多学生对专业有了更全面、更深入的了解,明确了社会工作的功能和意义,产生了对社会工作专业的兴趣。

例如,在课堂上学习"农村社会保障制度"时,一些学生认为,"制度一旦确立,按制度办事就可以了,社会工作者没有什么好做的"。而且许多学生觉得这门课程十分枯燥,学起来无精打采。但是,他们在农村养老保险机构里实习时发现了很多问题,例如,他们发现有人利用职权克扣农民养老金,从农民卖粮款中强制扣除养老金;有人假公济私,用公款为个人交养老保险;许多农民对养老保险一无所知、极不信任,等等。他们还发现农村养老保险是新生事物,不仅制度不完备,而且整个系统也缺少专业人才。同时,他们发现社会工作者可以在以下三个方面发挥作用。

一是帮助广大农民(案主),使他们理解养老保险的意义,根据自身的收入水平积极投保。

二是诊断农村社会保险组织、机构存在哪些问题,制定解决问题的策略。

三是把"人和系统"(农民和保险机构)联系起来,推进农村养老保险事业的健康发展。

如果只有课堂教学而没有实习,学生不但不可能通过自己的眼睛发现农村养老保险中的问题,而且也不可能真切理解社会对社会工作的需求,以及社会工作者在农村养老保险中应起的作用。

(3) 实习有助于学生理解社会工作的复杂性,激起他们认真学习社会工作的热情。

人类的思想与行为有多复杂,社会工作的知识就有多高深。人类问题的差异性有多大,社会工作的知识范围就有多广。但是,如果不联系实际而只进行课堂讲授,一些学生可能会觉得社会工作的理论与方法简单、乏味。有些学生甚至说,"社会工作没有什么内容好学"。但是,当他们在实习中面临困难的时候,事实就会改变他们这样的想法。

例如,一些学生以前把社区工作同老大爷、老大妈联系在一起,无法想象大学生干居委会工作的情形。在社区里实习了一段时间之后,学生们发现现在的街道居委会不比以前了,现在实行的是网络服务、电脑管理,没有一定的文化基础和专业技能是干不了这一行的。学生们还发现,社会的发展使社区工作的内容越来越丰富,社区工作对技能水平的要求也不断提高,对从事社会工作学习与研究的师生提出了更高的要求,从而使学生们提高了对社区工作的兴趣。

案例 1-1

　　小周自愿义务帮助一位年近80岁的老奶奶。他原以为帮助老奶奶做些家务活、陪她聊聊天不过是一件很轻松的事情。但是,他第一次进入老奶奶的屋子就没有受到欢迎,这倒并不是因为他的行为举止有什么不妥,而是由于老奶奶的心里充满了戒备——她一声不吭,也不要小周做任何事。老人从来不谈自己的身世,而小周也不知道如何与老奶奶搭话。尽管小周努力接近老奶奶,但始终不能逾越老人的心理防线;即使偶尔谈话也只是绕圈子,没有触及心灵与情感,有时老奶奶甚至会产生对抗的情绪。

　　亲身经历让小周认识到像帮助老人这样看似简单的事情其实并不那么简单,他之所以失败就是他把课堂上所学的有关介入程序与方法的知识完全抛在脑后。例如,一般说来,实际的社会工作包括以下几步:①研究并理解问题或情境;②制订具体的行动计划,仔细选择和详细说明行动目标;③实际介入,包括向个人提供忠告,或与大型组织打交道以改变某些政策,更好地满足案主的需要;④以有条理的方式结束介入(Shulman,1981)。而在与老人接触之前,小周没有针对老人的具体问题进行调查研究,没有收集、分析老人的有关信息,没有研究老人的问题。

　　后来,小周从居委会了解到,老人的老伴早已去世,儿子一家远在外地,她孤身一人住在一栋旧房子的顶楼。由于腿行动不方便,上下楼很困难,同时,长期独居养成了其孤僻、对人不信任的性格,因此,她宁肯待在家里苦受孤独的折磨,也不愿外人进入她的生活。

　　于是,小周特意复习了老年社会工作与社会工作介入的知识,并针对老奶奶的特点,运用怎样消除代沟、怎样消除文化程度差异与价值观念差异、怎样克服老人的传统价值观念等知识,精心设计了介入方案。功夫不负有心人,小周终于获得了老人的信任。老人动情地说:"要是你能天天和我谈谈心,那该有多好哇!"这时小周感慨道:"老人,尤其是孤老,其实和小孩子差不多,很希望有人来关心他们。俗话说'老小老小',一点也不错。他们渴望与人交流,但现在很少有人愿意舍弃自己的时间去陪他们,甚至老人的子女也很少关心他们。如果周围的人表现出老人是'包袱',以及没有时间理会老人等态度和行为,就会给老人带来心理上的压力,甚至引发他们不健康的心理,让人觉得他们难以捉摸,不好相处。"

　　问题:
　　① 小周是一位热心助人的人吗?
　　② 小周初次介入为什么失败了?
　　③ 你认为小周对课堂学习有兴趣吗?其中的原因可能是什么?

④ 你认为小周有没有值得你学习的地方?
⑤ 你认为第一次实习最好安排在什么时候?
⑥ 你愿意利用课余时间做一些志愿工作吗?为什么?

(4) 实习有助于培养学生的专业价值观,消除学生不适当的态度、情绪和偏见,形成专业自我。

社会工作是帮助人们解决各种问题的。向社会工作者寻求帮助的人不是有这样的问题就是有那样的问题(例如酗酒、贫穷、抑郁、想自杀、夫妻关系紧张、未婚妈妈等),也就是说,案主常常处在不太好的境况之中,正如看医生的病人一样。正因为如此,人道主义的价值观对社会工作者来说就显得特别重要。

例如,一个酒鬼喝得烂醉,他躺在阴沟里面,浑身是泥,嘴里不停地骂着脏话,你去帮助他,他不但不合作,反而骂你、打你。即便如此,在社会工作者的眼中,这个酒鬼仍然是一个人,只要是人,就有人的尊严与价值,这种尊严与价值不是表现在其醉酒的行为上,而是因为他是一个人这样的事实。只要是人,就难免犯错误,就不可能十全十美。同时,只要是人,就有改正错误的潜能。社会工作的目的之一就是帮助人们认识错误、改正错误。社会工作的价值要求我们既要接受人的力量与优点,又要接受人的不足与弱点。

因此,社会工作是一门独特的专业(职业)。其特殊性表现在——为了实现专业理想,在长期的实践中,社会工作者形成了自身独特的价值以及这些价值所决定的工作原则。社会工作价值要求社会工作人员尊重与接纳每一位案主(哪怕案主是一位杀人犯、强奸犯等),要求社会工作人员有高度的社会责任感、对案主的无限同情心和帮助案主的强烈愿望。学生只有认同并内化了社会工作的价值、原则、理论与方法,才能理解社会工作者的社会责任,表现出对专业价值、原则、理论与方法的遵从和自律。

但是,事实证明,在向社会主义市场经济转轨的特殊历史背景中,要培养青年学生的这种专业价值观不是一件容易的事情。困难在于,往往老师说教得越多,学生越不理解,甚至造成逆反心理,认为社会工作没有意思,社会工作专业的学生在校期间也觉得低人一等,认为毕业以后没有前途,自己上当受骗才选了这个专业,一些学生因此而矛盾、苦恼,浪费了许多宝贵的时光。一位学生说,首次在招生简章上看到社会工作专业,第一感觉便是学了它可以从事社会上的各种工作,且多半是从政。可入学以后才发现它是一种为人服务的工作,没有什么社会地位,于是对社会工作专业产生了厌倦心理,根本就学不进去,更别谈什么社会责任感和帮助人的愿望。

实践表明,解决这个问题的最有效的办法就是实习。一方面,实习有助于学生发现社会问题,真切地感受社会问题,在社会问题中理解社会工作的功能和意义,激起学生学习专业的兴趣和热情,激起年轻人本来就有的爱心、社会责任感和助人精神,并树立为社会工作事业奋斗终生的理想;另一方面,社会工作对人类行为的基本观点是"环境中的人",也就是说,每一个人的环境及其行为反应都具有独特性,具有主观意义。社会工作者也是人,也有自己独特的价值观、态度、情绪和偏见,但是,社会工作者本人并不一定十分了解自己的这些方面,如果学生在实习中,在与他人互动的过程中,固执于自己的价值观和意见,就可能产生许多不适当的情绪、态度和行为。例如,一位学生不赞同堕胎、离婚、同性恋等行为,他(她)很可能对与其意见相左的案主产生厌恶甚至愤怒的情绪。

情绪反应是人际关系的核心,也是社会工作实务重要的影响因素之一。不良的情绪会阻碍社会工作者对案主的接纳和了解,使案主对社会工作者的信任度降低。虽然这不一定会影响学生的学习,却影响学生与案主建立良好的关系,影响学生为案主提供有效的服务。这对专业人员来说是不应该的。专业人员在为案主提供服务时,必须理智、明确地了解自我及正确地管理自我,以便控制不适当的情绪、态度与偏见,保持客观、冷静,表现出适当的角色行为,包括表现出比较容易接纳案主的行为——这些就是专业自我的要素。

显然,培养专业自我与自我觉知有密切的关系,而培养自我觉知的最好方法就是实习。实习有助于学生了解自己行为的主观性,感受自己的行为对案主的影响。有了良好的自我觉知,才能分析和研究自身行为的内在感受和价值取向,把自己的价值与社会工作专业的价值相比较,分析二者之间的异同和冲突,并作出价值上的选择——肯定或改变自己的某些价值,认同专业价值,将专业价值内化,使信念和行为紧密地结合在一起。这样,学生就会逐渐认识并认同专业理想,初步形成专业自我。在专业自我的指导下,学生就能够较好地控制自己的情绪与行为,表现出符合专业角色的态度和行为,包括比较容易接受案主的行为,而不至于盲目地拒绝案主或者将个人的价值与案主的价值对立起来。(曾华源,1987)

例如,一位在儿童福利院实习的学生说:

当我第一次如此接近并清晰地看到一个兔唇的孩子和一个手脚畸形的孩子时,我情不自禁地流露出一种惧怕、厌恶、躲闪的情绪。我的行为没有躲过一旁老师的眼睛,老师小声地提醒我不应该这样,因为孩子虽小,但也能明白我的态度和行为,并会作出相应的反应。身体先天疾病已经给他们造成了伤害,作为社会工作专业的学生,我们更应该为他们付出关怀和爱。于是我鼓起勇气走上前去,与一个孩子交谈、玩耍,虽然他的反应比较迟钝,但看得出来他在积极地与我进行交流。一个小时之后我离去时,我竟然从他的眼睛中看到了一丝依依不舍,这使我十分感动。他们本应该是天真烂漫、无忧无虑的,而各种残疾却使他们失去了本应该属于他们的快乐。他们比正常的孩子更需要人们的关心和帮助。我第一次真切地体会到了社会工作者的责任和义务,体会到了社会工作的价值和意义。我真为自己开始表现出来的惧怕、厌恶、躲闪而内疚。

另一位学生说：

当我进入一个房间的时候，一群孩子兴奋地跑过来，一个劲地叫："抱！抱！"我抱抱这个，抱抱那个，跟他们聊天，教他们唱歌……我走的时候，他们是那样依依不舍，有几个孩子还跑出来，使劲地向我挥手告别，当时我心中真有一种难以言喻的感觉，真想能为他们做点什么，为更多不幸的孩子们做点什么。我知道，在福利院之外还有许多不幸的孩子。我反复思考着这个问题，但又不知从何着手。我想，当务之急就是学好专业课。

还有一位学生说：

儿童福利院院长向同学们介绍院里的工作人员时，说他们都非常热爱工作，准备把毕生的精力都放在儿童福利事业上，有人甚至因为害怕有了自己的孩子以后会冷落院里的孩子，竟然终身不育，这种牺牲精神和敬业精神深深地感动了同学们。许多人因此而反复地问自己——我愿不愿意从事社会工作？许多人因此说再也没有理由"对专业不感兴趣了"。

一位在戒毒所里实习的学生说：

实习之前我一想到吸毒及其相关的行为就害怕、厌恶。但是，实习让我明白，如果社会不去帮助那些吸毒的人，他们就很有可能继续堕落下去，成为妓女、小偷等。而在社会的帮助下，他们完全可能戒掉毒瘾，成为对社会有益的人——从中我看到了社会工作的意义。现在，我想得最多的是吸毒者的痛苦与不幸，我真的很想对他们有所帮助。

案例 1-2

小石出生在一个幸福的知识分子家庭里——他的爸爸是一名记者，妈妈是一名大学老师。他们不仅彼此相爱，而且对小石关爱备至。父母常常对小石说，幸福的家庭是一个人健康成长的必要条件。

阎敏长期以来受其丈夫的虐待。她很想离婚，但又有些犹豫不决——她丈夫说，无论她跑到哪里都逃不出他的手掌心。

一天，阎敏来到了小石所在的实习机构，督导员让小石接待她。

下面是他们之间的谈话：

……

阎敏："我忍受了太长的时间。各种办法都想尽了，但仍然无济于事。我真的受不了啦。我认真地想过了——我要离婚！"

小石："你为什么要离婚？你不知道婚姻与家庭的重要性吗？"

阎敏："是的，家庭是很重要，但我目前只想摆脱他。"

小石："你摆脱了现在的丈夫又能怎么样？你还不是要与另外一个人结婚吗？"

阎敏：（无言以对）

……

问题：

① 小石认为婚姻与家庭的基本价值是什么？这种价值观是怎样影响其助人行为的？

② 阎敏希望从社会服务机构里得到什么样的帮助？

③ 阎敏得到了她所需要的帮助吗？为什么？

④ 如果你是小石，你会怎样帮助阎敏？你这样做的原因是什么？

（5）实习有助于学生把理论知识应用于实践，在实践中加深对理论知识的理解，并进一步检验、修正与发展理论。

正是在实习中，课堂教学中有关人类行为、社会政策、社会工作研究和社会工作实务的知识在课堂之外得到了实际的检验与应用。实践表明，实习对学生在社会工作价值与伦理、人类的差异性与多样性、促进社会公正与经济公平、帮助危难中的人们等基础领域的经验学习方面有特别的帮助。

对我国社会工作教育来说，实习还有一层特别的含义。新中国成立以来，虽然社会工作实践从未间断，但社会工作的教学和研究却中止了几十年。目前，开设社会工作专业的学校还不够多，影响还不够大，还没有形成完备的教学体系，老师的讲稿大多来自美国以及我国香港地区、台湾地区，有的甚至完全照搬照套。不同国家和地区的社会工作理论与方法同我国的基本国情有哪些不适应之处，学生唯有在实习中才能找到这些问题的答案。

（6）实习有助于学生整合运用所学的各种知识与经验，为案主提供最有效的服务。

不同的理论与方法都是建立在观察事实的不同角度之上的。每一种理论与方法都为我们提供了一种理解社会现象的方式。但是，社会现象纷繁复杂、变化万千，以至于没有一种理论或方法能把各个方面都解释清楚。我们只有综合运用不同的理论与方法，才能比较满意地描述、解释、预测和规范社会现象。社会工作的服务对象是世界上最复杂的人，要解决的问题是千变万化、扑朔迷离的人类行为问题，如果无法整合运用各种知识与经验，常常不可能为案主提供有效的服务。

例如，心理学关心的主要是个人。心理学认为，是人内部各不相同的动力（如动机）造成了人类行为的个别差异，而社会学关心的主要是环境，社会学认为人类行为的个别差异是由不同的环境造成的。心理学与社会学各有所重，如果不将这两者融合起来，将无法在社会工作实务中有效地帮助案主。又如，如果社会工作者从心理学理论出发，他（她）将侧重于从案主个人方面寻找问题的原因；如果社会工作者从社会学理论出发，他（她）将侧重于从环境方面寻找问题的原因。从不同的理论出发所找到的原因可能是不同的。心理学的观点容易忽视环境的力量，社会学的观点容易忽视人的力量。社会工作应融合心理学及社会学的观点，并设法填

补两大学科之间的空隙,以便更好地指导社会工作实践。(沙依仁,1983)

自从社会工作诞生以来,一代又一代的社会工作者在解决各种问题的过程中,吸收、利用了许多社会科学理论。社会工作专业教育的目的之一就是为学生提供机会整合运用不同学科的知识,以分析、诊断并帮助解决案主的问题。例如,心理分析、自我心理学、行为主义、人本心理学、社会学习理论、认知理论和存在主义等心理学理论为社会工作提供了有关心理动力、动机、行为的知识,有助于个案工作者分析案主问题的成因;社会学理论为社会工作提供了有关人类社会生活、社区组织、社会结构、人际关系、社会化的本质及过程的知识。此外,社会工作还从教育学、经济学、管理学、政治学、医学等学科中吸收可以应用的知识。目前,社会工作已经初步形成了自身独特的知识体系,仅就个案工作而言,就已经形成了解决问题的个案工作(Perlman,1957)、心理社会理论(Hollis,1964)、以任务为中心的个案工作(Reid, Epstein, 1972)、系统论和生态学的观点(Pincus, Minahan, 1973; Germain,1979)等。唯有在实习中、在解决具体问题的过程中,学生才能学会艺术地整合运用各种知识与经验,为案主提供最有效的服务。(库少雄,2002)

(7) 学生在实习中接受专业文化的影响并逐渐融入其中。

实习实际上还是一个专业社会化的过程,就专业社会化而言,实习具有两个方面的重要意义:①具有共同价值、伦理观念的专业人员对专业新生代的接纳;②学生(新生代)的专业自我的培养和发展。在实习的过程中,通过与案主、同事和专业团体的接触,学生受到了专业文化、专业行为标准、专业价值的教育。实习帮助学生由一个被动的学习者发展、转变成为一个主动的专业人员。

(8) 实习使学生有机会检验社会工作是否是他们的最佳职业选择。

并非每一个人都适合做社会工作,即使你已身处社会工作专业的课堂上。选择终身职业是一件大事,但是,你躺在床上"思考"出的结论往往是靠不住的。在实习中,在与现实的交流、撞击的过程中,学生常常会挖掘出自己思想与灵魂深处的东西,明确自己的人生之路。同时,在实习中,督导员会密切关注学生的行为表现,并对其表现进行评估。指导老师能够帮助学生发现、分析其长处与不足,并帮助他们决定社会工作是否是他们的最佳选择。有时候,指导老师必须帮助学生思考、处理一些与职业选择有关的个人方面的问题。

案例 1-3

在过去的 3 年时间里,王辉已经换了 4 次专业了。他刚进学校的时候学的是英语专业,然后转为会计专业。进入二年级之后,他又学习过地理专业与俄语专业。一年之后,他开始利用业余时间在一家餐馆里当招待员。他常常开玩笑说,对那些喝醉了的人,你少找他们一些零钱,或者在他们的饮料里掺水,他们都毫不知晓。不久,王辉坐在了社会工作专业的课堂上,他选了一些社会工作专业的课程,而且学得还不错。上个星期,王辉因为偷东西被餐馆老板解雇了。他说自己是冤枉的,并打算下学期将不再打工,而是全身心地学习社会工作。他说:"学社会工作很容易——你所做的所有工作不过就是说说话而已。"

问题:

① 王辉做好了成为一名社会工作者的准备吗?
② 为了检验王辉学习社会工作的动机,你会问他一个什么样的问题?
③ 你认为一个人为什么要选择社会工作作为终身职业?
④ 什么样的个人品质有助于成为一名优秀的社会工作人员?
⑤ 王辉选择社会工作的主要原因是什么?他这样想对吗?

第二节 社会工作实习的历史

实习一直是社会工作训练的主要内容,其历史可以上溯至19世纪下半叶的慈善组织协会(Charity Organization Societies)。在慈善组织协会里,主要是以师傅带徒弟的形式培养社会工作者。通过"实用的善行"(applied philanthropy,应用慈善事业),学生们获得有关贫困和不良社会条件的感性认识。这种师徒训练模式强调的是"做",并从"做"中总结、积累社会工作的经验与知识,"徒弟"在"师傅"的带领下,通过反复直接为案主服务的过程以及经验传递的方式获得社会工作的方法与技巧。用这种方法培养社会工作者,由于没有从实践中总结出系统的理论、方法和技能,"徒弟"不仅难以获得广泛、系统的知识和经验,其习得的工作方式也难免受个人狭隘经验的限制,难免刻板、固定,难以有效地应对复杂多变的情境与案主行为。因此,为了满足社会发展对社会工作的需求,社会工作专业化就成为不可避免的趋势。至19世纪末期,社会工作不再使用这种师徒训练模式了。(库少雄,2002)

社会工作的第一所训练学校是1898年由纽约市慈善组织协会开办的夏季训练班。1904年,纽约市慈善组织协会建立起了纽约慈善学校,开办为期8个月的训练课程。Mary Richmond——一位早期的社会工作师、老师和理论家指出,虽然许多人是通过"做"来学习社会工作的,但是,必须把理论融入这种学习方式之中。她建议成立常设的指导小组帮助学生学习社会工作,同时向他们传授理论知识与实践知识。(George,1982)

1915年,在全美慈善与矫治组织大会(National Conference of Charities and Corrections)上,与会者们普遍认为,应该把课堂教学与教育性质的实习结合起来以培养专业社会工作者,学校应该负责为学生们选择合适的实习机构并保证实习的质量。

在早期的社会工作教育中曾经有过这样一种模式——学生们在学校的监督之

下,用大约一半的时间在学校选定的各种专业机构中实习。(Austin,1986)通过老师们的努力,学校与各种专业机构建立了广泛的网络联系,于是,这种教育模式得以顺利进行。例如,1919 年,专业社会工作培训学校协会(the Association of Training Schools for Professional Social Work)有 17 家会员单位。截至 1923 年底,其中的 13 家会员单位与大学合作提供本科后水平(post-baccalaureate level)的训练。1932 年,美国社会工作学校协会(American Association of Schools of Social Work)在其课程标准中正式把实习列为社会工作教育的重要组成部分。(Mesbur,1991)

20 世纪初期,心理分析理论在社会工作教育界占据主导地位。这种方法倾向于把学生与老师的注意力引向案主的人格而不是社会环境。相应地,在实习过程中所学习的社会个案工作侧重于帮助个人,而不是社会改革与社会公正。(Sikkema,1966)

20 世纪 30 年代的经济危机以及 1935 年制定的《社会保障法》给美国的社会服务与对社会工作者的需求带来了重要的变化。这标志着政府开始承认自己对所有弱势群体的(至少是某些方面)的责任。自那时以来,各地政府被迫向穷人提供最低的生活保障。这项法律引起了美国全国范围内的公共援助行动(Lourie,1971)。后来,该法案不断补充、修订,并因此而产生了多项广泛影响美国人民生活的社会福利政策。

从 20 世纪 40 年代至 60 年代,所谓的"学术方法"(academic approach)在社会工作教育界占主导地位。这种方法强调学生的认知发展和指导社会工作实务的理论知识。老师们希望学生能从课堂学习中推演(演绎)出实务工作方法,把理论知识转换成具体实践中的功能行为。(Tolson,Kopp,1988)

社会工作实习的标准分别在 20 世纪 40 年代和 50 年代得以修订。美国社会工作学校协会下属的实习委员会在 1940 年和 1941 年再三指出——实习教学具有与课堂教学同样重要的地位,实习教学应该与课堂教学一样由合格的老师负责,应该制定选择实习机构的明确标准。(Reynolds,1965)

1952 年,美国成立了社会工作教育委员会(Council on Social Work Education),并负责制定社会工作教育的标准。这些标准要求所有的教育机构同时为课堂教学和实习教学制订明确的计划,计划中应该包括课堂教学和实习的组织、实施和评估等内容。

从 20 世纪 60 年代以来,社会工作实习进入了其发展的第三个阶段。这一阶段的特点是所谓的"结合方法"(articulated approach)。这种方法结合了经验方法(experiential approach)与学术方法(academic approach)的特点,它强调认知学习与经验学习之间的联系,把课堂教学、实习教学和学习的目标结合起来,最终达到整合课堂学习与实习的目的。这种方法并不要求学生成为归纳的或演绎的学习者,而是希望课堂教学与实习之间保持及时、密切的联系,最大限度地缩短二者之间的距离。(Jenkins,Sheafor,1982)

1982 年,美国社会工作教育委员会在其课程标准中进一步强调与师徒训练模式不同的教育性实习的重用性。(Austin,1986)

虽然不同的学校在计划、组织、实施实习方面的做法各不相同,但它们都必须达到社会工作教育委员会的标准要求。更重要的是,社会工作教育界已经取得了一致的认识,那就是社会工作实习应该是教育性的,实习与课堂教学有机结合,共同达成社会工作教育的目的。(Royse,Dhooper,Rompf,1999)

第三节 社会工作实习的时间标准与形式

一、社会工作实习的时间标准

在 1982 年之前,美国各学校所规定的实习时间有很大的差异。1979 年,美国各大学社会工作专业的实习时间为 280～980 小时(以每天 7 小时计算,实习时间为 40～140 天),硕士生和博士生的实习时数为 840～2555 小时(120～365 天)。(Hamilton,Nina, John F. Else,1983)

学分与实习时间有关,不同大学的实习学分在 6～30 分之间,其中本科生的实习学分占全部学分的 5%～40%,研究生的实习学分占全部学分的 14%～40%。(Hamilton,Nina, John F. Else,1983)

1982 年,美国社会工作教育委员会规定本科生实习时间的标准是 400 小时(每天 8 小时,共记 50 天),研究生实习时间的标准是 900 小时(每天 8 小时,共记 112.5 天)。但没有规定实习的学分数和一个学分对应于多少个小时的实习时间。

最新的实习时间标准是 1994 年美国社会工作教育委员会制定的。其中,每一个社会工作专业的本科都应该参加至少 400 小时的实习,研究生的实习时间应该不少于 900 小时。委员会要求每一所学校制订详细的实习计划,明确实习的要求,明确学生、机构双方对实习的责任,并根据综合的标准来选择实习机构、督导员和评定学生的实习成绩。(Commission on Accreditation,Council on Social Work Education,1994)

某些特定的学习领域和方向所需要的实习时间也许会超过美国社会工作教育委员会所规定的最低时间标准。更长时间的实习给学生提供了更多的机会以练习技能、发展技巧。

参照美国社会工作实习教育的情况,我国的社会工作实习教育也应该有一个基本的标准,以实习时间来规定标准可能比较容易取得一致的意见。

案例 1-4

小钟认为,长达 400 小时、没有任何报酬的实习实在是太过分了,这严重挤占了她练习乒乓球的时间。小钟特别喜欢打乒乓球,从小学到大学已经夺得过无数次的乒乓球赛冠军,平时开口闭口都是"乒乓球"。她很有可能成为一名职业乒乓球运动员,挣到比作为一名社会工作人员多得多的钱。但是,她还是觉得需要一张社会工作专业的大学毕业证书装点门面。

督导员的工作时间表恰好与小钟的实习时间表错开了。也就是说,在小钟应该在实习机构里实习的时候,她的督导员却在别处工作。有一次,小钟告诉你,只要督导员不在,她就溜出机构,每天都要少实习 2~3 小时。她还骗督导员,说她花了很长时间在图书馆里查阅资料。

问题:
① 了解小钟的想法后,你会有什么反应?
② 小钟具有成为一名优秀社会工作人员的基本素质吗?
③ 400 小时的实习对培养一名合格的社会工作人员来说太多了吗?

二、社会工作实习的形式

在满足美国社会工作教育委员会基本要求的前提下,实习可以以不同的方式进行。最常见的实习形式是间隔式实习(block placement)和并行式实习(concurrent placement)。

第一,在间隔式实习中,学生首先在课堂上学习理论知识,然后集中时间实习。在实习计划的指导下,学生被安置于一个社会工作机构中,实习的时间较长,可以是一个暑期或者一个学期。学生每周在机构里工作 5 天,完成所分派的任务。在准间隔式实习(modified block model)中,学生每星期在机构里工作 4 天,还有 1 天则用于回学校上课或进行实习讨论。

第二,在并行式实习中,学生的时间被分为两部分——课堂学习时间和机构实习时间。一般说来,在一个星期之内,学生在机构里工作 2~3 天,然后在学校里学习 2~3 天。具体的时间分布根据具体情况而定,这些具体情况包括:实习学生是本科生还是研究生,几年级,哪一个学期,实习课的学分是多少,等等。

并行式实习的优点主要有以下几个方面。

一是并行式实习更有助于整合课堂教学和实习教学的内容,学习可以随时验证课堂上所学的知识,也可以随时将实习中所遇到的问题带到课堂上来讨论,在老师、同学的帮助下及时解决问题。

二是并行式实习是以教育中心为取向的。在这种形式的实习中,学生在实习单位的时间不多,所以他们仍然是学生,而不是实习单位的工作人员,因此,实习更倾向于教育取向而不是学徒取向或职员取向。

三是并行式实习的时间周期较长,有助于学生获得较完整的个案处理经验。

四是学生可以有充分的时间来完成实习计划和准备实习评估。

五是老师能较好地掌握学生实习的情况,给学生以及时的指导、帮助。

并行式实习的缺点主要有以下几点。

一是实习时间断断续续,不利于做好连续性的工作。

二是限制了学生对实习单位的选择。间隔式实习时间集中而且没有太多的课堂学习任务,因此可以不受地域的限制把学生分散到不同地方的不同单位。并行式实习要求实习单位不能离学校太远。如果学校在偏远地区,附近的实习单位较少,采用并行式实习显然会给学生带来一些困难。

三是许多学习机会可能不是经常出现的,如果在一家实习单位只有少许、零星或不连续的实习时间,将会丧失许多学习机会。例如,案主有突发性问题时,学生可能无法立即提供帮助。此外,学生可能也没有机会参加一些行政会议、工作人员会议、在职训练或社区活动。如果是间隔式实习,因为有较长的连续实习时间,学生可以随时把握各种学习机会,获得对案主和实习单位的更全面的认识。这正是并行式实习比间隔式实习需要更长时间的原因。

四是可能出现学校与实习单位无法协调的情况。例如,案主或实习单位有时需要实习学生投入更多的时间,但学校正好在进行考试。同时,学生一心二用,会导致或因功课压力影响实习,或因实习而影响功课。(曾华源,1987)

到底采用哪一种实习形式,应该视具体情况而定。一般说来,在整个大学学习期间,应该让学生经历这两种形式的实习。不同的学校对实习先后顺序的安排有所不同。有的学校让一年级研究生从事并行式实习(每周实习2天,一共实习2个学期),二年级研究生从事间隔式实习(每周实习5天,一共实习15周)。较大的社会工作学院则向学生提供以下三种形式的实习。

(1) 标准模式(standard model)。

两年的并行式实习,每年实习28周,每周实习3天(21小时)。

(2) 延长的模式(the extended model)。

两年的并行式实习,每年实习42周,每周实习2天(14小时)。

(3) 缩短的模式(the reduced field instruction model)。

一年实习33周,每周实习4天(28小时)。(Royse,Dhooper,Rompf,1999)

三、实习的时机与次数

学生应该在什么时候实习,应该有几次实习?关于这个问题并没有统一的答案。

有些学校认为二年级本科生还不够成熟,不能安排他们实习。大多数学校让学生在已经学习过基础课程和必要的专业基础课程以后(一般在二年级结束后的暑期或三年级上学期)进行初次实习。

许多学校在主要的专业课程学完之后(一般在四年级上学期)再安排学生进行长时间的间隔式实习。由于实习时间集中而且较长,机构与学校可以节省许多重复的行政工作,机构还可以安排较多的实习机会让学生获得广泛、深入的实习经验。四年级下学期学生返校后,可以让学生结合实务专题讨论课程以及其他理论课程,或让学生集中对实习进行交流和总结。

关于在整个大学学习期间应该有几次实习的问题,有两种不同的观点。

一种观点认为应该有两次以上的实习,这样,学生可以接触到不同类型的实习单位和不同性质的社会工作,从而获得更广泛的经验和技能。如果第一次实习失败,还有一次弥补的机会。

另一种观点认为有一次时间较长的实习就够了,在这次时间较长的实习中,通过实习方式和实习内容的变化,学生也可以接触到不同类型的实习单位和不同性质的社会工作。同时,长时间在同一机构里实习,可以获得比较深入的经验,并有机会独立负责某项社会工作。(Hamilton,Nina,John F. Else,1983)

四、综合实习形式

我们认为,仅有一次实习(尽管其时间可能较长)似乎不符合认知发展的规律,也与我国其他实务性专业(例如医学、各类工程学科)的习惯做法不一致。仅在一家单位实习,学生很难有机会接触各种类型的案主和各种领域的社会工作。应该综合考虑学生的年级、课程进度、实习内容,为学生提供参观访问、志愿服务、并行式实习和间隔式实习等多种方式的实地教学方式。

其中,参观访问的主要功能是向学生提供对专业机构及其服务的一般性认识,并帮助学生增强对社会工作的了解和兴趣,培养学生初步的社会责任感与助人精神。参观访问可以安排在二年级学习专业基础课之前进行。

志愿服务可以替代实习的部分功能,因此学校不应该忽视志愿服务。可以鼓励学生利用假期或每个星期的某一个固定时间(例如每周四下午)参加志愿服务。志愿服务的机构既可以由学生自己选择,也可以由学校推荐。学生应该向学校提交机构评估意见和志愿服务总结报告。志愿服务的时间达到60个小时以上时,应该给学生1~2个学分。志愿服务可以与专业基础课的学习同时进行。

在学习实务性专业课程的同时可以安排并行式实习。因为此时学生尚未系统地掌握专业价值、原则、理论与方法,所以这一阶段学习的重点应该是课堂学习,实习的主要目的是促进课堂学习。

在专业主干课程基本完成之后可以安排一次间隔式实习。间隔式实习的要求最高、时间最长,其目的不再是培养专业兴趣或促进课堂学习,而是学习:①整合运用所学的全部理论知识;②整合运用理论知识与实习经验;③初步做到专业知、觉、行的统一与融合,初步形成专业自我,初步形成自己独特的工作风格,为毕业以后的学习和工作打下坚实的基础。

参考文献

[1] 曾华源.1987.社会工作实习教学——理论、实务与研究[M].台北:五南图书出版公司.

[2] 库少雄.2002.社会工作实务[M].北京:社会科学文献出版社.

[3] 沙依仁.1983.人类行为与社会环境[M].台北:五南图书出版公司.

[4] Royse D, Dhooper S, Rompf E. 1999. Field Instruction——A Guide for Social Work Students[M]. 3rd ed. New York:Longman.

[5] Shulman L. 1981. Identifying, Measuring, and Teaching Helping Skills[M]. New York: Council on Social Work Education.

[6] Reid W J, Epstein L. 1972. Task-centered casework[M]. New York:Columbia University Press.

[7] Pincus A, Minahan A. 1973. Social work practice[M]. Itasca,IL:Peacock.

[8] Germain C. 1979. Social work practice:People and environments, an ecological perspective[M]. New York:Columbia University Press.

[9] George A. 1982. A history of social work field instruction:Apprenticeship to instruction[M]// Sheafor B W, Jenkins L E , Quality field instruction in social work. New York: Longman.

[10] Austin D M. 1986. A history of social work education[M]. Texas:The University of Texas at Austin.

[11] Mesbur E S. 1991. Overview of baccalaureate field instruction:Objectives and outcome[M]// Schneck D, Grossman B, Glassman U, Field instruction in social work : Contemporary issues and trends. Dubuque,IA: Kendall/Hunt.

[12] Sikkema M. 1966. A proposal for an innovation in field learning[M]. New York: Council on Social Work Education.

[13] Lourie N V. 1971. State administration of public assistance[M]// Morris R, National Association of Social Workers. Encyclopedia of social work. 16th ed. New York: National Association of Social Workers:1046-1056.

[14] Tolson E R, Kopp J. 1988. The practicum: Cliens,problems,interventions,and influences on student practice[J]. Journal of Social Work Education,24(2).

[15] Reynolds B C. 1965. Learning and teaching in the practice of social work[M]. New York: Russell & Russell.

[16] Jenkins L E, Sheafor B W. 1982. An overview of social work field instruction[M]// Sheafor B W & Jenkins L E, Quality field instruction in social work. New York: Longman.

[17] Nina Hamilton, John F Else. 1983. Designing Field Education:Philosophy,Structure,and Process[M]. Illinois:Charles C. Thomas Publisher.

[18] Commission on Accreditation, Council on Social Work Education. 1994. Handbook of Accreditation Standards and Procedures[M]. 4th ed. Alexandria, VA: Council on Social Work Education.
[19] Perlman H H. 1957. Social Casework: A Problem-Solving Process[M]. Chicago: Universtity of Chicago Press.
[20] Hollis F. 1964. Casework: A Psychosocial Therapy[M]. New York: Random House.

第二章 社会工作实习的目标和内容

社会工作是一门应用性的学科,也是一个实践性、操作性很强的专业。社会工作专业学生除了要求掌握社会工作及相关专业的理论知识外,还要树立社会工作的价值理念,掌握社会工作方法和实务技能。社会工作教育,除了理论教学外,还需要开展实践教学,从而培养学生实务工作能力。社会工作实习教学是实践教学的重要组成部分,它和社会工作实验教学共同组成社会工作实践教学体系,是培养社会工作学生实务能力的重要途径。社会工作专业的实务性、操作性取向,要求我们在专业教育中既要注重学生对专业理论和价值的理解与掌握,也要培养学生运用专业方法和技巧提供直接服务社会的能力。因此,实习在社会工作专业教育中有着独特的地位与作用,社会工作实习是完成社会工作专业人才培养的重要环节。社会工作实习是学校有计划、有督导地组织学生到机构或社区中接受社会工作实务训练和价值观培养的过程,是促进社会工作专业的学生了解和服务社会、提升实务工作能力的有效途径。社会工作教育注重"做中学",实习是不可或缺的组成部分。理论知识的积累主要依靠课堂学习,而方法技能和专业价值观的学习和养成主要依靠实践教学环节,在直接服务案主的过程中获得有关的工作经验和技巧的积累。尽管学生作为一个学习者已经在课堂教学和实验教学过程中掌握了必要的理论知识和方法,但仍然必须在机构或社区中接受实际的演练,方能成长为合格的社会工作者。

第一节 社会工作实习的目标

一、社会工作实习目标的重要性

社会工作实习的目标是指导学生实习的总体要求和最高任务。社会工作实习的目标是学生实习的最高纲领,是对学生实习的总体要求,涉及学生实习的各个环节,是学生在实习中要完成的最高任务,在社会工作专业教育中具有相当重要的地位和功能。社会工作实习的目标是社会工作专业教育目标的特定体现。

社会工作实习的目标是评估实习教育成效的重要指标。实习目标体现了社会工作实习教育的专业性要求和特点,是实习教育的核心内容。实习目标是否明确,目标的实现程度如何,都是实习评估的主要指标。作为实习评估的难点,实习目标的明确程度和实现程度比较主观,难以通过定量的方式加以测评。但这种困难,可能更多存在于个体的、短期的实习评估中,对于整体的、长期的实习来说,实习目标的明确程度和实现程度依然构成评估的重点内容。

社会工作实习的目标影响实习内容、方式、地点、时机和次数,甚至影响学生的实习教学方式。实习目标既是总体的,又是分层次的,在表述上也各有不同,或比较抽象笼统,或比较多元具体。在实习教学中,不同的主体依照不同的情境或阶段都会有自己不同的理解和阐述方式。这样一来,实习目标的不同内容、不同层次或不同表述都会对实习教学产生多方面的影响,实习内容、实习方式、实习地点、实习时机,以及实习次数的选择和确定都和实习目标的确定是分不开的。

社会工作实习的目标体现了社会工作专业教育的规律、特色与水平。就全球范围而言,社会工作实习的目标应该具有普遍性和共同性,这是由社会工作专业教育的普遍规律决定的。但由于各个国家和地区的社会工作发展状况和专业教育的水平不可能完全一样,社会工作实习的目标的具体表述也必须作出相应的调整,以体现出社会工作专业教育和专业发展的不同特色和不同阶段特征。与大多数社会工作职业化和专业化程度比较高的国家相比,包括中国在内的许多国家的社会工作专业发展尚处于初级阶段,社会工作实习的目标的内容可能会有所不同,它应该包含专业形象的展示或专业社会化等内容。

二、关于社会工作实习目标的讨论

社会工作专业的人才培养目标一般表述如下:具有"以人为本、助人自助、公平公正"的专业价值观,掌握社会工作的理论和方法,熟悉我国社会政策,具备较强的社会服务策划、执行、督导、评估和研究能力,胜任针对不同人群及领域的社会服务与社会管理的应用型高级专业人才。总体上,实习目标与人才培养目标是一致的,或者说前者是为后者服务的。一般而言,学生的实习目标或目的是多样化的,包括获得一定的经济收入,如实习工资、补助和交通费等,完成学校的实习任务,获得学分和毕业资格,完成实习报告,为毕业论文或毕业设计奠定基础,为就业做好准备,包括求职和入职前的训练。但从专业教育的角度看,这些并非实习真正的追求和价值所在。

在社会工作实习中,因不同主体的需求各有不同,各个主体对社会工作实习的目标期待是不一样的。①对于学校和机构而言,他们之间的关系是合作性质,总体来说,社会工作实习的目标是培养和应用社会工作专业人才,是专业人才生产线上的重要环节。②对于学校实习指导老师和督导员来说,他们之间的关系是伙伴性质,对于他们而言,实习目标主要是完成对专业人才的教育和引导。③对于专业和学生来说,实习最主要的目标到底是什么,才是值得重点探讨的问题。社会工作教育特别是社会工作实习教育应该遵循以学生和专业为本,将学生的专业培养列为首要目标。下面主要从专业和学生的角度来讨论社会工作实习的目标。关于社工作实习的目标的讨论多种多样。社会工作专业教育发展过程中,专家学者们囿于不同国家、地区和不同时期的不同情况,对社会工作实习的目标的概括和阐述不尽相同,各有所侧重。

有人认为实习目标的概括是一元的或比较笼统的。对应于社会工作专业的知识教育、价值教育和技术教育三部分,人们认为实习的目标或者在于增进个人知、觉、行三者的整合;或者在于让学生认识社会,学习做人,学会理论联系实际;或者认为实习应该以社会需求为导向,以能力培养为中心,以专业成长为目标(林霞,2005)。国外学者芬斯通(Finestone)强调实习重在培养学生的科学态度和思考能力。他认为实习课程必须具备科学性要素,而这些要素体现在学生所要学习的四个目标中:习得喜爱科学的态度,获得科学性探索问题的训练,发展概念化思考能力,连接科学性探索问题和人类福利两者的价值观。(曾华源,1987)

更多的人认为实习目标的概括是多元的或比较具体的。如国外学者托尔(Towle)强调实习目标为专业整合和培养专业认同意识。他认为实习"是督导员经由直接或间接的教学法,使学生表现出社会工作的一体感,即方法、目标、价值和伦理的整合,灌输学生愿意成为专业团体的一分子"。"只有经由认同社会及专业的意识培养,学生行为才能符合专业理想和伦理系统,并且依照机构规章行事。"梅里菲尔德(Merrifield)认为实习的目标是,促成学生认同整个专业;学生自我觉知和专业自律;催化和整合课堂上所学的知识、态度和技巧;发展学生对社会工作方法的认识——发展学生初层次的能力,促使学生学习社会工作方法。马斯顿(Maston)则认为,实习是有计划地协助学生获得第一手知识和更了解社区福利的网络,能正确理解像犯罪、贫穷、住宅、个人、家庭和社区心理疾病等问题所带来的影响;整合运用知识和理论;培养在各种社会福利领域中共通的技巧;了解个人的价值取向、对他人的感受,以及人们带到机构里的问题。谢弗(Sheafor)和詹金斯(Jenkins)在20世纪80年代对北美社会工作实习课程的目的、架构和任务,进行了综合的回顾与检视,并对社会工作实习教育的使命提出全面诠释。他们一再肯定督导员是社会工作教育极其重要和不可或缺的一部分,认为督导员是以经验性的教与学的方式,使学生做到以下几点:有意识地把学过的知识和理论应用于实务;建立对实务技巧的信心和能力;在社会工作价值与伦理道德的参考架构下提供服务——建立对社会工作实务专业的承担,逐渐建立一套与自身长处和能力吻合的个人实务风格,建立在社会服务机构执行工作的能力。(曾华源,1987)

根据美国社会工作教育委员会课程政策声明的规定,基础实习的目标在于使学生应用基础知识、技巧、价值和伦理到实务工作上。基础实习课程应提供如下机会给学生。①让学生在调适过程中开始自我觉知;②让学生在应用从基础教学课程中所学得的基础知识、技巧、价值和伦理,包括增强个人幸福和改善影响人们的恶劣环境方面,有被督导的实务工作经验;③学校实习指导老师使用与实习领域和专业语言相符合的口语及文字与学生进行专业沟通;④学校实习指导老师运用专业督导来增强学生学习的有效性;⑤让学生在伦理指引下,了解批评性评估与执行机构政策。

我国台湾地区学者曾华源教授根据上述学者的主张,把社会工作实习的目标归纳为以下五个方面:专业知能、专业自主、专业自我、专业认同、专业成长。(曾华源,1987)社会工作专业教育的目标,就是培养"能做"和"愿做"的社会工作专业人才。(曾华源,1993)作为社会工作专业教育的一个重要组成部分和环节,社会工作实习的目标也是如此。

受20世纪80年代北美学者倡导的社会工作实习综合性目标的影响,我国台湾和香港地区的社会工作教育院校,在实习课程的设计方面,除了安排的形式上有某些技术性差异外,其他基本上与谢弗和詹金斯提出的目标和方向相吻合。香港各大学将社会工作实习教育作为社会工作教育的重要内容,要求学生必须达到国际标准的实习时间,并坚持实习教育一贯的理想,就是在认知、价值、感性和行为上尽量装备社会工作学生,培养他们成为成熟、自信、对人类充满感情、有独立思考和判断能力并掌握助人技巧的合格的社会工作者(刘斌志,2006)。

三、社会工作实习的目标

社会工作实习本质上就是一种专业实践。这种专业实践,对于实习学生来说,他们可以通过"做中学",促进专业能力的发展,专业角色的形成,以及专业精神的培养;对于社会工作专业来说,可以通过学生"做中说"展示专业的形象,通过学生"做中练"促进专业的成长。社会工作实习的目标是多元的,不仅社会工作专业学生在实习中能通过对目标的追求实现自身的成长,而且同时,社会工作专业也能获得长足发展。

(一)专业知能的促进

专业知能的促进,即专业理论知识和专业实务能力的整合促进,也就是让学生不断整合课堂所学的专业理论与知识,在实习中强化专业知识技巧的运用和实务工作能力的培养,积累丰富的专业实务经验。

我国台湾地区学者曾华源用"专业知能"来概括实习目标。所谓的专业知能,就是指专业理论知识和专业实务能力的结合,也就是学以致用。专业理论知识和专业实务能力的分离和脱节是社会工作教育中普遍存在的问题,二者能否有机地结合,是关系到社会工作教育成败的关键。社会工作作为应用性学科和助人自助的职业,其对人才的培养和需要表现得更加专业化,而专业理论知识和专业实务能力的整合则是专业化必不可少的重要内容。社会工作不同于一般志愿性的助人活动,它是以利他主义为指导,以科学知识为基础,人们运用科学的方法进行的助人活动。而科学的知识和方法则是体现其专业化,区别于志愿性助人活动的重要特征。

专业知能的促进,指整合课堂理论知识并应用于实践,提供学生发展实务能力和技巧的机会,从而提升学生的专业服务能力。在实习中,应该注重专业知识的整合运用。通过实习,学生综合应用课堂所学的理论知识与工作模式去解决实际问题,并将理论与实务相互印证,使理论知识和工作模式在实务中得以检验,达到理论与实践的整合,培养发展实务能力与技巧,以锤炼实务工作能力。

协助学生将理论知识运用到实务情境中,通过实习帮助学生发展实务能力,这是社会工作实习的首要目标。实习教育在本质上是协助学生学习理论联系实务,亦即透过实务工作,将理论具体地表现出来。换言之,实习教育的目标之一,即着重把课程内容转换到实务工作情境中,让学生分析和评估案主问题和自己的专业工作情况,进而能整合专业知识,增加对理论和原则的了解,体会如何在实务情境中引用之,并从中获得新的学习(曾华源,1987)。社会工作实习是一种演习,将理论知识应用于实践,将思想付诸行动。社会工作学生往往能意识到实务的重要性,但由于受到诸多因素的限制,缺乏相应的行动能力。而社会工作实习,恰好在形式与内容上给学生安排了行动的任务,让学生通过"学中做"或"学后做",在实际工作的演练中,将所学知识转化为实务工作能力。通过实习,可以巩固已经掌握的专业知识和技能,体会实务技能与课堂上所学知识的相关性,可以检测学生在课堂上所学的知识、方法和技巧在实际工作中的配合情况。

通过实习,在专业督导员的帮助下,学生可在实际的社会工作体验中逐步体会和消化课堂所学知识,从而将价值、理论、方法和技巧内化于自己的行为和意识中,并付诸实践。通过实习,学生可牢固掌握社会工作实践的基础知识,具备有效地介入个人、小组和社区工作的助人技巧,能锻炼其资源动员和资源配置能力,提高在不同介入层面对不同的服务对象运用不同的介入方法的能力,并尝试解决更多的高难度工作。

(二)专业角色的形成

专业角色的形成是社会工作实习的重要目标之一。所谓专业角色的形成,就是学生在专业角色的扮演过程中,形成角色认知,学习和模仿角色行为规范,缩短角色距离,减少角色冲突,形成个人实务风格,增强专业自主能力,最终形成专业自我。个人实务风格和专业自主能力是专业自我形成的重要标志。

角色认知是指角色扮演者对某一角色的行为规范的认识和了解,知道哪些行为是合适的,哪些行为是不合适的。在实习中,学生有机会参与社会工作实务,接触具体的工作内容和运用专业的工作方法,与同事、督导员、案主和其他人进行全面交流和接触,获得体验专业社会工作者角色的机会,不仅能学会必要的知识和技巧,而且还能从中了解社会工作者的态度、情感和价值,以及权利、义务和责任,能对专业角色的规范进行学习和模仿。

在实习过程中，学生可以逐步缩短角色距离，减少角色冲突。角色距离主要是指一个人的行为与其扮演的角色应有的行为之间的不协调，或者说他难以进入某种特定的角色扮演中，其行为难以符合该角色的行为期待。通过社会工作实习，学生在专业角色体验中可以考察自己与社会工作者到底有几分匹配。角色冲突是个人在履行不同角色时不能同时满足相应的角色期望而出现的矛盾和对立。在社会工作实习中，学生经常要同时扮演好几个角色，经常面临不同角色之间的冲突，如学生与督导员的冲突，同事之间的冲突，专业社会工作与服务案主之间的冲突等。这通常是由角色利益上的对立、角色期望的差别及偏离角色规范等原因引起的。

学生在专业实习中，在角色扮演上经常面临专业性的检验，经常需要反省自己的行为是否符合社会工作的理论、方法和价值伦理的要求，也会面临实习机构督导员与同事的"质疑"目光的审视，在遵循专业理论教育和机构实务经验之间左右为难。在专业教育与专业实践脱节严重的情况下，这种角色冲突特别明显，甚至会让学生感到迷惑：专业教育所传授的理论知识、方法技巧和价值伦理难以完全在专业实习过程中得到应用和验证，同时，现实中特定问题的解决或需求的满足无法通过专业服务获得很好的效果，或者现实问题的解决或需求的满足基本上依靠非专业化的手段就能解决时，学生自然会产生严重的无能感或无助感。

实习学生在观察了解其他专业服务人员的角色表现的过程中，能不断提升对专业角色的理解；通过体验社会工作实务领域各种不同的角色，能增强对自我角色的了解和认识，逐步发展与个人兴趣爱好或专业优势相符的实务风格。在实习的过程中，学生在与案主进行系统的工作中能不断了解与反省自己的价值观、态度与情绪，增进自我觉知，保持客观性，表现出良好的专业素质。社会工作实习的重要目标之一，就是提供机会让学生与服务对象在互动中自省与了解自己的价值观、态度和偏好。

自我觉知是个人实务风格形成的重要基础。自我觉知主要包括以下几个方面：了解自己行为的主观性，对自己的感受敏锐并能洞悉行为背后的影响因素；能够觉察自己的价值观和个人需要与外在环境和角色的需求；分辨自己或他人的感受、态度和需求，以及行为背后的动力。有了这些了解就能较好地控制和较适当地表达情绪和行为，而不会盲目地把自己的内在需求和偏见，投射到别人身上，也能较坦诚地接纳自己认为不适当的他人行为。增进自我觉知有多种途径：一是通过自我反省来了解自己的个性、价值观、情绪、习惯、社会角色和行为反应等；二是借助经验来减少主观性，即通过亲身经历某件事来体会或深入了解问题或行为背后的影响因素，使自己较容易接纳他人的行为；三是通过外部刺激，如倾听他人意见、接受他人的反馈等方式来增进专业自我（史柏年，侯欣，2003）。

专业自主能力是指社会工作者用独有的专业思考与判断的方法去发现问题和

解决问题的能力。实习的目的在于教导学生成为独立自主的,而不是一味遵从和盲目崇拜专业原则的从业人员。作为在专业上独立自主的实务工作者,其不仅能有计划地安排工作和解决问题,而且有其内在动机和独特的思考方式,以科学方法分析问题,寻求解决和预防问题的策略,以有效应对动态的社会情境和多样化的服务需求(史柏年,侯欣,2003)。通过实习,学生有机会验证专业价值、理论和方法,可以创造性和批判性地思考问题,在实务过程中自主寻找符合实际情境的解决方案,而不是一味遵循教条和说教。缺乏这种专业自主能力,学生就永远是"学徒",而不可能顺利"出师",成为真正的实务工作者。

专业人员提供服务时,必须建立专业自我,即有意识地使用与专业角色相配的"自我"来和服务对象建立专业关系,控制不适当的感受、态度与偏见,保持客观性和表现适合角色身份的行为。社会工作实习的重要目标就是为学生提供提高自我认识的机会,使学生在与服务对象的互动中了解和反省自己的态度、情绪、偏好和价值观,学会自我控制和调节,形成专业社会工作者应有的价值观、素质、工作态度和行为。如缺乏有意识的自我反省,社会工作实习学生可能会在与案主进行系统的互动过程中产生不适的感受、不当的态度和行为,影响社会工作者与案主建立专业关系。

(三)专业精神的培养

所谓专业精神,是指树立专业意识,认同及内化社会工作专业价值观和伦理,树立社会工作的专业理想,愿意承担社会工作的专业责任并作出承诺。任何一门专业的教育均期待能培养出具有专业知识、技能及对专业承诺的学生,以利于该专业获得社会认可并使专业得以发展。承诺被视为当个人忠于、投身于、认同于或融入某件事、团体或机构中的一种态度或心理结合(曾华源,1987)。社会工作教育不仅在于培育那些"愿意学"、"乐意学"和"能做"的人,而且更重要的是要培育出"愿意做"、"乐意做"和"喜欢做"的社会工作专业人才,能够自觉从协助有困难的人中,获得酬赏(曾华源,1993)。实习应帮助学生了解和思考社会工作中所包含的人生观和价值观,培养其专业意识与价值观,树立专业理想,增强专业认同感、责任感和投入感。

基于角色认知,实习学生在扮演专业角色和遵从角色行为规范的过程中,能逐步产生对专业价值观和伦理操守的认同及内化,并愿意接受专业角色所承担的社会职责,树立专业理想。在专业教学中能否帮助学生建立专业深层次的认同感和牢固的专业价值理念,是专业教育与专业发展的一个不容忽视的问题(田玉荣,2004)。社会工作实习的一个重要功能就是提供机会让学生在与服务对象互动的真实情境中感受、认识和比较个人、机构、专业和社会间的价值差异,在矛盾和冲突的体验中作出价值选择,逐步认同社会工作专业的价值观,自觉地以专业价值观指导自己的实务工作,树立专业理想,增进专业责任感和投入感。在专业实习中,学生能认同并内化社会工作的专业价值和伦理,在专业实践中积极主动地遵照其指引和要求,从专业他律走向专业自律,并据此不断检视和反思自己的思想及行为。学生应不断地反思实习在个人对社会工作专业的认同上有何帮助,个人的动机、感情和行为的自我认知在实习中有何发展,个人实习经验中最有意义和最没有意义的部分有哪些。

在专业实习中,社会工作专业学生的专业价值观可能会受到来自社会现实的强烈冲击。学生到专业机构一看,那里并没有社会工作的专业岗位,在学校对专业尚抱有一些期望,但到现实中与实习机构的工作人员一交流,对社会工作专业的前景反倒感觉茫然。他们认为自己的工作既得不到社会的认可,实习工作又不需要很多的专业知识,工作没什么意义可言。这样一来,实习对学生树立社会工作价值观的作用几乎丧失殆尽。这种专业理论和实践内容不能很好地衔接,乃至脱节的现象,不但不能让学生得到专业成长,而且会动摇其对社会工作的信心和毕业之后投身于社会工作者队伍的决心,导致其在接下来的学习过程中越来越缺乏对专业学习的热情。(黄红,初智巍 2009)

专业精神的培养是解决知、觉、行不协调问题的关键。在专业教育中,学生往往能意识到实务的重要性,在专业实践中非常关注实务能力的培养和专业角色的扮演,但往往缺乏强烈的价值认同感,只是刻板地遵循伦理守则而没有产生对服务对象的认同感和社会工作专业的投入感,缺乏对社会工作的专业理想和专业承诺,存在态度和行为上的不协调。作为专业教育的重要组成部分,专业认同和专业承诺的建立是关键所在,贯穿于课堂学习和专业实践的始终。专业实习是"专业投入",是考验学生专业认同和专业承诺的契机。价值观和伦理守则在实践中的操作经常遭遇困境,只有经过反复的实践,学生方能感受到其实际意义并作出正确的判断。

(四)专业形象的展示

专业实习的过程也是专业形象展示的过程。在专业实习中,学生通过专业服务的倡导和开展,展示社会工作的价值观念、伦理准则和方法技巧,不断扩大专业的社会影响,树立和展示专业形象,从而实现专业社会化,促进和推动社会工作专业的发展。

专业形象的展示,主要包括个人专业形象的展示和专业整体形象的展示两个方面。在实习中,通过个人专业服务过程中专业形象的展示,能不断增加专业的社会影响,使社会工作专业获得社会的认可和赞同。

只有社会工作专业人员提供的服务能真正有效地解决实际问题,满足案主的需要,社会工作专业才能获得社会的肯定和认可,才真正具有广泛影响和权威地位。社会工作必须通过专业教育来培养专业服务人才,运用专业理论知识解决实践问题,促成社会问题的解决,改善社会服务。专业本身是不可以自我赋予的,它通常是被加以训练和社会认可的。社会工作专业要真正得到社会的认同,需要经过专业的社会化过程,而专业社会化过程更多的是需要从专业的角度面对社会变迁,用专业的方法来协助解决社会问题,也就是专业人员所提供的服务能否满足案主需要,或者能否有效地解决问题。社会工作实习教育对专业的社会化有着直接的影响。(肖萍,2006)学生在实习之后,能够更深刻地认同社会工作价值,更生动地感知社会工作实务的影响。社会机构和社会公众在接受专业性的服务之后方能体会社会工作专业的独特性和重要性。在实习中,必须牢固树立专业社会化的目标,通过社会工作者的努力展示社会工作专业的魅力。此目标的有无,将直接影响社会工作专业的权威地位和社会认同的建立。社会工作专业的权威地位或权威性的获得并非一蹴而就,无论是专业机构还是非专业机构的实习,都是社会工作专业社会化链条中的重要环节。

同时,专业社会化的目标是建立在达成专业知能的促进、专业角色的形成和专业精神的培养等目标的基础之上的。通过教育性、实务性取向的社会工作实习,社会工作专业的学生能不断提升自己的专业素质,同时也能有意识地通过自己的努力去证明自身的能力,展示专业价值理念,运用专业服务的方法和技巧去满足社会需求和解决社会问题。

我们国家社会工作专业化和职业化程度不高,很多学生的实习机构并不是专业机构。如何在非专业机构中施加专业影响,获得他人对社会工作专业的认可与赞同,成为社会工作专业实习的重要目标。也许不能对尚处在实习期内的学生委以如此重任或抱过高期望,但只要学生能扮演好专业角色,坚持在机构服务过程中适时、恰当地展露专业的价值、方法与技巧,必能逐步促成社会机构和社会公众加深对社会工作专业的认可和赞同。实际上,经常可以看到人们对此种认识的加深所带来的一些可喜的变化,如社会机构与学校之间签订实习基地、加强交流,社会机构接受实习学生,甚至在招聘毕业生时会倾向于社会工作专业学生,社会公众对社会工作专业的了解和认识也在逐步加深,社会工作专业的社会影响和普遍认同也在进一步加强。

(五)专业成长的促进

专业成长可以从社会工作专业整体和社会工作者个人两方面理解。就个人而言,专业成长指社会工作者不断追求自我完善和自我发展,努力追求知、觉、行的统一,专业能力不断提高,专业角色的扮演日趋完善,专业精神得以持续培养。社会工作实习可以帮助学生继续了解学习专业技术知识、提升专业水平和不断自我完善的重要性,为其持续的进步和良好的发展打下坚实的基础。就社会工作专业整体而言,专业成长是指通过社会工作的实习教育和实务活动,使社会工作专业的价值伦理、理论知识和实务方法与技巧经受理论与实践、学校与机构、理想与现实、督导员与社会工作者、社会工作者与案主之间的多元碰撞而日臻丰富、完善和发展,专业形象不断清晰,专业影响不断扩大,专业水平不断提高,专业特色更加鲜明。社会工作的专业成长和学生的个人成长过程是紧密相连的,在实习教育中,教育者和学生都应该主动地追求个人成长和专业整体成长,通过彼此的互动实现互相促进和共同进步。即使专业成长不是实习的任务目标,学生也应该将其视为实习的过程目标。从某种意义上来说,过程目标的实现甚至比任务目标更加重要,因为它涉及专业成长的可持续性问题。学校的专业教育必须不断地调整以适应社会环境和需求发生的变化,以及社会工作专业的理论知识、方法技巧和价值伦理的不断发展,学生也要不断学习适应这样的变化,以便应对社会和专业的发展变动。对于当前中国的社会工作专业发展来说,无论是个人的专业成长,还是社会工作整体的专业成长,都显得非常必要而且意义重大。

通过实习,不仅仅可以提高学生的专业服务能力,而且可以帮助学生提高观察分析能力和研究能力,培养学生的反思批判能力和应变能力。在实务的情境中,学生能不断地应用理论于实践,对当前的社会现象和社会问题通过实际的接触而加以观察了解,对其现状、特点、成因及对策进行分析和研究。

专业实习不仅仅意味着实务经验的积累,而且还包括反思能力和批判精神的确立。在实习的情景中,理论与实践会存在诸多的不吻合之处,从而有助于学生反思所学的理论和知识,批判、调整和修正已有的理论观点与工作模式,加深对所学知识的理解程度,使学生更加活跃和善于思考,从而构建自身的实务经验,甚至发展本土化的社会工作方法和技巧。学生应不断检讨实习过程是否有助于增强自己整合理论与实务的信心和自觉性,如实习在个人对社会工作专业的认同上有何帮助,课堂上所学的知识、方法和技巧在实际实习工作中的配合情形如何,提供专业服务的过程是否带来专业上的成就感和满足感,实习中获得的何种经验是未曾在任何社会工作课程中学过的,实习中是否建立了对社会工作发展的研究和反思的能力。学生的这种反思和批判的思维方法有助于他们持续的专业学习和不断的进步。只有这样,学生才能面对不断发展变化的社会情境,在继续的学习和实际的工作中获得更好的成长。

在提高批判和反思能力的同时,学生的应变能力也得以提升。通过实习,学生在学习服务社会的实际情境中,可以体会到广博精深的专业知识、熟练的技巧、成熟的态度与情绪是确保服务成效的重要因素,从而激发专业成长的欲望。在实习中得到的感受和遇到的问题,可以激发学生对过去学得的理论知识提出挑战和质疑,可以让学生不断调整自身言行,培养对新知识的追求和学习的兴趣,促进专业知识、技巧的进步和个人的成熟,以应对不断变化的社会环境。(史柏年,侯欣,2003)学生不再机械地固守书本知识、遵循固定的方法和程序,而能因地制宜、因时而变、因人而异,灵活地将理论与实践相结合。

第二节 社会工作实习的内容

社会工作实习的内容是指社会工作实习活动的指向对象,即要求学生通过实习活动习得的社会工作专业理论知识体系、专业方法技巧、专业伦理价值,以及专业行为方式的总称。确定社会工作实习内容的原则有专业性原则、实务性原则、多样性原则、个别性原则和渐进性原则等(史柏年,侯欣,2003)。其中,专业性原则要求实习内容一定要与社会工作专业的性质相符或相关;实务性原则要求实习内容要尽量贴近社会工作实务,让学生尽量多接触案主;多样性原则要求实习内容应该有多样性的任务安排,让学生有多种机会去应用多种方法技巧,为案主提供多种服务;个别性原则要求实习内容应该因人而异,根据每个实习学生的情况、特点和爱好等给予个别化的安排;渐进性原则要求实习内容不能一蹴而就,应该在实习周期内分阶段安排依次深入、难度递增的任务。

社会工作实习目标对实习活动的开展起着导引、调控、协调的作用,是开展实习活动、选择实习机构、确定实习内容的重要参考因素和最终评估依据。社会工作实习的内容应该围绕实习目标具体展开。在实习教学中,不同的实习形式、内容的实习目标都会有不同的侧重点。

社会工作实习的内容,根据实习性质的不同,可以分为直接的福利服务和间接的社会工作行政;按实习地点,可以分为家庭、社区、政府机关、专业机构、学校、医院和公司等单位;根据实习课程,可分为个案工作、小组工作和社区工作等课程实习,以及社会调查专项训练;按实习方法,可以分为个案工作、小组工作、社区工作和社会工作行政;按实务领域,可分为儿童社会工作、青少年社会工作、老年社会工作、妇女社会工作、残疾人社会工作、矫正社会工作、家庭社会工作、学校社会工作、社区社会工作、医疗社会工作、企业社会工作等。以上标准是多样的,按各种标准进行的分类相互之间交叉重叠,但并不影响我们对实习内容的分类。结合以上各种标准,我们按实习地点、实习方法和实习领域三个标准进行分类。

一、以实习地点为标准的分类

根据实习地点来分,大致有政府部门、社会团体、专业机构和居民社区等。根据实习形式来分,大致有参观访问、志愿服务、社会调查研究和专业服务等。以依照实习地点为主,结合实习形式,我们可以将社会工作实习的内容进行如下四种分类。

(一)社会调查研究、参观访问和志愿服务

除了社会工作专业的知识外,社会工作专业的学生还要善于运用学过的社会学、心理学、管理学等方面的理论知识,妥善面对和处理各种社会问题。因此,社会

工作专业学生需要比其他专业的学生更多地观察了解社会,对社会弱势群体有更多的关注与关怀,对社会服务和社会行动有更直接的参与。他们既要具有社会学的想象力,也要具备社会工作的实务能力和实干精神。

对于社会工作专业学生而言,调查研究能力和反思批判能力的培养非常重要。调查研究是作出决定的必经之路,只有在有充分的调研和思考之后,社会工作者才能根据环境所给予的实际情况,制定方案,从而为案主和服务对象提供有效的援助。那种"拍桌子"、"拍脑袋"决议的方式是不适合社会工作自身的发展的,没有调查就没有发言权,调研是促进社会工作发展的有效手段。同时,反思能力也是一名专业人员所应具备的知识和技能,只有在不断的反思和自我批判的过程中,专业人员自身的知识和技能才能得到提升和升华。

按照大多数学校的实习模式,社会调查研究是社会工作专业学生的一项基本技能,也是社会工作实习的一项重要内容。社会调查是了解社会需求的重要途径,社会工作学生在专业学习过程中要对社会各群体,包括各社区的各种需求进行调查了解,以便提供更好的专业服务。社会调查研究能力的培养同样是社会对社会工作专业学生的一项重要要求。

在实习中,学生就当前严重影响社会全体或部分成员正常生活的社会问题展开调查,如下岗人员生活状况调查、流动儿童就学问题调查、老年人养老需求调查等。在重点了解社会福利政策及实施状况的同时,不断发现和开拓社会工作新服务领域。只要有服务目标人群的存在,就有服务需求,在实习中就应该引导学生去挖掘这种需求,从而将课堂理论知识、实验室技能和社会工作实习环节紧密联系起来,促进学生的专业自我形成和社会工作的专业成长。

通过参观访问,增进学生对社会各专业领域内社会福利政策实施、福利机构功能及运作形成的初步认识,激发学生对社会工作专业与社会福利领域的兴趣,为随后的课堂学习、课外活动及专业服务的开展奠定理解宏观情境的基础。参观访问多半以社会研究方法的课程实习为主要形式,且人数比较集中,以班级或年级为单位,时间比较集中。学校实习指导老师应事先多讲授相关知识,事后多进行交流讨论,且应重点围绕社会工作专业和社会福利领域的主题。

志愿服务能否看成专业实习的内容? 一般认为,社会工作实习与志愿服务不同,它不是以服务为导向的,也不是以任务为中心的,而是以教育为导向的,不以追求数量为目标,是在督导员指导下的特殊形式的专业学习和实践过程。有学者认为社会工作专业学生参与一些志愿服务,其本质上是一种经验性的活动,可以作为学生实务经验的一种积累,而不该被看做是教育性取向的社会工作实习教育的一种方式,因为它缺乏一种专业教育的过程,较多被考虑的是机构的需求,而不是学生的需求(肖萍,2006)。社会工作实习是一个有目的、有计划的教学过程,其目的是培养有能力的实务工作者,学生参与实习是有计划的、自觉性的过程,可以通过整合所学的知识和原则,发展其专业自主能力。但不管怎么说,社会工作专业学生在做义工时,也是"专业"义工,提供志愿服务的过程,也是其专业知能的促进、专业角色的形成、专业精神的培养和专业形象的展示的过程。

(二) 政府部门或社会团体实习

在我国,社会福利服务及其行政管理的工作职能,分别由民政、劳动、人事、社会保障、卫生、教育、扶贫等政府部门或机构承担,工会、共青团、妇联、残联、老龄委和各类基金会等社会团体也承担着向特定的工作对象提供社会福利服务的职能。这些政府部门和社会团体集中了国家的大部分福利资源,开展多方面的福利服务活动,是我国福利资源发送的主渠道,福利服务活动开展的主战场。政府部门和社会团体承担了福利行政管理和服务活动职能,与作为专业化福利服务的社会工作专业有着紧密的联系,因此政府部门和社会团体就成为社会工作专业学生实习的重要场所。

学生在政府部门和社会团体中的实习,主要是参与相应政府机关中与社会福利服务和社会福利行政管理有关的日常工作,有较多机会从事宏观层面的学习和思考。在实习中,除了解实习单位的组织架构、运作状况和实习岗位的工作流程外,学生应重点了解福利政策的制定和实施情况,对其存在的问题,特别是与现实福利需求不符的情况进行调查分析,可利用实习工作的便利,对相关政策进行系统的了解,对福利政策的实施情况、福利管理和服务工作中存在的问题进行调查研究。学生不应仅仅为了实习而实习,被动地接受实习单位的安排而不加任何专业的分析、反思和批判,也不能仅仅以管理者的角色进行思考,而要利用实习工作中与管理和服务对象接触、交流的机会,进行需求调查,获取第一手的资料,为实习总结、研究报告或学术论文的撰写奠定一定的基础。

在政府部门和社会团体中的实习内容多半是参与行政管理事务和常规活动。由于政府部门和社会团体并不是专业化的社会工作机构,其主要的职责是行政管理而非专业服务,所以其不是社会工作专业实习教学的理想机构。其管理者和工作人员很难引领社会工作专业学生在专业方面成长,而是将其当成额外的任务,甚至当成一种"照顾"或"负担"。分析其原因,主要是社会工作专业化水平不高、社会认同度不高的缘故。在实习中,学校及学生往往处于一种弱势地位,其需求得不到应有的重视,只能片面"迎合"政府部门和社会团体的需求。而更为严重的是,实际上,政府部门和社会团队的需求无论是从形式和内容上来说,学校及其学生都是无法通过短期的、少数人的教学实习来完全满足的。这样一来,就会进一步造成政府部门和社会团体对社会工作专业实习的信任危机,无法形成学校学生和政府部门、社会团体之间的良性循环发展(肖萍,2006)。在实习督导方面,学生可能会受到来自政府部门和社会团体科层化的强烈影响,学生在冰冷的原则和规定的程序下会感觉到"无能"、"无助",除了刻板地遵循实习单位的办事程序外,无力改变现实。

学校实习指导老师应该引导学生坚持专业自主的原则,提醒学生与实习单位的行政事务或非专业性事务之间保持适当的距离。

(三) 社区实习

社会工作专业学生在社区实习时,能够广泛接触社会现实,学会与各种人打交道,培养解决问题的能力;在街道、居委会、村委会从事日常管理工作,在社区工作者的指导下了解和掌握社区的地理环境、人口状况、资源情况和文化特色等基本情况;进行社区服务现状调查和评估工作,开展社区服务人员的培训工作;采用问卷调查、入户访谈和社区会议等方法进行社区需求分析和问题诊断,确定社区居民的现实需求和社区的总体问题;运用个案工作、小组工作和社区工作等专业方法,为社区老年人、残疾人、少年儿童、问题青年、失业下岗人员和社区服刑人员等特殊人群提供直接服务,以及面向社区全体居民开展综合服务;对社区发展进行 SWOT 分析,即包括对社区发展的优势(strength)和劣势(weakness)等内部因素分析,社区发展的机遇(opportunity)与挑战(threat)等外部因素分析,以及为提供更好的服务而开展的社区组织管理活动等。在此过程中,学生应重点了解社区工作者的角色,体会"小巷总理"的苦与乐,了解社区组织在社区服务提供方面的工作模式,学习尝试将社会工作价值、理论与方法整合并运用到社区工作实际中,思考如何运用社会工作价值和方法为有需要或困难的社区居民解决为其提供服务时遇到的困难,反思社区服务中专业与非专业之间的界限及冲突。

在我国内地社区"行政化"的环境下,学生对社区管理技能的学习相当重要。社区管理技能主要包括以下方面:社区规划管理技能,要求掌握社区规划设计、环境卫生、治安管理技能,并能适当运用;社区社会服务技能,要求掌握社区福利服务、便民利民服务技能,并能适当运用;社区经济发展技能,要求掌握社区经济发展技能,并能适当运用;社区组织管理技能,要求掌握社区组织建设和管理技能,并能适当运用;社区文化教育技能,要求掌握社区文化建设、教育培训等技能,并能适当运用。

在我国社会工作专业服务机构数量不足的情况下,选择社区作为实习场所,不失为一种很好的本土化社会工作实习模式。在国外及我国的港台地区,社区各类服务机构比较普遍,社会工作专业实习依托于社区服务取得了较大的进展,获得了较高的社会认同。而在我国内地,社区行政化色彩过于浓厚,社区社会组织发育尚未成熟,社区实习的现状很难令人满意。在大多数的社区,社会工作专业的实习还处于一种"弱嵌入"状态,学生被当做社区的接待员、打字员、人口普查员、志愿者等免费劳动力,并没有被视为专业人才而委以重任。从整体上来说,社区工作中普遍存在的非专业化状态较难满足专业培养的要求,需要从制度建设、实习内容及阶段的设计等方面加强社区实习教学模式的改革与创新,在社区实习中的专业自主与社区自治、专业服务开展与社区服务创新进行有机的结合。

(四) 专业机构实习

学生在专业机构实习时,在机构的安排与督导下,可以参与机构的日常工作,开展专业福利服务,从而培养专业助人的基本技巧,体验社会工作者的角色、工作内容与工作方法,促进对专业价值观和伦理守则的深化体验、理解与反思。学生应该重点关注自己在实习过程中实务能力的表现,以及理论与实务相结合的情况,不断交流和分享自己在实习中的收获与体验,全面分析自己的长处、经验、不足甚至教训,特别注意反思个人和专业方面今后需要加强和发展的地方,检视督导员给予自己在专业、情感支持等方面的帮助,反思自己在实习中的专业价值认同和内化的情况。

其中,学生应该重点注意以下事项的学习:了解机构的历史、目标、使命和功能,以及其组织架构、基本运作、组织文化和工作气氛;了解机构的服务性质和内容、服务政策和工作策略、服务类型与服务模式,以及这些服务与政策如何满足服务对象的需要;了解机构在日常服务工作中专业与非专业之间的冲突与矛盾,特别是来自政府部门、资助单位和服务对象的非专业性需求带来的压力影响及应对策略;了解并能运用与机构服务有关的社会资源,能运用服务所需的各种社会工作方法、技巧和策略;适应机构的工作环境及与工作人员建立关系的能力,与服务对象建立并维持良好的专业关系,善用督导以提升个人的专业能力,与机构内的工作同仁保持良好的关系,培养相关工作能力及良好的待人处世与服务的态度,以成熟的态度面对工作压力;要有效地规划安排工作,翔实撰写各项工作记录,客观地自我评估,并能严格遵守机构的规定,保守机构和案主的秘密,等等。

社会工作实习机构是决定学生实习成效的最重要因素之一,实习机构的专业性质、服务领域、任务分配和督导教育等因素均直接影响实习目标能否实现。在专业机构从事直接的社会福利服务,是国外及我国港台地区社会工作实习中最为普遍的工作内容,有些学校甚至把它当做唯一的实习任务。社会工作实习最理想的情况当然是完全在专业机构中实施,而国内普遍缺乏社会工作专业机构,只有少数社会工作发展较快的大中城市有较多的社会工作专业机构,难以满足国内社会工作专业学生实习的需求,这成为制约社会工作专业教育特别是实习教育的一个瓶颈因素。

在我国,社会工作专业机构在北京、上海、广州、深圳和东莞等许多城市发展的情况相当不错,也成为社会工作专业机构实习的主要集中地。机构中社会工作人员的实务水平是我国社会工作专业化、职业化程度和水平的重要标志,也是社会工作实习教学质量的重要保证。社会工作专业机构的分类标准不尽统一,情况也不尽相同,在专业机构中的实习内容要视实习机构的服务宗旨和服务领域而定。在敬老院、福利院、老年公寓和儿童福利机构等机构中,应侧重于开展院舍照顾服务;在亲子服务中心、咨询服务机构、青少年事务中心、社区服务中心等机构中应侧重于开展发展性的社会工作服务,包括服务项目的需求调查、项目开展、效果评估等;在残疾人康复中心、培智学校、聋哑学校、福利工厂等机构中,应侧重于提供残疾人的社会服务,包括需要调查和评估、服务项目的开发、政策倡导等;在保健院、精神病院、临终关怀医院等医疗保健机构中应侧重于向病人及其亲友提供临床服务,包括医疗保健、精神辅导、家庭治疗等方面;在少管所、劳教所、工读学校、戒毒中心、社区矫正服务社等矫正机构中应侧重于提供矫治社会服务,包括矫正对象的安置帮助、学习辅导、就业支持和心理矫治等方面。

我国香港社会工作实习教育的机构安排与内容设计充分体现了多元化与丰富性,除家庭、社区、儿童、青少年、康复等服务外,还与不同界别合作,发展各类型创新服务,如雇员再培训课程、长期病患者支援服务、艾滋病教育、市区重建社工队等,范围涉及劳工、就业、教育、医疗、健康、房屋、市区重建、交通、扶贫、国际救援等。我国香港社会工作实习教育重视应用型人才的培养,老师高度重视理论与实践的结合,注重对学生分析问题与解决多方面问题能力的训练。学生在实习过程中,一方面需要掌握社会工作直接服务、间接服务的各项技巧和将社会价值融入实践,另一方面也要参与实习计划的商议,完成机构政策和程序内的工作任务,做好各项实习记录并与督导员保持密切联系,除此之外,更重要的是能对个人经验进行重整,有能力在行动中反思,并对行动本身也进行反思(刘斌志,2006)。

二、以实习方法为标准的分类

一般来说,我们将社会工作实务分为三个层次,即微观层次上的个案工作,中观层次上的家庭工作和小组工作,宏观层次上的社区工作和社会行政。从社会工作实务的内容来看,社会工作实习的内容应该包括个案、小组、社区和社会工作行政等方法和技巧的学习及实践。学生在实习中,既要了解个案、小组及社区社会工作过程,学习专业社会工作不同介入方法应有的步骤与方法,学习在实习机构中有计划地运用个案工作、小组工作和社区工作等方法展开专业服务,还要特别注意不同工作方法的实习特点和注意事项。

(一)个案工作实习

个案工作实习是指把单个个人或家庭作为服务对象开展的各种专业帮助的实习活动,其服务对象主要是在生活中遇到困难的个人或家庭,采用的是个别化的工作方法和一对一的专业服务方式,目的在于协调对象个人与环境或他人之间的关系更为和谐,恢复和增强个人或家庭的社会功能。个案工作实习的介入过程分为接案或转介、收集资料、制订计划、签订协议、开展服务、结案、评估和追踪八个基本阶段。每一个阶段的实习都有相应的任务和工作要求,各个阶段之间相互影响和相互促进。

社会工作专业实习学生在服务介入过程中会面临各种不同情况。只有掌握了个案工作的技巧,才能根据个案服务过程中的具体情况把个案工作的价值观顺利转化为具体的操作方法和策略,推动服务对象发生有效的改变。具体说来,个案工作的技巧主要有以下几个方面。其一,会谈的技巧,包括支持性的技巧、引领性的技巧和影响性的技巧。其二,建立关系的技巧,需要掌握以下一些技巧:感同身受,把自己置于服务对象的位置上体会服务对象面对的压力和挑战,建立有利于服务对象积极表达的关系模式;制造气氛,选择和安排与服务对象初次见面的实际处境以营造良好的气氛,促进专业合作关系的建立;积极主动,减轻服务对象的紧张和不安,增强服务对象改变的信心。其三,收集资料的技巧,在收集资料的过程中涉及以下一些主要的技巧:会谈的运用,与服务对象会谈是社会工作者直接收集资料的有效方法;调查表的运用,采用调查表的方式可以让服务对象自由地表达自己的想法和感受,便于收集一些涉及隐私或者不便于在社会工作者面前表达的资料;观察的运用,通过观察可以直接了解服务对象与周围人之间的交流方式和过程;现有资料的运用,对于一些已经有记录的资料,社会工作者可以通过有关机构查阅和收集之。其四,方案策划的技巧,社会工作者在方案策划过程中需要掌握以下一些技巧:目标清晰而且现实,社会工作者最好以服务对象希望实现的具体行为作为标准,根据服务对象的状况以及能力制定明确的任务完成时间表,保证工作目标明确、现实;服务对象的范围明确,服务对象的范围并不是固定不变的,根据服务介入过程中的实际要求,有时需要集中在服务对象身上,有时需要转到服务对象的家庭成员身上;策略合理,服务工作方案还包括服务介入工作的基本方法、技巧、步骤以及时间安排等。一个好的工作方案,不仅需要让服务策略与目标一致,而且还需要服务策略本身相互配合。其五,评估的技巧,主要涉及以下技巧:正确运用评估类型,评估通常有两种方式,即对介入活动的效果评估和对所运用的策略、方法和技巧的评估;合理运用评估的方法,常用的评估方法有基线评估、任务完成状况评估和对服务对象影响的评估。基线评估注重改变过程,需要首先测定改变开始的基点,并与改变后的状况进行比较;任务完成状况评估偏重目标的实现,对任务完成的程度和质量进行评估;对服务对象影响的评估侧重于服务对象的主观感受,需要服务对象自我陈述个案工作过程对他(或她)的影响和作用;服务对象的积极参与,社会工作者可以通过不在场、不记名等方式让服务对象有充分的空间表达自己的想法和感受,参与评估过程;在评估之前,社会工作者需要向服务对象说明评估的目的是为了改进现有的服务工作,表达自己的诚意,并且向服务对象承诺保密的原则。

(二)小组工作实习

小组工作,又称团体工作,是以小组为单位的助人工作方法。在实习中,社会工作者采用科学手段有目的地组织小组,通过小组成员之间的互动和相互影响,帮助组员应付和解决个人的社会心理功能性方面存在的问题,促进个人发生转变并得到成长。小组工作可以划分为准备期、小组初期、小组中期、小组后期和小组结束期五个阶段。在小组工作实习的各个阶段,学生要清楚组员的特征,把握社会工作者的介入焦点,明确小组程序和社会工作者的角色及要求。

学生应重点掌握小组过程中常用的方法和技巧,其主要有沟通和互动的技巧,控制小组进程的技巧、小组会议的技巧和策划小组的技巧等。①沟通和互动的技巧主要有全神贯注倾听,积极给予回应,适当帮助梳理,及时进行小结,表达鼓励支持,促进互动交流等。②控制小组进程的技巧主要有适当给出解释,提供精神支持,促使承担责任,避免行为失当,联结集体和个人,严格设定界限,适当挑战内心,分类妥善处理,整合小组行动等。③小组会议的技巧主要有做好开场讲演,设定会议基调,把握中心话题,播种未来希望,善以待求变,真诚流露自我,告知可靠方案,灵活运用眼神,订立行动同盟等。④策划小组的技巧主要分为初期、中期和结束期三个方面:小组初期的设计应着重于促使组员认识、消除紧张情绪和打破僵局;小组中期着重于巩固组织的共识、消除分歧,以及增加信任感、认同感和归属感;小组结束期着重于巩固组员的学习成果和小组工作的结束。

学生在进行小组工作时,应充分地发挥工作者的领导者作用,协调小组成员之间的关系,领导小组成员实现目标。经常使用的领导技巧有自我揭露、面质、探索、摘述、支持、角色扮演、部分化、澄清、普及化和示范等。在小组活动的实施过程中,学生需要注意处理场地安排、准备好开场白、分配角色、处理意外事件和分享经验等问题。

(三)社区工作实习

社区工作,是社区社会工作的简称,主要是指在我国城市的区、街、居等社区范围内,在社会工作的价值观和理论知识指导下,运用社会工作的方法和技巧,为全体社区成员尤其是特殊困难群体提供的专业服务的总称。社区社会工作对居民个人、社区和社会都有积极的影响。它有利于解决个人困境和问题,恢复和提升个人社会功能,发展个人潜能,促进个人全面发展;有利于解决社区问题,增强社区凝聚力,培养居民的公民意识和公共意识;有利于社会问题的解决,促进社会保障制度的健全与完善,净化社会风气,维护社会公平与公正,促进和谐社会建设。社区工作具有非常重要的现实意义与社会功能,对于社会工作专业学生来说,它更是必须熟练掌握的三种社会工作方法之一。

社区工作按模式来分,有地区发展模式、社会策划模式和社会行动模式等。社区工作按内容来分,有社区照顾、社区服务和社区教育等。除了对社区工作模式和内容进行了解外,社区实习的主要目标重点在于社区工作能力和技巧的锻炼,主要包括以下几个方面:社区分析评估技能,要求基本掌握社区需求分析、资源分析、政策分析和动力分析等技能,并能适当运用;社区关系建立技能,要求运用社会工作专业理念和方法进入社区,与居民、社区组织及政府之间保持良好沟通,熟练掌握关系建立和维系技巧；社区项目策划技能，要求掌握社区项目分析、计划和评估技能，并适当运用于社区行动的组织；社区组织动员技能，要求掌握社区动员、社区会议、社区谈判等技能，并适当运用于社区项目的开展；社区教育倡导技能，要求掌握社区游说、宣传推广、领袖培训、志愿者培训等技术，并适当运用于实际社区工作。

社区工作的实习可依各种技能的培养为目标和中心来展开，也可以社区服务的项目和内容来展开，如社区社会救助服务、社区矫正服务、社区教育服务、社区医疗卫生服务和社区自治服务等。学生需要将社区工作课程教学的理论和方法与社区工作的实际紧密地结合起来，在专业实习过程中组织发动或积极参与社区建设和社区发展的实践，利用自身的专业知识进行"行动研究"，发挥专业的力量和影响，善于发现问题、分析问题和解决问题。

（四）社会工作行政实习

社会工作行政，属于间接社会服务，不是面向服务对象，而是面向一线工作人员的服务，包括计划、组织、人事、协调与控制等内容。具体来讲，主要有社会服务机构的规划和社会服务方案策划，社会服务机构的组织和领导，社会服务机构的人力资源管理、志愿者管理、财务与筹资管理和公共关系管理等内容。

社会工作行政的实习，主要是由实习学生参与社会服务机构的行政管理，使社会服务机构的管理更加有利于一线工作人员的服务。学生与其他工作人员共同进行前线服务监察，与用人单位及督导员沟通，以及处理其他各类行政事务。在前面的第一种标准的分类中，除了社会调查研究、参观访问和志愿服务外，学生在政府部门、社会团体、社区和专业机构中实习都有可能会从事社会工作行政，鉴于其面向的一线工作人员并非全部都是专业社会工作者，在实际服务过程中，必须运用不同的思路和方法。毕竟，在目前的中国，专业的社会工作和实际的社会工作的分野还将在一个比较长的时期内存在，因此学生在实习过程中始终应该用一种专业的眼光去审视和判断这种区别，并能作出正确的应对。随着社会工作的专业化和职业化越来越紧密地结合，学生的社会工作行政将会面临更多的机遇和挑战。

三、以实习领域为标准的分类

社会工作专业的学生，特别是本科层次的学生，应该特别注重通才实务能力的培养。社会工作专业实习学生应该尽可能掌握社会工作各个领域的实务内容和实务方法，其实习内容应该围绕通才实务观来设定。无论实习学生在哪个专业机构或居民社区中实习，都会涉及一些共同的内容，包括服务对象的界定、服务内容的确定、服务形式的探索、服务效果的评估、服务机构的运作、服务过程的展开等。

在2001年，负责全美社会工作教育本科和硕士项目鉴定的国家组织——社会工作教育理事会（CSWE）规定的与实务有关的内容有：促使案主进入恰当的工作关系；确定议题、问题、资源和优点；收集和评价信息；服务提供，包括运用沟通技巧、督导和磋商；确定、分析和实施以经验为基础的干预计划，以达到案主的目标；应用先进的经验知识和技术；评估项目的结果和实际效果；为了响应政策和秉承服务理念，提供开发、分析等技术支持；促进社会和经济公正(安秋玲,2009)。

按服务人群的种类或场所划分，社会工作的实习内容可以分为青少年社会工作、儿童社会工作、妇女社会工作、老年人社会工作、残疾人社会工作、家庭社会工作、学校社会工作、企业社会工作、医疗社会工作、司法社会工作、城市社会工作、农村社会工作、社区社会工作、移民社会工作和灾民社会工作等。在不同的实习领域，应该根据特定的服务对象的多元需求或重点问题，确定其服务内容和服务形式，在开展服务的过程中，不断优化和改善服务效果并对其进行评估，以探索更好的服务形式，了解专业服务机构的运作实际情况。

社会工作实务领域太多，鉴于各种条件的限制，各个学校只能根据自身实际情况，依照其资源优势、专业特色和培养方向集中精力开展某些领域的实习。就农村社会工作实习而言，其实习地点为农村，实习方法涉及个案工作、小组工作、社区工作和社会工作行政等，而实习内容则是多方面的。实习内容主要有以下三个方面。其一，对农村社区的调查了解。实习学生在接受了一定的专业教育后，应该首先深入农村社区，对所实习的农村社区进行调查，全面地了解农村社区的政治、经济、社会和文化方面的情况，对农村社区村民的需求和农村社区问题进行调查。其二，对农村社会工作的方法和技巧的实际演练。接受了农村社会工作学习之后，由专业的农村实习督导员带队，结合专业的理论、方法和技巧的指导，深入农村展开社会服务。在具体的实务操作过程中，初步掌握农村社会方法和技巧。其三，对当前农村社会工作的现状进行评估和反思。运用专业眼光，审视农村工作和农村建设中的社会工作应用现状及问题，对农村社会服务项目的开展进行评估。

无论在哪个领域实习，社会工作专业学生都应注意按通才实务观的模式来培养自己的能力，同时也要注意根据自己的兴趣和特长或实习的安排，对自己接触的某个专门领域进行系统的学习，将该领域的课程理论学习与课程实习进行有机的结合，以形成个人的实务风格。学校实习指导老师和督导员应该着重指导学生理解、学习和掌握各专业领域实习时的系统过程、方法技巧、具体内容和注意事项，指导实习学生以案主为中心，确定服务内容和服务形式。有条件的学校应该按照实务领域组织学生的课程实习或专项实习，以加强实习学生实务能力培养的针对性，形成专门的培养方向和鲜明的优势特色。

参考文献

[1] 史柏年,侯欣.2003.社会工作实习[M].北京:社会科学文献出版社.
[2] 曾华源.1987.社会工作实习教学——理论、实务与研究[M].台北:台湾五南图书出版公司.
[3] 曾华源.1993.社会工作专业教育研究[M].台北:台湾五南图书出版公司.

[4] 林霞.2005.社会工作专业实习教学的阶段模式[J].海淀走读大学学报(1).
[5] 刘斌志.2006.香港社会工作实习教育的经验与启示[J].重庆城市管理职业学院学报(3).
[6] 田玉荣.2004.从社会工作专业的特质看"专业导入教育"的课程设置[J].华东理工大学学报(社会科学版)(1).
[7] 黄红,初智巍.2009.社会工作专业实习的现实困境分析[J].黑龙江高教研究(7).
[8] 肖萍.2006.社会工作实习教育模式的本土性探讨——资源概念的引入[J].南京社会科学(3).
[9] 安秋玲.2009.社会工作者实务认知与获得途径的访谈研究[J].华东理工大学学报(社会科学版)(3).
[10] 向德平.2008.中国社会工作教育的发展取向及其反思[J].社会科学(5).

第三章 社会工作实习中的角色、需求与责任

社会工作实习中的角色主要包括学校、学生、机构、案主、学校实习指导老师和督导员,他们各自扮演不同的角色,各司其职,其相互协调发展直接关系到专业实习的最终效果。根据社会工作实习模式的不同,这些角色在不同的社会工作实习模式中具有不同的需求和责任。王思斌认为,"社会工作学院与社会工作机构之间伙伴关系的原则与精神为中国社会工作实习模式提供了一种指导思想。根据这一原则,我们可以发展出以伙伴关系为基础的机构与学院合作的社会工作实习模式"(王思斌,1999)。本章主要依据这一学术理论以及中国社会工作教育的现实环境,分析社会工作实习过程中不同角色的需求与责任。

第一节 学校的角色与责任

一、学校的角色:实习的组织者

社会工作实习是学校有计划、有督导地组织学生到机构或社区中接受社会工作实务能力训练和培养具备社会工作者应有的价值观与态度的过程。社会工作实习教学在专业人才培养中具有重要地位,社会工作专业实习从设计、推行、督导、评估和完成都离不开学校的组织和领导。

学校作为社会工作实习的组织者,对整个实习过程的统筹安排和实习教学工作的跟进与评估负有主要责任,在实习设计研究,机构选取与安排,设立实习指导老师,提供实习经费,建设实习基地,整合各类实习资源,管理实习内容,评估学生的实习表现等方面,学校需要全面部署,综合考虑,并进行统筹安排。

二、学校在实习教学中承担的责任

1. 制订与完善专业实习计划

实习开展的依据是实习计划,包括实习的目标、形式、内容、具体要求、评估方法等一系列规定,是指导实习的纲领性文件。实习计划的制订要考虑多方面影响因素,既要考虑社会工作作为一个专业的国际通行的规范和要求,即"国际惯例",又要联系本国本地区的实际情况;以教学实习为根本出发点,又不违背实习机构的利益和需求;既要使实习计划符合学生的知识水平和实际操作能力,又要考虑实习机构的实践空间和条件,最终以实习教学契约的形式固定下来。(肖小霞,2007)为

了形象地展示社会工作专业的实习计划,现将我国台湾地区东吴大学的社会工作实习计划摘录列于本书附录中,以供参考借鉴。

2. 机构选择与安排

实习教育的首要条件就是要有能够提供专业实习岗位的实习机构。而学校对实习机构的选择与安排,对学生实习教育的成功与否有非常重要的影响。因此,学校必须制定一套明确严谨的标准,作为评估和选择实习机构的依据,在现有条件下,尽量为学生争取最好的实习机构。学校必须把好机构的选择与安排这一关,从机构的性质、能力、配备督导员的情况、所能提供的实习条件和学生实习的意愿、要求等方面综合考虑,慎重选择实习机构。实习机构的选择主要考虑以下几个方面。

(1) 实习机构的性质是否符合教学目标。

社会工作实习的主要目的是为了在实践中具体运用所学的专业知识和技能,进一步熟练、巩固和提高专业知识和技能。社会工作实习是达成专业教育目标的必要手段,因此机构的性质直接影响实习目标的实现。机构的专业性是选择的首要标准。专业社会工作性质的非政府组织是学生实习机构的最佳选择,因为这类机构一般都拥有丰富的实务经验和实习督导经验,能够为学生社会工作实习提供专业实习的平台。当前学术界把中国境内具有社会工作性质的机构分为五类:一是属于社会工作行政性质的机构,如民政局、妇联、残联等;二是院舍照顾机构,如养老院、儿童救助机构等;三是社区服务中心,如居民委员会;四是发展性的社会工作服务机构,如亲子服务中心、附属于政府的热线和帮教服务;五是医疗等服务机构,如医务社工等。此外,可供社会工作实习的领域还有很多,如社会工作介入戒毒中心的工作、艾滋病的社会服务等。这就需要学校根据具体教学目标进行选择。(周丹红,2005)

(2) 实习机构是否能为学生提供从事专业社会工作的机会。

机构所能提供学生实际从事专业社会工作的机会将直接影响学生实习目标的完成程度。机构的实习是配合学校专业课程的相关内容,以增强教学目标的重要环节。机构为学生提供专业的社会工作机会,有助于训练学生的服务精神及处理问题的能力,为学生未来从事专业社会工作打下基础。目前很多实习机构接受实习学生,往往是将学生视为免费劳动力,而忽略了他们的社会工作的专业身份,学生的实习局限在机构的日常事务的管理与相关活动安排上,只有很少的专业实习机会,导致学生所学专业理论与实习内容脱节,这种机构实际上不适宜作为学生实习的机构。

(3) 实习机构是否能为学生配置合格的督导员。

学生被安排到机构里面实习,通常机构都会安排工作人员全面指导,安排督导员为学生提供有效的指导,具体包括协助学生制订实习的具体计划,使学生达到专业实习的目的;提供适合学生实习的环境,指导学生执行实习计划;指导学生各项专业技能的成长;定期进行个别指导、团体指导;评估学生实习成果;实习期间,当学生有状况发生,应该及时和学校联系,共同谋求解决方案。合格的督导员是保证学生实习成效的关键因素。

机构里合格的督导员需要经过系统、科学的训练。目前,我国实习机构里督导员的配备不容乐观,有些机构在督导员的选择上存在很大的随意性,一些督导员缺乏专业的理论知识,这使得督导员在实习中不能充分考虑学生的专业需求,不能给予学生有效的指导,学生很难真正融入机构的实际工作中。于是,本应在专业督导员指导下的社会工作实习成为学生和督导员共同学习和摸索的过程,这在很大程度上影响了学生实习的成效和专业能力的成长。(第七章还将论述,在此不作展开。)

(4) 学生实习的偏好。

一般说来,对实习机构的选择,每个学生都有自己的偏好。比如,有些学生的兴趣是毕业以后为老年人服务,因此希望能在实习的过程中练习与提高自己在老年社会工作方面的技能。有些学生的兴趣则在儿童社会工作或医院社会工作方面。一般专业的机构都只是侧重其中某一个或几个服务领域,由于专业实习的时间有限,学生又有自己感兴趣的专业发展方向,因此,实习教学最好能把实习的目标和学生的意愿结合起来,这种方式能够有效促进社会工作专业学生实习的积极性,也能够取得良好的实习效果。

(5) 实习机构的设施条件。

机构最好有比较完善的教学器材、设施与设备,例如办公桌、隔音间、录音设备、录像设备、计算机等。有没有完备的教学器材和设备对学生的实习有很大的影响。不过,从目前的情况来看,有完善设备的社会工作机构并不多。不过,最起码的条件是要让学生有坐下来阅读和写作的桌椅,否则学生在实习期间就会没有归属感,四处乱逛,这不仅影响学生的实习,而且也会影响机构的正常工作。(曾华源,1987)

在确定了符合条件的实习机构之后,学校与机构之间通常还要签订书面形式的实习合同。合同的内容通常包括实习的基本条件、要求,机构、督导员、学校、学校实习指导老师和学生各方在实习中所负有的责任,有些学校要求或鼓励每一家实习机构都制定实习大纲,在大纲中详细说明实习学生的工作任务、学习机会以及其他重要事项。学校应尽可能多地提供实习机构的详细资料供学生查阅,使学生能够全方位了解机构的服务目标、运作流程、服务领域、人员配置等信息,为学生更快地融入机构打下良好的基础。

3. 设置学校实习指导老师

学校实习指导老师是保证社会工作实习顺利开展的一个重要环节,学校指定专门的实习指导老师负责向学生提供有关的帮助,并充当学校与机构之间的联系人。学校实习指导老师的主要工作包括:协助学生选择适合的实习机构;协助学生认知个人、督导员及学校实习指导老师的角色功能;系统地安排整个实习的内容;代表学校与督导员联系;跟进实习方案,评估实习表现;根据实习的状况,随时以面谈、电话、网络等通信方式定期督导学生,经常到学生实习机构探访学生,了解学生实习的情况等。

Faria,Brownstein 和 Smith 指出了学校实习指导老师的十项责任,其中包括四项功能和六种角色。这四项功能包括:①安置,选择专业机构与督导员,把学生安置于合适的机构之中;②联系,解释学校的实习政策、程序以及对实习机构的期望,评估学校的实习要求与机构性质之间的适应性;③管理,确保安置过程的完成;④评估,评估学生、机构和督导员,评定学生的实习成绩,对是否继续聘用机构与督导员提出意见。在实现以上四大功能的过程中,指导老师将扮演以下六大角色:①指导者,帮助学生制订实习计划;②监督员,评估机构、督导员和学生的工作与学习情况;③顾问,帮助督导员发展督导的技能,提供课程大纲和其他资料;④老师,帮助学生整合课堂知识与实习经验,为学生树立角色榜样;⑤调解人,帮助解决学生与督导员之间、学生与机构其他工作人员之间的问题;⑥呼吁者,向学术委员会提供相关的信息,以评估学生的实习成效与学术进步。(库少雄,2003)

4. 推动和督促实习教学计划的实施

实习教学计划的实施,主要靠学校的推动和督促。这方面的工作职责包括:第一,督促机构、实习指导老师和学生三方面做好实习前的准备工作,完成实习前的上岗培训;第二,为机构、实习指导老师和学生三方面提供咨询,并对一些具体问题提出建议和解决方案;第三,接受来自机构、实习指导老师和学生三方面对于实习的意见反馈,对实习教学计划中的不适当内容及时进行修订完善;第四,对机构、实习指导老师和学生三方面的工作进行评估,对其中不相适应的人员进行及时调整;第五,负责制定实习教学的经费预算;第六,负责实习教学中相关文件和表格的印制和发放等工作。(史柏年,侯欣,2003)

第二节 学生的角色、需求与责任

一、学生的角色:实习的主体

学生是社会工作实习中的主体,学生主体的角色并不是说实习教学的一切活动安排由学生决定和主导,而是说,学生在社会工作实习中对实习单位、实习内容、实习方式和方法的选择上具有主动权,在实习目标的制定和实习任务的完成上能够发挥主观能动性,能够在实习中处于中心者的地位,是学习的主动者而非被动者。

社会工作专业教育由学徒式训练发展而来,学徒式的训练模式存在许多限制。就实习的内容而言,学徒式训练大都偏向技术性,因此,实习的内容较为实际与固定,实习范围也限定在机构所提供的服务层面上。通常,由固定负责训练的人带领,指导实习者从较简单的工作开始学习有关的技能,通过不断的训练达到成熟后才逐渐增加复杂与困难度较高的工作。实习者在开始实习时,没有任何概念,通过实际操作过程磨炼技巧和积累经验,最后根据经验来探究问题的原因和处理方式。因此,学徒式训练带有"无意义"的实习,只是被动地接受教导者所教授的内容,很少有创新和变通(曾华源,1987)。由此可见,在社会工作专业发展初期的学徒式训练中,学生只是被动地接受各种经验,并不是实习中的主体。

社会工作专业发展至今,早已脱离学徒式训练,认为学徒式的训练与实习模式不能满足社会工作专业发展的需求。随着现代学习理论的产生和发展,以人为本、尊重学生尊严和价值的社会工作专业教育观越来越为人们所信奉和遵循。在这种理论概念的指导下,人们提倡引导和发挥学生的学习潜能,重视实习学生知识价值观和方法技能的整合,明确老师在学生积累式教学过程中的指导作用。例如,关于老师和学生在教学过程中角色的定位,不再信奉老师处于绝对权威的中心地位的观点,而是明确以学生为中心,老师为指导的角色分工。在上述理论发展和社会工作教育变化的大背景下,作为社会工作教育整体有机组成部分的社会工作实习教学,也出现了新的发展方向,更加强调学生在实习过程中的主体性(史柏年,侯欣,2003)。实习学生并非被动接受各种知识和经验,而是主动地依个人兴趣和需求实习,个人潜力自然得以发挥。

二、学生的需求

如前所述,社会工作实习教育是教育性取向的,学生到机构实习的目的主要在于如何将理论知识转换运用于实践,实习必须要以学校教育目标和学生需要为主,而不是以机构需要为主。通过专业实习,学生将收获与课堂学习不同的知识,具体表现在以下几个方面。

1. 挑战自我

实习生活对学生来说充满未知,会令一些学生面临很大的压力和挑战。如当一个学生走访案主时,常常担心自己会遭到拒绝;面对陌生的案主,担心自己是否能够顺利与之沟通;在居民区做宣讲时,担心自己会被当做推销员,等等。当学生面临困难的时候,督导员会与之交流,鼓励学生正视而不是逃避面临的困难,同时发现自己的不足,以利于在以后的工作中加以改进。学生在实习中勇敢面对困难、解决困难、克服自己的弱点,本身就是一个挑战自我、战胜自我、不断成长的过程。

2. 掌握社会工作专业的理论与方法

通过与案主长时间面对面地交流,学生可以对有需要帮助的服务对象以及他们的生活状况有深入的了解。学生可以在督导员的指引下，以机构职员的身份，向案主提供帮助，在一个真实的环境下，灵活运用社会工作的助人技巧。书到用时方恨少，这样一来，实习学生更能意识到多学习与社会工作专业相关的知识的重要性，一个个案在实际的操作中就可能涉及多种理论和服务技巧，如当学生面对的案主是弱能人士的时候，学生除了需要了解他们不同的特征外，更需要从正确的角度去认识他们。学生需要用理论的观点分析他们的需求，这当中就涉及许多理论，如社区康复、赋权、正常化、融合、社交化、以人为本概念等，以指导学生在实践中有所依据，使案主可以获益。此外，在弱能人士康复的服务中也涉及多种服务技巧，如行为修正法、图片沟通法、自然训练法等，学生要实践这些理论，并非一件容易的事。因此，学生必须加强这方面理论的学习，在实践中善用这些知识。实习生活就是学生充实自己的理论知识和掌握实务能力的过程。

3. 培养社会工作专业价值观和信念

社会工作专业价值观和信念只有在学生实践助人的过程中才能得到真切体验和深刻的认同。只有通过长期和案主的接触、交往与合作，才能让学生对案主的境遇感同身受，对案主的苦难深切同情，才能使学生对案主产生真挚的感情，肯定他们的需要，给予他们关怀。让学生相信世界上每一个人都有其自身的尊严，如果给予适当机会，他们就有能力创造好的生活。再者，通过直接的参与，学生的社会意识会得到相应提升，从而加强个人对社会的责任感。这些都有利于学生社会工作专业价值观的培养。

4. 提供向专业工作人员学习的机会

实习给学生提供了向专业工作人员学习的机会，学生可以从督导员及机构的其他工作人员那里学到许多知识和技能，学生应该充分利用这些资源，在学校实习指导老师、机构督导员及其他工作人员的共同帮助下不断思考、练习、尝试，在学习中不断完善自我。

案例 3-1

小陈在一家老人活动中心机构里实习，这次他接了一个个案，服务的对象是一名85岁的独居老人容婆婆，从老年中心的同事口中得知，她本是一个积极参与老年中心活动的老人，但由于一直与她同住的大女儿在半年前因病逝世了，此后，她就变得很被动。在接案的时候，小陈主要考虑的是如何处理容婆婆的哀伤情绪，并探讨案主作为一个高龄独居老人，她的支援网络是否能满足她的情绪需要。小陈制定了以下的介入目标。

（1）发掘和引导案主的强项，并帮助她认识可运用的个人及社区资源。

（2）肯定案主所拥有的家庭强项，强化案主对自我评价的肯定，激发案主面对日后生活的希望，以及继续生存的动力。

(3)掌握案主面对独居所衍生的焦虑和恐惧,协助案主强化自我照顾的能力。

(4)了解案主面对子女离世的感受,给予空间让案主释放情绪,并处理案主的哀伤。

第一次家访,小陈了解了容婆婆面对年老的忧虑,包括身体的病患及失去女儿的独居生活的痛苦,她埋怨上天为何如此安排,并难以接受现实,亦有自杀之念。

第二次家访,由于前一次了解到案主的情况符合自杀危机的特征,小陈并没有避开有关"死"的话题,一方面希望了解案主的自杀的危机,同时了解她面对哀伤的痛苦及其对她生活和生存的影响。后来发觉案主自杀的动机不大,只是过分看重死去的女儿,遗忘了还在世的儿子对她的关心,同时也了解了案主对她自己的评价,案主不认同她自己的强项等情况。小陈借着案主对身体保健的心得,以及案主过去在中心积极参与活动时的独立表现,引导案主强调自己的强项和能力。另外,鼓励案主认真去接受儿子对她的关怀,并了解她的生存对儿子的重要性。

第三次家访,案主逐渐认同和接受儿子是自己的精神力量,她表示了自己对独居的忧虑,因此,小陈引导案主设想如发生意外时她的处境,并提醒她身边拥有的支援力量。

第四次家访,由于实习期将完,这是最后一次家访。小陈再次强调了儿子对案主的重要性,同时向儿子提出案主对独居的担忧,建议儿子多加留意案主的情况并逐步开导。小陈鼓励案主多到老人中心去活动。

完成四次家访后,案主主动到老年中心,在工作人员及中心职员的鼓励下,案主参加了四个活动,在往后的日子里,案主亦增加了到中心的次数,并与中心朋友一同享用中心的健身设施锻炼身体。

小陈对自己实习的反思如下。

"在接受社会工作训练的期间,我一直都会留意不同问题的介入工作,例如有关自杀的评估和介入工作。在这次案例中,正好可以应用所阅读的知识。作为社会工作者,亦应以开放和真诚的态度去与案主讨论死亡。同时,我也深刻体会到了多掌握社会工作专业知识的重要性,以便满足服务对象的需要,或在同一时间去运用不同的介入方法。以这个案主为例,就涉及了许多的理论,如哀伤辅导、社会支援网络等。同时,透过督导员的提醒、机构理念实践的示范及自我不断检讨和学习,我把一直认同的社会工作专业价值观内化为价值观念,并外化为自觉行动了。

在决定介入个案时,督导员起了很大的作用。当时老年中心有六个个案,督导员协助我选择较合适的个案,在整个个案的实习过程中,督导员是重要的引导者、支持者和同行者。例如我不懂什么是哀伤辅导,督导员给了我参考书,还特意让机构里有丰富经验的工作人员教导我相关的知识。督导员在督导的过程中与我同行,指出我必须改善的地方,这些都是非常宝贵的意见,对我日后的个案工作起了很大的鼓励作用。"(许卢万珍,2005)

三、学生的责任

1. 参与实习计划的制订

学生是实习计划实施的直接执行者,没有学生的广泛参与,制订出来的计划可能会脱离实际的情况。因为学生需求和能力的不同都会影响实习计划的实施。曾华源教授提出"参与—整合实习教学模式",所谓"参与"是指教学者(包括学校实习指导老师和督导员)和实习者共同表达对实习学习的期望,并且积极参与实习计划的拟定活动的学习过程,强调学生、学校、机构和实习教学者的共同参与。因此实习计划的制订并不只是学校一方的事情,学生的参与也很重要。学生参与实习计划的制订,有利于促使实习教学内容、方式与学习形态、需求的配合,有助于学生明确实习教学的目标和结果,有助于学生了解实习教学的顺序和进程,有助于学生掌握实习教学的重点和原则,有助于促进类化和学习迁移能力的提高(史柏年,侯欣,2003)。

2. 做好实习前相关资料的收集工作

学生实习之前,应做好相关资料的收集工作,收集的资料主要包括以下几个方面。一是关于案主的资料。例如,如果学生实习的内容和服务对象是青少年,那么学生在实习之前应该先做好准备,如广泛阅读青少年这方面的资料和书籍,包括国内外青少年问题研究、青少年心理学、青少年犯罪、社会化等研究资料。这些资料有利于学生对案主的自身状况及整个社会的环境有比较深入的了解。二是实习机构的资料。对实习机构的资料收集,可以通过学校实习指导老师的帮助来完成,了解实习机构的性质、功能、服务的定位、工作流程等。学生可以更好地摆正自己的位置,早日进入实习状态。三是专业服务的资料。这类资料可以多涉及我国香港、台湾地区及国外的相关资料。如以青少年为服务对象,这些资料应包括青少年的社会工作理论和方法、青少年的政策、学校社会工作的理论和方法等,这些资料会给学生未来的实习提供理论和专业上的指导。

3. 按时按量保质完成实习任务

按要求完成实习任务,是学生实习活动最主要的职责,也是实习评估的依据。学生在有限的实习时间里,在督导员的指导下,充分利用学校和机构的各种资源,将所学的理论知识灵活运用到实际工作中,服务任务对象,使专业理论升华为助人力量,使专业方法转化成具体操作过程。

4. 遵守实习教学的各项规则和纪律

在实习的初期,督导员会协助学生了解学校和机构的各项规则以及专门为实习教学而制定的规章制度,学生必须严格遵守。这不仅是对实习机构的尊重,而且也体现了实习社会工作者的专业形象。因此,学生应时刻以大局为重,严于律己,以专业伦理价值观严格要求自己,坚守职业道德。遵守实习机构的规章制度,包括遵守机构的上下班时间;必须请假时,要事先报告督导员,并于事后补足时数;服装仪容方面应遵照机构的要求;遵守机构的工作汇报制度以及与督导员的约定等。

5. 认真做好实习记录

记录是社会工作实习的一个基本的组成部分。社会工作专业总是强调记录的重要性。主要有两方面原因:一是人们认为良好的记录和服务的实效性之间存在基本的关联;二是在不同的实习情境中,所有类型的实习都要求被记录。赛普润对记录的重要性作出了解释:"服务记录记下了案主重要的事实、证据、判断和决定,记下相关的问题和情境,记下了帮助案主的情境和经验,显示了服务的数量和质量,描述了帮助案主行为的过程。"(戴维·罗伊斯等,2005)学生应根据督导员的要求做好实习的记录,可以通过日记、周记、报告等形式把实习过程记录下来,坚持做好记录有助于学生总结实习心得,便于自我反思,也是为了让督导员更好地了解实习情况,提出指导意见。

6. 与督导员保持密切联系

定期或不定期地与督导员沟通,把实习中遇到的问题和想要讨论的问题告诉督导员。督导员的实践经验能够指导学生进行实习,和督导员在一起的工作时间正是学生专业成长的一个机会。学生如果在实习过程中遇到困难,不要羞于向督导员寻求帮助,与督导员讨论的过程就是学习的过程。

第三节 机构的角色、需求与责任

一、机构的角色:实习的合作者

不同的社会工作实习模式中,机构扮演不同的角色(史柏年,侯欣,2003)。在以机构为本的实习模式中,机构担当实习组织者的角色,处于协调学校、机构和学生三方关系的中心地位。但随着社会工作专业教育的发展,机构常会因其性质与活动范围的局限而显示出能力有限。在以学校为本的实习模式,机构承担被动接受学生实习的纯粹工作场所的角色,无法对学生的专业成长起到应有的作用。在中国的现实情境下,比较合适的是机构与学校合作的社会工作实习模式,在这种实习模式中,机构承担合作者的角色。合作者角色符合机构的地位,也有利于发挥机构在实习中的作用。

二、机构接受实习学生的原因

一般来说,社会服务机构接受实习学生到机构实习,很少是出于直接的经济动机。机构乐于与学校进行合作,接受学生实习,不仅对实习学生和学校是有益的,而且对机构未来的发展也是有益的。机构为学生提供实习安排,主要原因如下。

1. 节约机构的成本

一方面,机构能以较小的经济成本雇佣到合适的专业人才。通过对学生实习期间的考察,机构能够进行全方位的筛选、寻找、培训和评价潜在的求职者,寻找到机构需要的社会工作人才。另一方面,当机构没有足够的工作人员时,实习学生提供了重要且有价值的帮助。一些短期内空缺的人员岗位,或者是一些不需要招募固定员工的岗位,也可以交由实习学生来承担,这样能够节约机构开支。

2. 机构的工作人员从中获益

机构吸收实习学生,不断有新鲜血液注入机构,为机构带来活力,对机构的内部工作人员也大有好处。一是通过对实习学生的实习指导,深化内部工作人员的实践技能。二是在与实习学生的相处过程中,也会带来乐趣。在与实习学生讨论实习的方方面面的过程中,能够使机构工作人员获得在社会工作方面的新发展,也有利于减轻他们的工作压力。

3. 实习学生可以为机构做宣传

实习学生在机构的实习经历,使得他们更容易受现有机构的文化所影响,比较容易对机构产生忠诚感和信任感,同时也丰富了自身的知识,这使得他们可能会为机构做宣传。即使实习学生日后在其他的机构中就职,他们也很有可能提及他们曾经实习过的机构,为其进行相应的宣传,有利于增强机构的影响力。

三、机构对实习学生的特殊要求

一般而言,督导员比较看重实习学生的品质,包括以下几个方面:第一,学生身上所表现出的强烈的助人意愿;第二,学生兴趣和应用特定知识处理特定问题的技能;第三,成熟的情感;第四,诚实。这些品质有助于实习的顺利完成,同时也是专业的社会工作者应该具有的品质(戴维·罗伊斯等,2005)。下面对其进行简单的讨论。

1. 拥有帮助他人的强烈愿望

大多数督导员都相信,实习学生的基本品质是要有强烈的助人意愿。这个意愿应该是实习学生生命中内在的驱动力,即使是案主感到绝望,想要放弃自己时,这种驱动力也会使学生不会放弃,尽力去帮助案主。社会工作有时候是令人沮丧的,因此学生必须具备高度的承受挫折的能力,能受到案主需要帮助这一信念的强烈激励。

学生必须尊重与接纳每一位案主(哪怕案主是一位杀人犯或强奸犯),要有高度的社会责任感、对案主的无限同情和帮助案主的强烈愿望。因此,机构需要那些有决断力、热情和有同情心的学生。当一个学生表现出硬要案主领情的态度时,你可以确定他(她)缺乏同情心。有同情心的学生很容易交谈,是个很好的倾听者,而不是表现得愤世嫉俗。他们了解案主的世界及这个世界对案主的意义。

2. 具备某一特定领域的兴趣与能力

督导员希望学生对他们所要处理的问题感兴趣。例如,一个学生从内心深处渴望了解人类的成瘾行为(如毒品成瘾,酒精成瘾等),那就不难理解他对戒瘾治疗的兴趣了。学生只有面对真正感兴趣的案主(如青少年、老年人、残疾人)和感兴趣的问题时(如家庭暴力、青少年犯罪、毒品依赖)时,学习的主动性和积极性才能得到最大限度的发挥。因此机构需要那些对帮助案主有真正兴趣的学生,对案主的帮助不只是要具有解决问题的好奇心和探究精神,也要具有同情心及帮助他人的愿望。

3. 成熟的情感

许多督导员会设法理解和评估学生所表现出来的智力和情感上的成熟。智力和情感上成熟的人能认识到自己的知识和能力的局限,他们会在现实和愿望之间获得平衡。他们会有明确的目标,愿意寻求建议和询问问题,有时他们甚至会说:"我不知道怎么做?"在处理问题的时候,他们会比较冷静和理性,能以积极的态度解决问题,也能耐心等待解决问题的适当时机。

4. 诚实

一般来说,机构会通过正规的途径(如学校提供资料、与学生面谈)了解学生的基本情况,包括学生过去的表现。如果学生以往有不良的记录,这一点是否会被实习机构所关注,关键在于不良记录发生的原因和发生的时间。当这个问题被提及时,对学生来说,诚实地面对是最好的选择。当学生能够以适当的方式披露这类信息而不是刻意地遮遮掩掩,就显示了学生的诚实与成熟。

虽然,一开始机构会对学生的品质有所要求和期待,但学生后来所表现出来的热情和兴趣才是机构最重要的考核因素。此外,在面试的时候提前做一些准备工作是必需的,如想想为什么你想为特定的案主服务,怎样准备你的实习,以往是否有处理过相关问题的经历等。不过,由于各机构需求不同,学生往往难以在短时间里适应机构的工作。例如药物滥用治疗机构可能期望学生对酒精中毒这样一种疾病模式有所了解,管理性的机构也许希望学生以前有类似的实习经历,并具有相应的基本知识。这些需要学生通过自身的努力来弥补不足,以便于尽可能快地适应机构的运作模式与需求。

案例 3-2

陈灿是社会工作专业的学生,她看起来总是匆匆忙忙的。特别是她开始实习的时间比学校实习时间表上规定的时间晚了两天。事实上,她处于一种全职工作与全职学习的状态之中。她每天晚上只睡4～5个小时。另外,她还是几个志愿组织的积极分子。然而,陈灿向督导员说了谎,她说她仅仅在周末做一点兼职工作。

也许是因为太忙了,陈灿有一天没有按规定的时间来机构实习。督导员问她是不是病了,但陈灿不想让督导员知道她正在做一份全职工作,便随便编了个借口搪塞过去。

不难想象,在督导员规定的时间之内,陈灿无法完成实习报告。在实习期中评估时,督导员向学校实习指导老师建议终止陈灿的实习,陈灿因此感到不解、痛苦和愤怒。她认为自己一直都在尽最大的努力完成实习任务,虽然她不喜欢她所服务的案主。(库少雄,2003)

问题:
① 你认为陈灿的主要问题是什么?
② 陈灿怎样做才能避免实习失败?

案例 3-3

一位因患两极紊乱精神病正在接受治疗的学生与其学校实习指导老师商讨了她的实习问题。她们商讨的结果是应该为该学生安排这样一家实习机构:在那里她既可以学到所需要的技能,又能得到一位感觉敏锐、洞察力强、富于同情心的督导员的帮助与指导。在与督导员开始面谈的时候,这位学生并没有向督导员提供任何有关自己病情的信息,她像其他同学一样回答督导员的问题,彼此谈得十分投机。在面谈结束之前,督导员认为这位同学给自己留下了很好的印象,因而可以在机构里实习。这时,这位学生用平静而又肯定的语气对督导员说她正在接受治疗,但她可以保证这决不会给机构带来任何麻烦。督导员问了几个有关病情的问题,学生并没有详细介绍自己的发病史,而是如实介绍了这种疾病的一些症状,并告诉督导员,在过去的一年半时间里,除了比一般同学多请了几天假之外,她一直没有出现过什么大的问题。督导员思考了一会儿,和蔼地对这位学生说:"谢谢你的诚实。我看你的病情对实习不会有太大的影响。针对你的特殊情况,让我们来讨论一下你干些什么工作最合适,好吗?"

在以上的案例中,学生在面试中表现出来的是诚实和成熟。是否该把自己的具体情况都告诉督导员,这对学生来说是一个复杂的问题,需要技巧。如果学生一开始就把自己的病情和盘托出,督导员很可能拒绝该学生的实习要求。案例中学生一开始并没有说出自己的病情,而是在自己给督导员留下好的印象、面试接近成功的时候才提出来,他并没有过多地介绍自己的发病史,只是对督导员适当地透露了一些信息,因为过多地向督导员介绍详细的情况对学生是不利的。再者,如果学生对机构不满意,或通过和督导员的面谈认为留在机构的机会不大,学生就完全没有必要告诉督导员自己的病情了。(库少雄,2003)

四、机构在实习教学中承担的责任

1. 为学校提供信息

学校在进行实习安排时,通常最困扰的是不知道机构能提供给学生何种实习经验,为了更好地了解机构的情况,一般而言,学校希望机构能够提供以下有关信息。(曾华源,1987)

(1) 机构的服务内容与案主情况,包括案主的年龄范围、社会经济状况、主要问题与需要等。

(2) 督导员的人数、教育背景、工作经历、专长、指导学生的经验等。

(3) 学生能得到哪些学习的机会。

(4) 机构能提供哪些硬件设施与条件。

(5) 机构的组成与结构。其中包括工作人员的数量与结构、各部门及其主要功能,学生可以选择的实习部门等。

(6) 机构的一般工作程序。

(7) 机构常用的服务理论与技巧。其中包括该机构的特殊经验与技巧等。

(8) 对实习学生的期望,包括对实习学生的一些具体要求,例如几年级学生,男生还是女生,本科生还是研究生,在实习之前应该学过什么课程,是否需要志愿服务经验等。

(9) 实习方法与风格,包括将采用什么样的教学方法与风格,例如,个别实习还是小组实习,每星期的实习时间、实习作业(包括日记、周记、实习报告、工作记录)等。

(10) 怎样评估学生的实习表现。其中包括评估指标、评估的时间和次数、机构评估与学校评估的相互配合等。

2. 与学校共商实习方案

在制定实习方案的过程中,应以学校为主,但机构参与才能使制定的实习方案切实可行。因为机构的服务性质、组织系统、工作内容、对实习学生的期望、督导员、办公条件等都会影响实习方案的制定和实施。

学校和机构双方在实习的准备阶段就应该共同协商订立正式的"实习合作契约"。"实习合作契约"内容必须正式且富有弹性,从实习的最初环节开始就将实习带入正规化,使学校、机构和学生达成对实习较为正式的认可和承诺,就能在实习过程中避免过多人为因素的干扰。

3. 选派督导员指导学生

社会工作实习督导的模式有两种:一种是学校督导,主要由学校的老师担任;另一种是机构督导,主要是委托机构的工作人员担任。

在实习的过程中,机构有责任指派工作人员担任督导员,对学生的实习进行全程监督和指导。督导员必须要接受过社会工作的基本原理、社会工作课程的基本内容等社会工作知识的系统训练,了解实习督导的性质、内容与技巧,再加上丰富的经验,才能胜任。督导员的基本责任是提供机会让学生接触各种类型的案主,让学生逐步累积学习经验,协助学生在知、觉、行三方面的整合,指导和监督学生完成指定的任务。(关于实习督导的具体介绍会在第七章详细论述,在此不作展开)

4. 让学生熟悉机构的情况

机构有责任带领学生认识机构员工,了解所在实习机构服务的基本情况,如服务的理念、构想、政策、功能、使命、目标、组织行政结构、工作模式以及相关的社会福利服务政策等。

对学生来说,机构的环境是陌生的,工作很难迅速开展起来。为保证学生快速进入岗位角色,熟悉机构的情况将必不可少。带领学生认识机构员工,可以增进双方彼此的了解,使实习学生能以较快速度融入机构。对机构基本情况的了解,是保证实习学生适应机构发展最为基本的条件。通过这些方面的了解,实习学生能够按照机构的要求规范工作和自身行为,防止由于不了解相关规定,在后续的工作中出现错误,从而影响实习学生的工作信心。

5. 为学生提供实务工作机会

机构应配合学生实习的进度,提供适当的实务工作机会,让学生通过实务锻炼整合课堂上学到的理论知识、方法技巧与实践中的服务技能。这对实习机构提出了很高的专业指导的要求。

从目前中国的社会工作实习机构来看,情况并不乐观。有些机构通常把一些日常的事务都交给学生或把他们当做机构的新进人员看待,而忽略了他们社会工作者的专业身份,忽略了学生来到机构的真正目的,他们实习的角色不是社会工作者,而是机构的工作人员,或者说是机构工作人员的勤杂助理,实习内容一般都是参与机构管理方面的活动,这不利于学生运用理论知识和提高实务技能。

6. 对学生实习进行评估

对于学生在实习中的表现,实习机构方面的了解是最直接也是最准确的。为了能够让学校方面对学生实习有一个准确客观的评价,机构有责任协助学校实习指导老师对学生进行实习评估。实习评估应该遵循以下主要原则(曾华源,1987):①实习评估必须持续不断;②应该让实习学生事先知道评估的标准、时间与程序;③应该以实习本身为评估重点;④应该在积极的师生关系中进行评估;⑤应该让实习学生参与评估;⑥应该考虑实习中的限制因素;⑦应该在评估中提出具体的改进意见。(机构对学生的实习评估将在第六章详细论述,在此不作展开)

7. 与学校保持密切联系

学生在校外实习,脱离了学校的监督,不利于师生交流。所以机构必须与学校保持密切联系,充分利用现代科学通信手段,及时向学校反馈信息,与学校建立有效的沟通渠道。督导员应该定期向学校反映实习学生的工作状况,对实习学生的学习态度和工作能力有任何意见和建议,须及时反馈给学校。当学生表现有问题时,机构有责任通知学校。此外,机构应该从实务工作者的立场和角度出发,就实习计划在实习的过程中不断出现的新问题、新情况,不断向学校提供反馈和建议,在实践中进一步完善实习计划。

第四节 案主的角色与需求

一、案主系统:服务的接受者

1. 案主的界定

案主即受助者,是那些遇到困难,自己不能解决并愿意接受社会工作者帮助的人。他们能够表达自己的意愿,并采取行动与社会工作者互动。如果世界上不存在对帮助的需求,那么社会工作者将不会有案主。没有案主,社会工作就失去了必要性。我们之所以使用"案主系统"这个概念,是因为案主既可能是个人,也可能是家庭、小群体、组织或者社区(戴维·罗伊斯等,2005)。

2. 案主的特征

(1) 案主是具有独特人格的人。

作为一名正在实习的学生,必须将每一个案主都看成是独一无二的,他们希望得到别人的尊重。他们具有自己的价值和尊严,作为一名实习的学生,更需要从正确的角度去认识案主,尽管不可能做到宽恕案主的每一种行为,但也要学着接纳"每个案主都是有价值"的理念。同时学生必须理解案主正在经历的问题的独特性,这需要学生持有一种非批判的态度,接受不同案主的差异性。即使案主的问题是他自己造成的,学生也应该认识到案主的需要并没有得到满足,并应认真制定和执行一项计划以帮助案主顺利解决问题。

(2) 案主通常表现出紧张的情绪。

我们每个人面对紧张都会作出不同的反应,案主当然也与我们有很多的相似性,有些案主可能认为自己很失败,可能感到羞愧或者不知所措,尤其是当灾难和悲剧突然发生的时候。例如,一位妇女的女儿经常被与这位妇女交往的男人施暴,想象一下这位妇女的情感——对施暴者的愤怒、为女儿而悲伤、为自己没有尽到保护女儿的责任而悔恨,同时,还要与这个男人决裂的痛苦。除了以上那些复杂的情感之外,她还不知道应该采取什么行动。

当太多的负面情绪都压在案主的身上,他们可能不仅身体上被压垮而且心理上也已屈服,他们可能变得抑郁、自闭,急需别人的帮助。有些案主会忽视或拒绝承认他们的问题,糊里糊涂就混过去了。有些案主在犹豫了一段时间后,带着一种急迫的心情接受治疗,对他们来说,欲速则不达。有些案主则是非自愿的,如被法庭送来或被亲朋好友送来,他们可能是充满敌意与不合作的。

(3)案主的多元化行为。

对从来没有接触过机构的案主来说,许多案主此前从来没有从任何人那里寻求帮助,所以他们并不知道可以获得哪类帮助或者他们是否有资格获得帮助。而有些案主此前已经充分地利用过机构的服务,并且非常了解机构的运行和程序。他们的态度可能是急躁的、苛求的,甚至是粗鲁的。他们愤怒也许是因为他们对复杂的工作程序、填写各种各样的表格、救济金仅够糊口、住房太破旧等十分不满。那些案主可能会有一肚子的牢骚与愤怒,他们既可能向别人,也可能向自己发泄这种牢骚与愤怒,表现出焦虑、自毁和无情的行为。

二、案主的需求

与案主的第一次会面,关键是了解案主、案主的问题及案主对于解决问题已经做过的努力,识别出可能存在的未被使用的资源,以及案主对工作者和机构有哪些期待(戴维·罗伊斯等,2005)。社会工作者如不能做到这些,案主则会感到无助和烦恼。例如,一个案主对他的朋友说,在50多分钟的咨询过程中什么也没有发生,不过只是说说话而已。

在与案主的互动中,会存在这样的现象——对案主的需要所作出的评估通常是社会工作者自己的观点,而不是案主的观点。有这样一个案例:一位75岁的老人单独居住在他出生和长大的农场的家中。他的家中一片混乱,家里很脏,没有自来水和如厕设施,条件非常艰苦。这位老人的精神状态尚好,但是遭受到许多小的生理问题的折磨,他体重超标,并被痛风和高血压困扰。他饮酒过量,也自卷香烟抽,喝醉时还会有失火的风险。社会工作者在与他沟通后,认为应该把老人安置在老人院里,在那里,他可以得到很好的照顾。但令这位社会工作者惊讶的是,这位老人拒绝了并生硬地说:"我在这里出生和长大,我也将死在这里。如果你得到法院的命令要把我安置在老人院的话,同时我不相信你能得到这种命令,那么我将放弃生活的愿望,很快死在那里。"这位社会工作者震惊了。他与督导员讨论照顾案例时,他的督导员指出,他一定从他的需求而不是从案主的需求去看待问题。这个例子说明,社会工作者自己的观点不一定是案主认可的观点。

对于案主的需求,运用有关人性的知识,可以作出如下判断(戴维·罗伊斯等,2005)。

(1) 案主希望得到帮助以解决他们的问题。

虽然并非所有的案主都急于改变他们的现状,但是,大多数案主的确没有耐心等上几个月才看到那么一点点起色。给案主希望,让他们相信事情总会有转机,但是,不要承诺解决他们所有的问题。同样,给案主一个最终解决问题的具体日期也是不明智的。

(2) 案主希望办事方便、快捷。

通常,他们希望第一次见面的时间不要被推迟。他们希望在方便的时候与社会工作者见面,他们讨厌等待,希望服务的费用越低越好。

(3) 案主也许不习惯于谈论个人问题。

他们也许从未与人谈过他们的感情、希望、梦想、性生活方面的困难、家族精神病史,等等。在帮助案主的过程中,实习学生应该给案主以鼓励,告诉案主:就像病人在医生面前谈论病情一样,案主对社会工作者谈论他们所面临的问题完全没有必要感到尴尬和难为情。不但要谈那些问题,而且还要尽情倾诉由此而引起的痛苦,这样做有助于帮助案主解决那些问题。

(4) 案主希望实习学生是权威的,因此实习学生引导谈话、提出问题的一言一行就应表现得像一位领导。

如果实习学生表现得犹豫不决、优柔寡断,那么案主可能认为实习学生能力不足。案主希望在解决问题方面实习学生比他们自己更有能力,他们希望实习学生有相应的专业知识。如果实习学生对某些情况不清楚,合适的做法通常是如实地告诉案主,或者实习学生可以告诉案主自己将努力寻找某些资源与信息,在下次见面的时候告诉他。不要被案主所逼迫而充当出谋划策的人,案主必须自己为自己作出决定。

(5) 案主一般希望能碰到一位富有同情心的专业人员,希望专业人员真诚地帮助他们,并替他们保密。

实习学生应仔细倾听每一位案主的叙述,不要戴有色眼镜或通过某种模式来看案主,不要匆匆忙忙地作出判断,应真心对待案主。

案例 3-4

一天下午,督导员让实习学生小王去一趟他的办公室,他以一种平静的语气告诉小王,明天下午小王要见一位"愤怒的、苛求的和讨厌的"案主。尽管小王知道同案主合作并不总是件舒适的和令人愉快的事情,但那天下午,小王还是多次回想起督导员的话。在准备的过程中,小王把该案主——李小姐的个案记录又拿出来读了一遍,发现她是一位至少换了四位合作者的案主,她总是提出不同的问题,而且总是不愿采纳专业人员的建议。通常,当她可能将要取得某种重要进步的时候,她就不来机构了。她是一位患有慢性障碍性疾病的案主,并且有大量的记录证明她的不满和症状的起伏。关于她的记录也揭示了她似乎对机构的接待者并不满意,但是当她和更具权威、更有地位的工作人员互动时,她又变得很愉快和适意。再一次熟悉了她的相关资料后,小王怀疑明天是否应该违背机构的政策,不告诉她自己是一名学生。(戴维·罗伊斯等,2005)

问题:

① 为了能和李小姐相处得更加融洽,在几次会议之后,小王才把自己的学生身份告诉她,你认为这样做好吗?

② 如果李小姐在和小王一起只待了15分钟以后就要求更换工作者,小王应该怎么办?

第五节 督导员的角色与责任

督导是社会工作实务中的一个非常重要的概念,其具体的含义将在本书第七章详细介绍。社会工作实习督导是保证实习学生在实习中为案主提供高质量服务的不可或缺的必要保证,社会工作实习督导在实习中起着重要的作用,督导是一个不断提升实习学生掌握及应用实务知识及技巧的过程,它帮助学生将普遍知识转化为个人智能和经验,将专业价值观予以整合。学生在实习中需要有效的指导、评估与支持,督导工作是否到位,直接影响着学生专业技能的提高和价值观的形成。社会工作实习督导包括来自于机构的督导员和来自于学校的实习指导老师的督导。督导员是学校与机构之间稳定的实习联络者,督导员应理解与支持学生的实习工作,愿意帮助指导学生,并能承担多种角色和责任。

一、督导员——指导者

简单来讲,督导员扮演的最基本角色是实习学生的指导者。实际上,在社会工作实务中,督导员扮演的角色是多元的,尤其是对社会工作专业的实习学生来说,更是这样。由于社会工作专业在中国的发展起步比较晚,目前仍处在本土化的过程中,社会服务机构及各界人士对社会工作专业服务的理解还比较粗浅甚至还缺乏认知,即使是社会工作专业从业者对本专业的认识也处在摸索阶段,因此社会工作实习督导员所扮演的角色也与西方督导员有明显不同的特点。童敏从服务机构、服务对象等几个方面对中西方社会工作实践中督导员的基本角色和主要任务进行了比较(见表3-1),认为中国本土社会工作实习督导员主要扮演专业服务的设计者和指导者、专业服务需要的转化者和评估者、日常专业服务的指导者和教育者,以及专业服务的培训者和协调者等基本角色。

表 3-1　中西方社会工作专业实践中督导者的基本角色的比较

影响因素	西方社会工作专业实践中督导者的基本角色		中国本土社会工作专业实践中督导者的基本角色	
	主要任务	基本角色	主要任务	基本角色
服务机构	服务机构的协调，理论学习和专业实践活动的结合	指导者	专业服务效果的实现＋理论学习和专业实践活动的结合	专业服务设计者＋指导者
服务对象	服务对象专业需要的评估	评估者	将非专业服务需要转化成服务需要＋服务对象需要的评估	专业服务需要的转化者＋评估者
社会工作者	专业身份和专业自我的明确	教育者	在日常生活中实行按专业服务＋专业身份和专业自我的明确	日常专业服务的指导者＋教育者
服务状况	专业服务的跟进	协调者	专业服务的维持和扩展＋专业服务的跟进	专业服务的培训者＋协调者

（资料来源：童敏，《中国本土社会工作专业实践的基本处境及其督导者的基本角色》，载《社会》，2006年第3期）

张洪英（2006）提出"处境化的多元动态的督导模式"时指出，在建构主义视角下，督导员的角色是多元的而且是处境化的。换句话说，督导员扮演什么角色和承担什么样的责任要随对象、督导阶段和文化处境的不同而变化；无论扮演什么角色，无论发展什么角色，督导员的角色位置也应该是变化的，有时是单一角色的承担，有时是多元角色的同时扮演。（如图3-1所示）

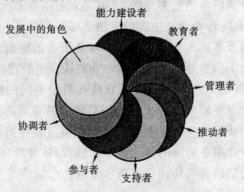

图3-1　督导员的角色扮演和承担者

二、督导员的突破与成长

社会工作实习是一个互动的过程,学习和教导的发生不是单向的。实习过程就是学生与督导员共同进步、共同成长的过程。

即使是合格的督导员,他自己能掌握各种知识,但也并不等于可以令学生掌握知识运用的方法。况且,督导员需要掌握的并不是一两门学科的内容,而是要整合学生所学的各科知识,让学生活学活用在实际工作当中。此外,学生的性格、成熟度、对生命及对人的价值观,以及学习的模式等,都会影响学生的学习和对知识的吸收。因此,帮助学生掌握运用知识的技巧,并不是一朝一夕所能够实现的,是一项长期而艰巨的工作,这需要督导员长时间的学习与探索。社会工作的实习就为督导员提供了学习和实践的平台。督导员通过反复指导学生实习和对技巧的运用,既丰富了自己的专业理论知识,又积累了实务经验。

实习有助于督导员思想上趋于成熟。在学生实习过程中,督导员可进一步了解学生实习时的情绪,他们可能会感到担忧、紧张、焦虑、害怕,督导员可及时让学生向其表达和抒发情感,尤其是一些负面情绪的表达,督导员的帮助会让学生感到无限的鼓励、共鸣、体谅、支持与肯定。督导员在给学生提供情绪支援的过程中,也会反思自己在处理这些问题时是否也带有负面的影响,例如,当不同学生出现情绪问题时,督导员是否对表现突出的学生多一些关爱与支持。同时,这也有利于督导员意识到自己的态度是否不专业并加以改进,这个过程会使督导员的思想更加趋于理性和成熟。

对于勤奋上进的学生,督导员应该和他们一起努力,才能互相配合。孜孜不倦的学生会主动学习,甚至会推动督导员一起学习,共同进步。此外,由于学生会对督导员有所期望,如希望他们有所担当,知识渊博,能支持、鼓励学生,愿意积极了解学生的想法,对学生的工作方法提出建议等,这无形中会增加督导员的压力,会让督导员对自己有更高的要求,督导员会觉得只有自己不断进步,才能更好地胜任工作,因此,学生的期望可以推动督导员不断进步。

学生必须在每一段工作经历后,分析工作过程和结果,总结工作经验,检讨自己的实习。检讨是实习中重要的一个环节,这时,督导员应与学生共同回顾实习的过程,互相检讨、互相协助、反思及认识自己的强项和弱项。督导员与学生总结经验、互相学习的过程不仅有利于学生的成长,对督导员自己的学习和能力提升亦大有益处。

下面一首诗是一群社会工作实习督导员集体创作的,表达了他们的心声(许卢万珍,2005)。从这段文字中,我们可以看到督导员所承担的神圣使命,以及他们的积极进取、不断突破,与实习学生的共同进步和共同成长。

社会工作实习督导员的使命

让我们拥抱社会工作的梦

让我们点燃学生们的青春

让我们尊重每一位学生的独特性,让学生拥有学习的空间

让我们全情投入,散发包容、真挚、热诚与开发的魅力

让我们与学生怀着希望,一起翱翔与激荡

发挥社会工作者的热和爱,共同创造公义仁爱的社会

让他们学习成为积极上进的学习者

成为创意无限的工作者

成为真心诚意的辅导者

成为团队合作的推动者

成为不肯放弃的实干者

成为坚持原则的执行者

成为拥有理想、具有使命的社会工作者

理解及体现社会工作的专业态度

理解及应用社会工作的专业知识及理论

掌握及应用社会工作的实务技巧

理解及掌握身处环境的文化与转变

理解及掌握转变中的社会工作者之角色

掌握及运用反思的知识与技巧,成为一位自强不息的社会工作者

我们愿意成为学生的师傅、军师、领航员、同行者、聆听者、支持者

我们谨以至诚

本我所知、尽我所能、表里一致、质朴坚毅

明辨慎思、兼容并蓄、张弛有道、实事求是

与学生一起工作、一起成长

三、督导员的责任

具体来讲,督导员要承担多方面的责任,主要包括以下六个方面。

1. 辅导学生了解实习机构,帮助学生做好实习准备

实习初期,学生的主要工作任务是尽快克服焦虑的心理状态,熟悉和适应实习机构,和实习机构建立信任关系。许多学生在刚刚进入实习机构的时候,由于对实习机构充满陌生感,与机构工作人员和服务对象有距离感,并且因尚未做好角色定

位而感到无所适从,从而感到紧张和不适应。虽然学生出现这种焦虑和担心是正常的,但督导员也应及时跟进,适时提供情感支持,譬如通过电话、电邮、督导员见面会等方式,倾听学生的感受,给予学生鼓励和支持,使学生能够从督导员这里找到归属感和安全感,协助学生克服焦虑情绪,提供情感支持,并提升学生的学习动机。

学生如果缺乏对实习机构的认识和了解,缺少同机构工作人员的互动和交流,就可能会在实习开展的过程中,同实习机构本身脱节,从而不利于对服务对象的了解,导致制订服务计划和实施服务计划流于形式。因此,督导员应辅导学生全面了解机构,指导学生同机构的工作人员多交流。

2. 按照实习计划的目标,统筹安排学生的任务

督导员并不能只是简单地告诉学生应该做什么,而应根据学生实习的需要,通过教与学的互动,有计划、有步骤地引导学生进行实习,系统地安排学生的工作任务。学生通常希望督导员能够清楚、有计划地为他们安排工作任务。他们想要知道自己应该做什么、什么时候做,以及如何做。一个学生这样说道:"从开始工作的第一天起,我就非常惊讶地发现自己感到有些焦虑。我的焦虑是建立在恐惧的基础上,恐惧自己不得不漫无目的地徜徉、寻找任务,我对这个新环境感到不舒服。"

3. 定期与学生进行沟通,提供实习咨询辅导

督导员与学生定期的沟通有助于学生主动学习,当学生提出自己的问题,督导员愿意与他们一起解决时,学生才会感到有安全感和信心,因此督导员应积极聆听学生的问题,并鼓励学生面对问题,同时给予他们专业的咨询指导。以下是一些有利于督导员解决问题的建议(许卢万珍,2005)。

(1)制造一个接纳的环境,这有助于学生实习。

(2)一旦发现学生的知识、技巧、态度或行为有问题,就应尽早与学生进行沟通。

(3)记录对学生的回应,并给学生提供副本。

(4)假如有问题,应尽快与学生确认问题的性质、严重性,并与学生共同商讨解决的方案。

(5)提供正面回应及提醒需要改善的地方。

(6)保存与学生面谈的记录,以便协助学生正视其改变。

(7)为学生提供充足的机会锻炼及培养专业能力。

(8)学生需要对自己的工作实务负责任,因此其学习态度绝不能马虎。

(9)可以考虑修正对学生的期望,并帮助学生消除或减轻压力与冲突。

(10)对自己及学生诚实。

(11)接纳学生个体差异。

(12)对学生进行关怀、照顾是必需的,是职责所需,即使学生未能达到专业的态度和能力目标,督导员也要履行职责,对学生负责。

4. 与学校及机构的相关人员保持密切的联系

在实习的过程中,总会出现一些意想不到的问题,如学生无法适应机构和服务对象,督导员与学生之间的矛盾冲突,等等。督导员保持与学校及机构相关人员及时进行信息沟通,有利于问题得到妥善解决。

5. 对学生的实习效果和成绩进行评估

评估是对学生在实习期间的学习经验与实务表现的质与量的一个客观审。实习结束后,督导员有责任协助学校和机构对学生的实习效果和成绩进行总体评估。督导员评估的态度应是公正不偏、客观而合理的,根据学生实习的具体表现与实习考核标准,对学生的实习成绩进行综合评估。

评估主要集中在以下这些方面:①学习态度,包括学习动机、态度、主动积极性、对督导功能的运用、了解个人能力与限制、具有开放性的学习态度与精神等;②专业与团队精神,包括专业服务热忱及团队精神,具有与他人协调合作的能力与意愿;③专业关系的建立,包括与实习中的服务对象、工作人员、社区关系的建立;④专业知识与技术的运用,包括对专业理论、专业技术、专业关系及社会资源的认识与运用的能力。

督导员在对学生总体评估的过程中,还要了解学生的实习结果是否达到了预期的目标,指出学生在哪些方面取得了进步,提升他们的自信心;协助学生进行自我检讨,提升他们的自我认识;协助学生发现其需要改进的地方,作为以后的学习目标。

6. 做好实习结束的相关工作

实习结束的相关工作是社会工作实习中不可或缺的组成部分。督导员应该做好以下工作。①协助学生处理与服务对象和机构工作人员的分离情绪。有的学生担心自己离开后案主会产生不良情绪反应,从而会产生负罪感,督导员应指导学生理性地分析和处理离别情绪,使学生更加成熟。有些学生会对机构产生依恋之情,因此离别时存在失落的情绪,督导员应协助学生梳理这些失落的感受和情绪,通过倾听、感受反应等方式,给予学生理解和情感支持(曾华源,1987)。③协助学生回顾与确认个人成长。学生对自己实习中的成长,并不一定十分了解,督导员应协助学生确认自己的成长与进步,让学生了解个人需求及未来需要努力的方向。有时,学生会对自己未来发展的方向感到迷茫,督导员应根据学生的实际情况,给予指导,使学生能够明确自己的发展方向。

案例 3-5

玛丽的督导员丽莎,是一家大型医院社会服务部的部长。除了管理 18 位全职工作人员和 12 位兼职工作人员之外,丽莎还要从事其私人的实务工作。在玛丽按照预定的时间表接受指导时,有三次被丽莎的案主和医院里的其他事务打断。一个月之后,玛丽已经接待了12位案主,但是,她仍然没有从丽莎那里得到有关其工作的有意义的信息反馈和指导。不久前,丽莎宣布,她将作为专家证人参与当地法庭对一起案子的审理,这项工作将要花几个星期的时间。于是玛丽问丽莎,在她不在医院的这几个星期之内,是否可以安排另外一位督导员时,丽莎笑着回答说:"你应该少一点牢骚。"(库少雄,2003)

问题:
① 玛丽的要求是合理的吗?
② 玛丽应该作出何种选择?
③ 应该继续聘请丽莎担任督导员吗?

参考文献

[1] 戴维·罗伊斯,苏瑞提·S 多培尔,伊丽莎白·L 罗姆菲.2005.社会工作实习指导[M].北京:中国人民大学出版社.
[2] 库少雄.2003.社会工作实习[M].武汉:华中科技大学出版社.
[3] 刘斌志,沈黎.2006.社会工作督导反思:学习成为有效的社会工作督导老师[J].社会工作(学术版)(9).
[4] 史柏年,侯欣.2003.社会工作实习[M].北京:社会科学文献出版社.
[5] 许卢万珍.2005.社会工作实习的教与学[M].香港:香港理工大学应用社会科学系.
[6] 王思斌.1999.社会工作概论[M].北京:高等教育出版社.
[7] 曾华源.1987.社会工作实习教学——理论、实务与研究[M].台北:五南图书出版公司.
[8] 周丹红.2005.地方高校社会工作专业实习基地建设途径的探索[J].广西工学院学报(2).
[9] 肖小霞.2007.社会工作实习教育的困境与出路——角色理论的视角[J].重庆城市管理职业学院学报(6).
[10] 张洪英.2006.本土非专业处境下社会工作实习督导模式的行动研究[C]//王思斌.社会工作专业化及本土化实践:中国社会工作教育协会 2003—2004 论文集.北京:社会科学文献出版社.

第四章 社会工作实习的准备与实施

社会工作实习的准备与实施是社会工作实习具体操作的重要方面,是一个系统的、由若干环节有机构成的整体,每一环节的实施都有一定的程序和规范,每一环节的安排都会影响到实习的成效。实习的安排作为一个过程,不仅仅指学生在机构中从开始实习到结束的过程,而且还包含了如何选择机构,学生心理准备及其他方面的准备工作。我国台湾东海大学曾华源教授提出实习工作教育是"参与"与"整合"并重的过程。所谓"参与",是指教学者(包括学校实习指导老师和督导员)和实习者共同表达对实习的期望,并且积极参与实习计划的拟订活动的学习过程,强调学生、学校、机构和实习教学者的共同参与。所谓"整合",是指学校、机构及学生对实习教学期望的融合,以及如何促使学生整合学校理论知识和实习经验,并增进个人知、觉、行三方面的整合。(史柏年,侯欣,2003)由此可见,要让实习安排有条理,实习实施有成效,学校、机构和学生三方面的努力缺一不可,这需要有许多行政准备工作、教学方式和各方面措施的配合。

本章从实习前的准备、实习的实施和实习中督导员的安排与工作三个方面来介绍具体的社会工作实习安排与实施工作,旨在重点说明学校教学安排准备,机构的联系和选择,实习前会谈与实习安排决定,实习教学契约的订立与执行、实习的督导方式、实习结束和反馈等几部分。社会工作实习的准备与实施的流程见图 4-1。

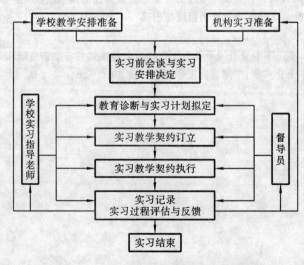

图 4-1 社会工作实习的准备与实施流程图

第一节 实习前的准备

一、学校的准备

(一) 相关课程的设计安排

社会工作实习是一个持续的学习过程,是课堂教学的延续,是训练社会工作专业学生实务能力的关键步骤,是整个社会工作专业教学课程体系中非常重要的一个环节。为了使学生在正式进入机构实习之前掌握基本的专业知识和技巧,以及帮助学生做好充分的实习前的心理准备,在实习课程开始之前,学校开展一些先导性的课程是十分必要的。

社会工作专业由于工作对象和工作情境的复杂性,特别强调工作技巧、职业伦理价值观、专业理论与实践相结合三方面的学习,因此,"纸上谈兵"的教学方法在社会工作专业中是绝对行不通的。对于社会工作实习教学而言,社会工作实习不仅有助于学生把理论知识应用于实践,在实习中加深对理论知识的理解,而且也可以帮助学生整合其所学的知识,发展其专业自主能力,帮助学生了解和思考社会工作中所包含的人生观和价值观,使之形成符合实际工作需要的专业工作者所具有的整体工作能力。

由于各学校所期望达到的实习目标不一致,因此,他们对于实习前所要求的准备课程的安排也不同。但为了实现这些目标,社会工作实习前的准备课程至少应该做这样一些安排。(史柏年,侯欣,2003)

第一类实习的重点在学生的自我认识、助人技巧训练和对福利机构的参观讨论方面。在课程方面,学生须学习社会学、心理学、社会工作概论等课程。

第二类实习的内容主要是安排学生在专业机构内实习,并根据机构的性质让学生在督导员的指导下尝试各种助人的福利服务。在课程方面,学生除了要修完第一类课程的内容外,还须学习人类行为与社会环境、个案工作、小组工作等课程。

第三类实习的内容主要是训练学生规划、执行、评估社会福利服务方案,培养学生的领导、组织、协调、运用资源解决问题的能力。在课程方面,学生除要修完前两类实习所要求的课程外,还需学习社区工作、社会政策、社会工作行政等课程。

在本章中,主要介绍的是学校实习教学中较为常见的第二类实习。

(二) 实习教学计划的制订和完善

学校在指导学生开展实习之前,势必需要制订并完善相关的实习教学计划。实习教学计划是组织开展实习教学活动的依据,也是社会工作专业教学计划中的重要组成部分。实习教学计划一般包括实习的目的、形式、内容、要求、评估办法等

一系列规定,它的制订要考虑以下三方面的内容。(史柏年,侯欣,2003)

一是社会工作作为一个专业的国际通行的规范和要求,即人们通常所讲的"国际通则"。社会工作实习教学的时数要求、机构性质、伦理守则、评估标准等,在社会工作专业发展的长期进程中,已经形成了一套为业内人士所公认的规范,在实习教学计划的制订设计中,应该把这些规范要求考虑其中。

二是本国本地区社会工作发展的实际状况及现实条件。遵从国际通则不能脱离本国本地区的实际。社会工作实习教学计划应根据实际条件制订,要选择合适的实习时机、适合的实习场所、适合的实习形式和内容组织学生实习。

三是专业教学计划及其培养目标。每一次具体的实习活动,在专业教学计划中的地位和作用是不同的。例如低年级的实习和高年级的毕业实习就不一样。应该根据学生的知识基础和专业培养的目标,制订不同时期不同阶段的实习教学计划,使实习教学确实成为整个专业教育中的有机组成部分。

(三) 实习机构的联系选择

如何选择实习机构,这是实习前准备的一个重要步骤。一个社会服务机构可以通过不同的方式成为社会工作学生的实习场所,但实习教育作为一种教育性工作,并非每个机构都适合负责此项任务。尤其是中国目前尚未建立起专业的社会工作制度,专门从事社会福利服务的专业机构也很少,自然学校应该谨慎选择实习机构,以保证学生实习工作的专业性。

在实习前的准备阶段,学校与实习机构的联系是十分必要的。如果学校在实习前没有与实习机构进行良好有效的沟通,那么往往会影响到整个实习的过程与成效。学校需要在实习前拜访相关的实习机构,会见实习机构的负责人和工作人员,了解该机构的目标、运作情况、服务对象和内容,等等,澄清双方的需求和目标,最终在实习机构中遴选出适合学生实习的机构并加以确认。

此外,如果学校在初步接触机构时,能够提供学生个人资料给机构,将会更加有助于机构了解是否适合接受学生实习,是否能有效地配合学校完成实习教育。学校所要提供给机构的学生资料主要包括以下几个方面。

(1) 学生个人基本资料(包括性别、年龄、籍贯、家庭概况等)。
(2) 学生修习课程、学分及成绩概况。
(3) 学生过去的工作经验。
(4) 学生过去的实习经验。
(5) 学生的特殊专长可能潜在的问题。
(6) 学生实习方面的偏好。
(7) 学校老师的评价。

Wilson,Brownstein 提出,在最后选择实习机构的时候,学校对于机构所考虑的先决因素一般有以下几项。(曾华源,1987)

(1) 机构是否能提供足够的参与机会与参与层面。

机构实习需要配合学校的专业课程的内容,使学生能够将理论与实践充分结合,发展学生专业实践能力。因此,机构能够向学生提供的实习机会的多寡与可参与层面的范围,都会影响到学生实习目标达成的程度。有些机构的服务功能较狭窄,有些机构不放心学生的能力,给予实习学生很少的实习机会,都不适宜作为学生实习的机构。

(2) 机构是否配备适合的督导员。

是否配备适合的督导员,这是影响学生实习效果的最重要因素。在社会工作实习中,督导员扮演着示范者、教育者、支持者等角色。比如说,如何使学生学习、了解和整合运用课堂上的知识、价值和技巧,以及除去不适当的感受、态度和偏见等,这些能力不仅需要机构的督导员具有丰富的实务经验以及热心教学之外,还需具备一定的社会工作专业知识并接受过一定程度的督导训练。

(3) 机构是否具有稳定的组织机构和良好的运行机制。

如果机构目前缺人,或者有许多新进人员、改组或有新设立的服务工作项目等,都是不适合接纳实习学生的,因为机构无法兼顾并妥善安排实习教学。此外,机构专任人员之间有许多人事纠纷发生,工作人员对于机构有较多抱怨,或者机构工作士气低落时,都不适宜接纳实习学生,以免学生在专业认同上受到不良的影响。

(4) 机构是否有完善的设备条件。

机构是否有完善的教学器材和设备以及其使用状况是否良好(如隔音、隔间、办公桌、录音、录影、单面镜等),都会影响学生的实习成效。

(5) 机构主管和其他部门的支持。

学生到实习机构实习的时候,会对机构的组织运作带来影响。如果学生因为实习工作中接触他人却未能得到支持时,会感到有压力和被排斥感,这将会对学生在专业认同和机构参与上产生负面的影响。

除上述几点外,诸如机构在社区中的声誉、机构人员的领导能力或创新性、机构的氛围(机构是否有益于学生的学习)、机构的实践领域和服务人群及可能提供给学生的实习工资等其他因素也要纳入考虑范围。

中国目前专业的社会工作制度尚不完善,但随着我国社会工作专业的发展,从事专门社会福利服务的专业机构渐渐由沿海城市普及到内陆城市,学生在实习时也有了越来越多的选择。除专业的社工机构外,还有相当数量的政府部门或机构正承担着社会工作实习教学的任务,如民政局及其所属的福利服务系统,残联、街道等政府部门,共青团、妇联、工会等群众团体以及一些 NGO(无政府组织)。

(四) 学校对学生实习前的工作说明

当学生前往实习机构之后,学生除了是社会工作专业的学生之外,又增添了社会工作机构实习学生的角色。该角色的扮演能否符合各方的期望,需要角色扮演者明白自己将要扮演何种角色以及是否具有扮演这种角色的能力。因此,在学生前往机构实习之前,学校应对学生进行实习前的工作说明,帮助他们认识自己将要扮演的角色,以及如何尽力去扮演好这个角色,这对于学生尽快地适应实习学生的角色有着十分重要的作用。

Wilson 提出学校对于学生实习前的训练和说明包括下列各项。(曾华源,1987)

(1) 实习在社会工作专业教育的目标与地位。

(2) 解释如何选择实习机构和督导员,学生如何配合督导员的选择。

(3) 在实习时应有何种实习态度,实习中的注意事项,学生该如何配合机构的结构。

(4) 实习中应该有的结构:

① 正式教学会议的次数(学校实习指导老师参加);

② 督导员每周提供给学生的教学时间;

③ 机构提供哪些方面的实习机会;

④ 学生直接与案主接触的时间;

⑤ 每个学生可能的工作量(每个机构可能不同);

⑥ 学生在机构实习时,所要做的实习记录及其标准;

⑦ 其他。

(5) 如果机构在定向工作上未提及会有何种经验时,学生应如何反应,包括如何沟通的技巧。

(6) 角色组合中各种有关的其他角色说明,如督导员、行政主管、学校实习指导老师等,以及对这些角色互动的态度和期望。

(7) 学校课程所教授的内容,如何在实习中整合的重要性,以及如何整合运用,以便培养分析思考能力和获得工作技巧。

(8) 学生与督导员在实习安置期间所共有的需求和焦虑。

(9) 学校、机构及督导员对学生的基本期望,包括适当的穿着、行为表现、出勤、与机构人员的接触。指导学生认识到学校和机构可能有不同的期望、不同标准,提醒学生该如何去掌握这些差异。

(10) 说明学校实习方案目标,老师对学生在学习专业知识和技巧上的最低期望,以及实习对其专业成长上的协助。

(11) 说明机构对大学毕业学生的专业期望水准程度。

(12) 说明学生在评估学习过程中的责任,并且参与使评估工作结构化。

(13) 说明教育性契约的性质和重要性。

(14) 与学生讨论可以对督导员的期望。当督导员不能满足学生需要,实习失败时,学生应该让督导员知道其失败的一些内在原因,并列举说明。

(15) 学生在实习时所需要表现的行为、态度、工作习惯和技巧,并告知学生与督导员沟通失败时应该怎么办。

(16) 说明评估执行方式与评分过程:
① 工作表现评估是一个持续过程,其从实习第一天开始持续进行;
② 学生自我评估,并与督导员和学校实习指导老师沟通;
③ 不同意评估结果时,学生可采取的行动;
④ 实习失败的影响;
⑤ 讨论评估表格和大纲。

(17) 其他,如实习第一周应读些什么,实习健康保险、实习作业有哪些及上交时间,实习期间不可以发生的事情——早退、中途请长假等。

(18) 实习与工作的差异。

(19) 专业伦理守则的阅读与讨论。

此外,学校在学生实习前还需要完成督导工作的准备,特别是在目前国内专业社会工作机构较少的情况下,来自学校方面的实习督导显得特别重要。一般来说,学校在安排实习工作时,会设置一名总体负责实习的教学主任或是实习联络员,负责实习教学的统筹管理工作。同时,学校会根据实际情况,安排相关的实习指导老师。一般来说,每8~10个学生配备一名实习指导老师。在学生进入机构实习之前,每位实习指导老师应该与其所指导的学生就具体情况进行答疑解惑,并给出具体的实习建议。

二、实习机构的准备

第三章已经提到,在接收实习学生之前,为了让学校和学生更好地了解实习机构并作出正确的选择,机构在学生实习之前应该提供相关的信息,主要包括机构的服务内容、组织系统、案主情况、督导员情况、常用理论与技巧等,以及机构能提供的实习机会、教学风格与方法、对实习学生的期望和要求等。在接收实习学生之后,正式开始实习之前,机构还应该做好以下两个方面的准备。

(一)机构对学生实习的行政准备

为了使学生在开始实习之后能够迅速地了解并适应新环境,扮演好实习学生的角色,在学生到机构报到实习之前,实习机构和实习中参与督导的工作人员要做好以下的行政准备。

(1) 在机构中通过行政渠道通知各部门实习工作即将开展,各方须做好准备与配合工作。

(2) 机构准备好提供给学生的关于机构各方面情况的材料,以便在学生进入机构后供学生学习。

(3) 筹备机构对实习学生的欢迎会。

在实习前这一阶段,机构的准备工作安排得越细致,越能满足学生的需求,越有助于学生进入机构后迅速适应新环境,马上以积极的姿态投入实习,获得最大限度的学习,也有助于机构实习教学工作的顺利开展。

(二) 实习前会谈与实习安排决定

1. 实习前会谈

目前,在我国的社会工作实习中并没有设置这个环节,仅有少数机构会在实习安排决定之前,让学生前来机构面谈,或是学生主动前往机构访视,但这样会谈的方式,其结果往往不尽如人意,双方对于会谈的真正用意也不十分了解。实习前安排会谈的目的是为了改进实习的教育性结果,帮助学生选择适合他们的机构和督导员;同样,让机构决定学生是否适合前往该机构实习。因此,在实习安排之前,学校实习指导老师与机构的接触十分有必要,学生与机构及督导员碰面,可以了解双方对实习的共同认知,以便更好地开展实习工作。实习前会谈在整个实习过程中具有教育性诊断的功能。据此,本章对实习前会谈进行一定的介绍,以便其在我国今后的社会工作专业实习中能够得以运用。

实习前会谈的时间长短不一,但是大约都为一个小时,可根据实际情况酌量增减。实习前会谈的主要目的在于考虑学生是否适合到安排的机构中实习。因此,在会谈时,督导员应该对学生进行初步的教育性诊断。根据学校预先送来的学生相关资料,实习安排前的会谈工作可交由预定担任督导员的人员来负责。

一般说来,实习前会谈包括以下几个方面。(史柏年,侯欣,2003)

(1) 实习前安排会谈的目的。
(2) 学生选择此机构的原因。
(3) 学生过去的工作经验。
(4) 学生过去的实习经验。
(5) 学生的职业生涯规划。
(6) 学生目前的能力和需要成长的地方。
(7) 对实习机构的介绍。
(8) 说明机构提供的教学风格和实习教学的取向。
(9) 对督导员和实习的期望。
(10) 学生个人的情况。

2. 实习安排决定

前文提到,在会谈过程中,督导员要对学生进行初步的教育性诊断。教育性诊断是一个持续过程,在实习前会谈时所要考虑的因素,大致包括下列几个方面。(廖荣利,1970)

(1) 学生的学习形态。

(2) 学生的学习动机。
(3) 学生的人格特质。
(4) 学生的自我了解。
(5) 学生个人的潜能与问题。
(6) 学生的个人能力与技巧。
(7) 学生对于机构实习教学的看法。

实习安排会谈的结果大都为机构接受实习学生,而学生也愿意接受安置,此时双方就可以进一步沟通实习计划。如果某学生被认为不适合某个机构,那么就需要考虑找合适的人选去告诉他。此时,督导员和学校实习指导老师要做好沟通工作,告诉学生不适合的具体原因,以便让学生明确了解具体情况,而不会产生"我太差了"的自卑心理,避免对学生造成伤害。同样,在会谈之后,学生也有选择机构的权利。此后,学校实习指导老师要帮助学生与其共同继续寻找,直至找到合适的实习机构,将其转化为积极的教育力量。

第二节 实习的实施

学生找到合适的实习机构,并正式进入实习机构之后,实习便正式开始。实习的实施分为三个阶段:第一阶段是学生实习的定向阶段;第二阶段是实习学生进入实习实务阶段,即学生开始执行实习教学契约的重要阶段;第三阶段是实习工作结束阶段。接下来具体从上述三个阶段来介绍机构实习。

一、实习第一阶段

实习第一阶段是学生与实习机构接触适应,并开始寻求自我角色定位,了解基本实习内容的关键阶段。在此阶段主要有四个方面的目的:学生与机构建立关系,学生与督导员建立信任关系,学生与服务对象建立关系,实习教学契约订立。

(一) 学生与机构建立关系

学生与机构建立关系即指学生要了解机构的规则、文化、人事架构、问责、服务内容特色及手法,等等。在机构实习教学中,这一目的需要通过实习工作说明来完成。实习工作说明是学生进入实习机构后实习教学的第一步骤。学生进入新的环境之后,需要面对新的工作与挑战,如果他们不能及时系统地获得这方面的信息,那么极易因此而产生焦虑感与挫败感,同样也不利于实习教学的开展;反之,详尽的说明则能使学生感受到他们是被接纳的并能迅速地投入到工作的情境中。例如,以下便是一名学生所写的实习日记。

在我更早的一段实习期中,我被安排在学院的咨询中心。记得有一天,一位案主进来并请求一次咨询,而且我的督导员要求我照顾这位案主,我简直吓坏了……

记得我和案主走进办公室时,一些想法穿过我的脑海:"我还没准备好,我将做什么? 我真希望能离开这儿!"

此时,机构方面有义务协助学生认识并适应实习的环境,包括向实习的学生说明机构的背景、组织、宗旨、服务对象,等等。在此阶段中,主要的工作说明有下列几项(廖荣利,1970)。

(1) 介绍学生认识机构主管及各部门人员,介绍学校学生彼此认识。

(2) 介绍机构环境位置及各部门所在地,如器材室、档案室、会议室、餐厅、盥洗室、会计室等,以及机构作息时间和对实习学生工作时间的要求。

(3) 说明实习规则与注意事项,如报告上交方式与时间、衣着谈吐、请假规则、保密要求、家访手续与注意事项,等等。

(4) 介绍并说明机构服务输送程序、机构功能与发展历史、经费、案主类型与需求,机构组织者人员编制、社会工作者角色及每日主要工作,等等。

(5) 说明实习学生可以使用的设备与器材的使用原则和操作方式。

(6) 介绍机构现有的资源及说明运用的原则。

(7) 机构次文化的说明,如习惯、称呼、活动方式,等等。

(8) 实习教学的运用,每个固定的教学时间及额外教学时间的运用原则。

(9) 对督导员及其他同事的称呼。

(10) 学生在机构的角色与地位,以及如何向案主介绍自己。

(11) 指定课外读物,并进行简单说明。

(12) 督导员不在且遇紧急事故时,学生应如何处理或可向谁请求帮助。

(13) 有关作业、报告及记录等撰写格式、方法及审阅程序的说明,如访视记录、会谈记录、读书报告、方案计划、期终实习报告,等等。

(14) 让学生了解学校各课程主要教授内容,以及学生目前掌握的内容。

(15) 讨论并说明实习工作评估的程序与标准。

(16) 其他。

在这一阶段中,实习安排工作说明越能满足学生需求,就越能减除学生不确定和不满足的焦虑感,也能帮助学生与机构建立良好的关系,让学生在机构中感受到归属感。同时,在此阶段中,学生要注意做到以下两点。

(1) 对于工作说明或工作安排有困惑的地方要主动提问,主动表达自身的需求。

(2) 做好工作说明的相关记录,或保存好机构发放的说明资料,以便今后查阅。

(二) 学生与督导员建立信任关系

督导员与学生在实习开始之前往往是彼此陌生的,一般也仅是在实习前会谈中有初步的了解。在社会工作实务中,我们一再强调接案时与案主建立信任关系对开展个案工作十分重要。同样，在实习中，学生与其督导员建立信任关系是督导员进行良好实习教学的基础，其能帮助学生与督导员之间建立良好的教学关系，有利于学生实习工作的顺利开展。

在此阶段，督导员需要具有处理"感受"部分的能力，即应该给实习学生充分的机会来说明和陈述他们的感受，且应鼓励学生表达感受，包括学生对实习的期待和疑问等。其实质则要求督导员能接纳实习学生是独立的个人，且以尊重的态度来对待之。

信任关系的建立需要靠双方的努力，在此阶段，学生的表现需要做到以下几点。

(1) 学生能敢于表达自己对服务对象、机构的感受和意见。
(2) 学生愿意接受督导员的意见和批评。
(3) 学生要有勇气和空间反思自己的专业态度和价值。

在此阶段，学生的一项重要功课为撰写反思日记。基于与督导员信任关系的建立，学生通过撰写反思日记，反思自身的专业态度和价值、对实习的理解和期待，可为今后的实习工作奠定正确的价值理念。

督导员对实习学生的不同态度将会对教学关系的建立有着不同的影响。下面是两个例子。

一个学生在实习日记中这样写道：

我毕业实习的第一天，督导员发给我一份有关机构的剪贴簿要我阅读。大约45分钟之后我将其还给了督导员，并询问我下一步该做什么。他带着惊讶的神情告诉我，他原以为这会花一天的时间，并说，我可以回家了。对此，我感到十分失落并有点愤怒，督导员并未做好迎接实习学生的打算。

另外一个学生的经历则不同：

我参加过一次培训会，其召开的目的是使实习学生了解机构。我的督导员和我一同探讨了机构运行的几个主题，比如保守机密的重要性。在会议结束的时候，督导员给了我评价培训价值、提问以及抒发自我感受的机会，我感受到了尊重、赞赏和真正的关心。这使得我对未来的实习工作充满了期待，也对我的督导员充满了信心。

(三) 学生与服务对象建立关系

实习之初，学生需要与机构服务对象建立初步的关系，即在机构实习之初基本了解机构服务对象的一些大致情况，如服务对象的问题、需求、特征等，尽可能多地积累相关背景资料，为今后进入实务阶段实习时能更有信心与能力处理相关个案做准备。

在实习过程中，至于如何与服务对象建立关系，学生应认识到：作为学习主体，除要在督导员的指导下参与个案之外，还需要表现出充分的学习主动性和积极性，具体方法如下所示。

1. 主动接触服务对象

学生要与前来机构求助的服务对象主动接触,亦可做一些接待引导性工作。在与服务对象的日常对话中,了解该机构服务对象的需求、特征等。督导员亦应要求学生主动接触服务对象,而非被动接受任务。

2. 积极参与或协助机构活动

对于机构活动,学生应积极参与或协助。通过参与机构活动,学生可以接触到更多的服务对象,并可以了解机构的大致运作流程,有助于学生进一步了解机构任务和机构目的以及一些专业的社会工作方法在实际工作中的运用。

3. 社区探访

社区探访也是学生与服务对象建立关系的一个重要方法,即学生离开机构范围,主动去社区寻求潜在的服务对象。如学生寻求的是以老年人为主的服务对象,那学生可与社区老年人进行访谈,了解老年人普遍的需求、现状与关注点。

小罗是社会工作专业大四学生,目前在某社会工作机构实习。他来到社会工作机构已经三天了,在督导员的带领下已了解了机构的大致情况。他现在的困惑是似乎除了坐在办公室阅读一些文字资料外便无所事事,他要求督导员能够指派一些工作给他。督导员却告诉他,机构实习更加需要自身的主动性,同时要求他先去接触机构服务对象,并提交一份服务对象的需求评估报告。小罗十分担心能否完成任务,并且不知该如何去接触足够多的服务对象以完成需求评估报告。

(四)实习教学契约订立

1. 什么是实习教学契约

社会工作实习要求学生在特定的时间内学习掌握一定的知识与技巧,通过实习经验获得一定的社会工作实务能力,以此达成实习的目的。如果实习以一种无结构的方式开展,就容易流于形式,不利于学生从中获得切实的知识内容。在实际工作中,实习教学上的结构化要求也越来越受到各方的重视。Wilson 指出实习教学结构化不仅仅是指教学双方的角色职责,而且包括共同确认教学目标、总结教学经验和完成最终的实习评估这三部分。(曾华源,1987)

因此,在学生开始实习之初,为使实习更加有效地进行,首先需要订立教学契约。实习教学契约是指通过双方的深入沟通,明确了解实习结构并获得双方认同后而形成的教学约定。换言之,实习教学契约就是教学双方共同参与设计双方所期望的学习结果、教学资源与教学方法,以及对教学进行评估的过程(Hamilton,Else,1983)。本文教学契约的主要内容说明集中于学习目标、学习活动和评估指标与程序三方面,其余的内容如学校实习指导老师、督导员的职责将在另外的章节中予以说明。具体见表 4-1(曾华源,1987)。

表 4-1　实习教学契约范例

学习目标	具体目标	学习经验	评　估
面质技巧 定义：询问或挑战事实、防卫、感受和案主知觉，以引起案主注意此事。 当社会工作者使用此技巧时，其为意义上自我肯定的行为	1. 了解治疗性面质何时使用。 2. 了解适时使用面质为一种有效的处置技巧。 3. 使用面质时，实习学生要认识自己的感受和反应	1. 分派具有操纵性及老于世故的案主，或运用抗拒否认为防卫的案主，或生气的案主及投射行为的案主。 2. 与实习教学者进行角色扮演训练。 3. 角色模范——当学生或实习教学者使用面质时，指出并讨论面质是如何发挥作用的，有何影响。 4. 观察他人运用面质。 5. 观看录像带。 6. 阅读面质资料。 7. 基于过去经验，讨论面质的感受	1. 学生在过程记录、自我报告中是否解释如何使用面质。 2. 案主受到面质时的反应如何，是沉默、惊讶、防卫、生气，还是同意、放松地参与问题的解决。 3. 举出 6~10 名学生使用面质或不用面质反应的情境。 4. 直接观察学生使用面质时的身体表情及案主的反应如何影响了学生

2. 实习教学契约的功能与特点（史柏年，侯欣，2003）

(1) 教学契约的订立，就是通过教学双方达成一致，共同确定教学目标和活动，促使双方参与教学过程。

(2) 在教学契约中明确规定机构、督导员、学校、学校实习指导老师和学生各方在实习中所应负有的责任。

(3) 有效的教学契约不仅应制定出教学期望，而且也应规定工作执行的标准和过程，因此可以帮助实现实习教学过程中的有效评估。

(4) 教学契约的准备和制定过程对学生本身就是一个教育的过程，学生可将此经验转换于协助案主的过程中，也可以对学生在未来专业的发展上有所帮助。

教学双方对教学的承诺，有各种不同的表现方式，如口头约定、书面成文的形式皆可。但是无论采用哪种教学契约的方式，从教学契约的有效性来说，以下的特性越多表明该契约的有效性越强。

第一，正式性。

正式性实习契约是指用正式文字记载的教学契约，契约中除了一般的目标之外，还包括具体目标、学习机会、每周教学时间次数、评估时间次数、学生在实习中承担的作业、评估的程序和指标，以及学校实习指导老师的教学方式，等等。

第二，弹性。

弹性是指在实习阶段中，即使是正式性实习契约也是具有弹性的。换言之，即在具体的实习进程中,实习的目标和实习活动并非是一成不变的,在需要的时候,也可以根据实际情况重新设定教学目标和安排新的实习活动。

第三,相互性。

相互性是指教学契约并非是由单方面决定的。教学契约应该由督导员、学生、学校实习指导老师三方面共同讨论订立。学生可根据自己的兴趣和需要表达意见,督导员则经由教育诊断了解学生的需求、经验、能力和知识等各方面后提出计划,学校实习指导老师则可以根据学校实习目的和教学计划表达自己的看法。因此,一个有效的教学契约是经过解释、磋商、说服等途径产生的。

第四,现实性。

现实性是指在订立教学契约的时候要考虑到学生的实际学习能力,提供的实习机会是否能够使学生思考运用专业知识,演练实务技巧,完成实习目的。

3. 实习教学契约的订立

(1) 教育诊断。

实习教学契约现实性的特性要求在订立实习教学契约时,要考虑到学生自身实际的专业情况和不同的需求;相互性的特性要求吸纳各方面实习的参与者参加最初的实习教学契约;弹性的特性则容许在需要的时候,实习目标和实习活动可以根据实际情况重新设定。因此,实际有效的实习教学契约的订立要建立在对学生进行教育诊断的基础之上。教育诊断是一个持续性的过程,从实现前会谈的初步教育性诊断到实习实施进程中,督导员和学校实习指导老师要根据学生需求变化以及学生在实习过程中所变现出来的个性特征来考虑实习目的和实习活动的具体安排,同时学生也应及时总结检讨自己的实习经验,确认自己的学习需求并意识自己的知觉状况。

(2) 实习教学契约的订立。

实习教学契约是份三方协议,三方包括学生、督导员和学校实习指导老师。这份协议一般要陈述学生希望从实习中获得什么(比如实习目标)、学生的职责或者任务、学生将接受的督导员的数量或程度,以及学生将在实习机构中工作的时间等。通常,三方将签署和接受契约的复印件。它有助于学生记住自己的承诺,当契约的一部分完成时,学生会获得一种成就感和满足感。同时,还能帮助学生安排他们自己在机构中的工作时间。实习教学契约也提供必要的保护,以确保实习作为一种教育经历的完整性,同时防止机构把学生当做雇员来对待。

在学生熟悉实习机构,了解实习目标以及督导员提出的期望,与服务对象建立初步联系之后(一般来说,在一个指定的机构中的所有实习学生都被要求达到某一个学习目标,而且这些目标可能在实习工作说明中已经向学生告知),实习计划书就开始草拟了。

首先,学生要根据自己的学习需求和职业目标,结合机构提供给学生的教育机会进行考虑,然后,草拟出一组希望在这次实习中达到的目标及其子目标。其中要注意区别目标和子目标。目标提供主方向。比如,学会如何进行老年案主的评估,或者通过组建青少年小组来达到自己专业技能的训练。子目标紧随目标之后,它是有助于达到目标的活动。子目标应该是清晰具体可表达的,以便易于监控其是否被完成。因此,子目标既要是可测量的,又要是可获得的,即要标注出特定的时间或日期,如果可能的话最好标注清楚数量的区别(比如,在一周内要完成几次访谈)。

其次,在列出实习目标之后,学生要仔细考虑自身将要采取或执行的每一个步骤、活动或者职责,确定工作可能趋向的目标以及两到三个相关的子目标。考虑子目标的实现需要花费多少时间,如果发现需要花费的时间超出预估的时间,那么应该选择放弃。注意在设定目标的时候应该有一个在实习的最初几周内能达到的目标组合,以及在最后几周内才能实现的其他目标。如表4-2和表4-3所示。

表4-2 李刚的学习档案

实习机构:××市老年福利院
地址:××市××区　　电话:(0513)555-5000　　　　督导员:王凯,MSW
在机构的时间:周二上午8点到下午5点,周五上午8点到下午5点
督导时间:周二上午8点30到上午10点
目标1　改善访谈技巧
手段1:在第一周读一本关于访谈的书并和督导员讨论问题。
手段2:在第二周观察5次由机构工作人员所进行的访谈。
手段3:到学期末进行2次以上与案主访谈录像的事后观察分析。
手段4:到学期末完成至少12次与案主的访谈。
目标2　学习社区社会服务
手段1:到学期中时参观××社区,并访问两名社区工作人员。
手段2:到第7周为止阅读20份最近已完成的个案以识别已经完成的咨询。
手段3:到学期末至少参加5次个案会议。
目标3　学习如何进行小组治疗
手段1:观察院内老年人现实辨识小组三周。
手段2:参加一个被安排好的,时长4小时的名为"和小组一起工作"的在职服务。
手段3:协助一个对院内身患重病的老年人提供帮助的支持小组。
评估:
1. 学生撰写报告与日志。
2. 评估指标——从目标、建立重要资料、处理重要资料方面着手进行评估。
学生　　　　　　　　　　　　　　　　　　　　　　　　　　　日期
督导员　　　　　　　　　　　　　　　　　　　　　　　　　　日期
学校实习联络员　　　　　　　　　　　　　　　　　　　　　　日期

表 4-3　马丽的老年人照顾档案

实习机构：深圳××社工机构

工作时间：周一到周三 8 点 30 分到下午 5 点，周五上午 8 点 30 分到中午

目标 1　通过参加大型的募捐活动来学习募捐技巧

任务：

1. 阅读督导员分配的相关文字材料，比如《职业募捐准则》。
2. 和机构的主管讨论联合劝募协会的募捐计划和策略。
3. 研究机构的募捐活动记录，包括捐赠者的记录。
4. 研究为机构项目进行捐赠的可能来源。
5. 选择一个捐赠源，制订一次捐赠计划或参加一次捐赠计划的准备工作，进行观摩学习。

评估：

1. 督导员对学生的捐赠计划的制订过程及其努力进行评估。
2. 让学生于 4 月 30 号之前提交一个捐赠申请。

目标 2　通过参加青少年空间发展项目来学习项目的发展技能

任务：

1. 阅读如何发展一个新项目的相关文字材料。
2. 和其他有该指定项目的社工机构接触，并收集关于这些项目的信息。
3. 讨论这个特定项目的文字材料和来自于同其他机构的主管和工作人员的接触中获得的发现。
4. 和团委、教育局、社区街道等部门的相关人员联系并与他们会面。
5. 为当地的青少年空间机构人员开展一个实现发展培训项目。
6. 帮助准备培训会议。

评估：

1. 青少年空间发展项目的执行。
2. 督导员对努力程度和执行质量的评估。

学生　　　　　　　　　　　　　　　　　　　　　　　　　　　日期

督导员　　　　　　　　　　　　　　　　　　　　　　　　　　日期

学校实习联络员　　　　　　　　　　　　　　　　　　　　　　日期

最后，完成实习计划书的初稿之后，将其提交给督导员和学校实习指导老师。此时，三方均可进行必要的修订，合并修订意见以后，重新打印这份文件，并准备签字。三方中的每一方都应该持有一份最后协议的复印件。

实习教学契约需要记住一些要点，即应该指明以下几个方面。（戴维·罗伊斯等，2005）

（1）学生在机构中的天数和时间。

（2）督导员的电话号码或电子邮件地址。

(3) 学习目标(用比较宽泛的字眼描述)。
(4) 子目标(用具体、可测量的字眼描述)。
(5) 学生的职责、活动或者任务(要尽可能具体,例如,陈述将要带领的群体的人数,将要完成的评价数和任何重要的任务完成的最终期限或者目标日期)。
(6) 评估。
(7) 草拟的日期(因为有可能会修改)。

二、实习第二阶段

在度过实习第一阶段之后,学生对机构已经有了基本的了解并建立了相关的联系,如与督导员建立信任关系并就实习教学达成共识签订了实习教学契约,与服务对象建立联系并基本了解了服务对象的现状与需求。可以说,第一阶段是学生实习的定向阶段,第二阶段是实习学生进入实习的实务阶段,是学生开始执行实习教学契约的重要阶段。在这阶段学生共有三个实习目标:深化与机构的关系,与督导员建立学习的关系,与服务对象建立深化关系。

(一)学生深化与机构的关系

在第一阶段中,通过机构实习的工作安排与说明,学生已经基本了解机构的规则、文化、人事架构及问责制度,认识机构的服务内容、特色及手法,以及自身在机构中的角色和任务。为使学生更好地了解机构,避免学生以"局外人"的身份存在于机构之中而产生焦虑与不满足感,增强学生在机构中的归属感与参与感,加强学生的实习工作主动性与热情度,从而保证实习工作能顺利开展,实习目的能更加高效完成,在第二阶段,实习目的之一便是深化学生与机构的关系。在这阶段应该做到以下几点。

1. 鼓励学生能与机构的同事建立伙伴关系

除督导员之外,机构其他同事也将会是学生实习的重要资源。学生在机构中应适当弱化"我是实习学生"的角色,以积极主动的姿态尽最大可能投入到机构活动中,避免因为过于强化"学生"角色而一直处于被动指派任务的情景中。学生应与机构同事建立伙伴关系,共同参与机构工作,在工作中多向同事咨询学习,实现多方位能力的提升。

2. 希望学生能与机构同事一样,按照机构要求和规则办事

在机构中,针对机构工作人员和实习学生的要求和规则是不同的。一般来说,对于实习学生的要求和规则较为宽松。如对实习学生工作时间的要求比较宽松,实习学生一般可以晚于机构人员上班,或有额外工作加班时实习学生可以请假或事后补假,等等。为达到让学生深化与机构关系的目的,学生应尽量与机构同事一样,按照机构要求和规则办事,这也有助于学生与机构同事建立伙伴关系。

3. 支持学生检视机构的强弱项，在适合时提出建议

学生在机构实习一段时间之后，通过检视机构的优势与弱势，在合适的时间（如召开机构工作会议时）提出适当的建议，这是体现学生在机构中参与度的一项非常重要的活动。当然，要注意所提出建议的参考性并注意措辞，并且应先将建议与督导员共同探讨，督导员也应当对学生的建议作出回应。

4. 当学生与机构有不调和的问题的时候，督导员能够适当介入

不是任何一个学生都能在机构实习的每一个阶段顺利进行。当学生的实习期望和现实有矛盾时，或机构对学生提出实习要求，而学生不能达到要求从而产生问题时，督导员应当适当介入。面对学生的问题与困难，督导员应做好解释引导的工作，并予以支持。此外，学校实习指导老师也应当定期接触面谈，以了解学生在实习单位的情况。督导员与学校实习指导老师的责任将在后面章节具体展开说明。

（二）学生与督导员建立学习的关系

在第一阶段，学生与督导员建立信任关系是为两者建立学习关系奠定良好的互动基础。督导员是学生在实习机构中的指导老师，学生将从其身上学会社会工作实务如何具体操作，社会工作技巧如何实际运用，以达成理论与实践的结合。建立学习关系要做到以下几点。

1. 督导员向学生提供专业知识和技巧

虽然学生已经在学校中系统地学习了有关社会工作的专业知识和技巧，但是在此阶段不应该以所有学生都已掌握相关的专业知识和技巧为普遍前提，应该允许学生出现遗忘知识点以及产生疑问的情况。督导员应该就学生实习目标中所需掌握的知识和技巧以讲授、讨论等方式向学生提供相关的知识。同时，学生应积极主动提问，配合查阅资料、提交读书报告等方式，使自身的专业知识重新得到复习和梳理。

2. 督导员帮助学生运用个人的知识、技巧和经验，设计适合服务对象需要的活动

随着实习进程的深入，学生将要与服务对象建立深化关系。此时，督导员需要协助引导学生进入解决具体问题的过程及情景中，帮助学生运用个人的知识、技巧和经验，考虑针对案主的问题、需求以及实习学生的实务能力，设计适合服务对象需要的活动，使学生能真正做到以案主利益至上并更有能力帮助案主。

3. 督导员给予指引、评论，以修正学生的服务介入计划

后文我们将会提到学生与服务对象建立深化关系之后，学生将以社会工作者的角色，通过制订服务介入计划，在服务介入活动中发掘和运用服务对象及其周围人的能力和资源的具体方式和途径，借助具体的服务介入策略，来实现服务介入的目标。服务介入计划是学生进行实务工作的工作规划，是具体的、可操作的工作方案,服务介入计划的设计能够提高社会工作服务介入活动的专业性。一个具体可行的服务介入计划对实习学生来说是十分重要的。当学生评估服务对象需求设计出一份服务介入计划之后,应先呈递给督导员,督导员则应给予指导、评论,以修正学生的服务介入计划。

4. 督导员与学生一起检视实务,并鼓励学生提出改进方案

实习中,在学生进入独立完成个案阶段之前,督导员应尽可能提供学生检视实务过程的机会。这一过程中,督导员需在遵循教学原则的基础之上,安排并设计教学情境,运用多种教学技巧(个别教学、个案研讨或个案教学、团体讨论、参与观察、角色演练),让学生逐步累积和总结学习经验,协助学生在知、觉、行三方面进行整合,进而达成教学目的。在此过程中,督导员应与学生一起检视实务过程,针对学生在实习过程中所遇到的困难和出现的问题,以及技巧和经验上的不足之处,督导员应及时指出并鼓励学生提出改进方案。

(三)学生与服务对象建立深化关系

学生独立接触服务对象并开展社会工作服务,即学生进入实务阶段,是实习最为关键的一步,也是检视实习成效的重要标准。学生与服务对象建立深化关系,即我们所说的服务介入工作的开展。服务介入计划具体的实施和操作步骤将会在其他章节中详细说明,因此在此处只是进行简要的介绍。

1. 学生与服务对象建立信任关系

学生与服务对象建立信任关系包括两个层面:一是与服务对象本人建立基本的信任关系,二是与服务对象家庭成员建立基本的信任关系。对于初次参加社会工作专业实习的学生来说,可能会因为急于想了解服务对象的基本状况,或者不知道怎样处理服务对象的紧张情绪,而容易出现直接提问服务对象、忽视服务对象内心感受的现象。在与服务对象的初次见面中,最重要的是与服务对象建立比较好的信任关系,而不是尽量多地了解服务对象的信息。

2. 学生评估服务对象的需求,与服务对象寻求内在及外在的资源

了解服务对象的需求是社会工作服务介入计划的第一步。在全面、正确评估服务对象的基础之上,根据服务对象的独特处境和生活方式,与服务对象寻找内在及外在的资源,设计和组织社会工作专业服务介入活动,处理服务对象所面对的问题。需求评估的主要内容包括基本情况(服务对象的姓名、年龄、"问题"的表现、家庭的基本状况以及主要的社会支持关系等内容)、能力发展(服务对象的愿望、兴趣、优势中的成功经验和问题中的成功经验、日常生活安排以及其他重要人的情况)、互动交流状况(服务对象与家庭成员、亲戚、朋友、同事、社区、医院以及其他重要联系的交流状况)、压力和困难(此处关注的焦点不是压力和困难的本身,而是了解压力和困难产生的具体环境因素)。

3. 学生与服务对象订立契约,设计共同解决问题的方案

第三版《社会工作词典》将契约定义为"案主与社会工作者之间就介入过程中关于目标、方法、进度和将要履行的相互义务而达成的书面、口头或者暗示的协议"。一份契约可以保证各方都有义务去执行各方都同意的目标,就此而言,这是其最重要的任务。与服务对象订立一份契约的重要性,仅次于基本的社会工作价值的重要性,特别是案主的自决权。社会工作不是社会工作者单方面对案主所做的事情,它是其与案主的合作。在介入期间,一份契约有助于学生以社会工作者的身份与其服务对象双方把注意力聚焦在达到他们目标的工作上。

这里就计划与契约的不同进行如下说明。计划指社会工作者一方经过周密的思考而拟定的解决案主问题的方向和方法,然而案主可能对此有不同的看法,这样,社会工作者必须与案主协商,以在此基础上产生一个双方都能够接受的计划。因此,当学生在实习期间,以社会工作者的身份与服务对象建立信赖关系,并对其进行需求评估之后,双方便应该在协商的基础之上订立契约,设计共同解决问题的方案。此时,督导员应该根据自身的知识和经验向实习学生给予指导和建议。

契约并非全是以书面形式拟定的,同时它也有简单和全面之分。以下提供一个简单的契约样本的范例,见表 4-4。

表 4-4　契约样本 A

同亲生父母的协议
我,陈大文在此保证做到以下几点,在此基础上,我才能获得对儿子陈少明的监护权。 (1) 我不再沉溺于饮酒与赌博。 (2) 我会在家中控制自己的脾气。 (3) 我会改善自己作为父亲与儿子沟通的方法。 (4) 我会踏实地工作。 我也同意定时来见香港家庭中心的社工,接受忠告与辅导。 陈大文签名:　　　　　　　　　　　　　　　社工签名: 日期:　　　　　　　　　　　　　　　　　　日期:

4. 学生针对服务对象开展社会工作服务介入

介入阶段是助人过程的一个重要阶段,因为在这个阶段,工作可以有所成效。虽然学生在担任社会工作者时会因面临不同服务对象而产生种种问题,解决方法也千差万别,但仍有一些基本的工作内容是一致的,如支持鼓励、情绪疏导、观念澄清、行为改变、环境改变、信息提供、直接干预等。服务介入的策略包含了社会工作者援助服务对象的角色与任务,以及介入的方法与技巧。具体的介入方式将在其

他章节中详细地介绍,本章就不再赘述。在这一阶段,学校和机构双方应该保持密切的联系,对于学生在实习的过程中所遇到的困难或出现的问题,实习教学者应及时了解并与学生共同商议解决。

三、实习第三阶段

实习第三阶段为实习结束工作阶段。这一阶段的工作是整个实习过程中不可或缺的一环。实习教学者应按计划行事,并且妥善完成各项结束任务;实习学生也应学会正确地处理分离的情绪并完成相应的交接工作,提交实习总结报告;学校、机构及学生各方也将对实习进行评估。在此,从以下三个方面来具体介绍学校应该如何完成实习结束工作。

(一)总结与机构的关系

当学生实习结束之时,要记得总结与机构的关系。与机构良好关系的建立与总结将有助于丰富学生实习的完整性,同时有助于机构在接待学生实习工作方面进行改进,利于今后学校与实习机构建立与持续良好关系。在这个环节,需要注意以下几点。

第一,学生和机构单位主管或同事进行总结分享,提交总结报告,讲解在实习中的工作进展、遇到的困难和取得的学习成果。

第二,向机构单位主管或同事交代未完成的工作。

第三,分享来自于服务单位前线同事的经验,同时表示感谢。

第四,机构单位主管或同事对学生的实习表现进行评价并提出建议。此处,机构单位主管对实习学生及督导员作出口头及书面评价。这些评价将是学生实习评估和实习成绩评定的重要参考标准,督导员也可以就主管提出的评价,检视自身的督导员以取得改进。

第五,机构收回资料,并提醒学生保密。实习开始时,机构发给学生各种材料、文具等,实习结束时,机构应收回较重要的文件资料,并且提醒学生不得带走未获得机构允许的各种资料,尤其是个案记录或机构保密文件等资料。除此之外,机构也应该提醒学生,如不是教学上的需要,不得将在机构中的所见所闻,任意向他人提及,尤其是破坏机构社会形象的信息,务必做到保密。

(二)与督导员总结学习的关系

1. 学生提交自我总结报告

参加实习的每位学生在实习活动结束之后,需要把自己参加实习的整个过程及经验体会整理出来,特别针对实习过程中的社会工作服务介入活动,从整体的视角重新反思实习的每一步骤及总结从中获得的经验,并对自己的未来生活作出新的定位和安排,这些内容就构成了自我总结报告。在实习的时候,有些问题可能被忽略了；有些问题虽然当时发现了，但可能无法认识到其中所关联的不同方面和意义；有些学生虽然了解了其中所蕴涵的意义，但可能受到经验的限制，没有能力及时回应服务对象和周围他人的要求；有些学生虽然回应了，但是把握的尺寸不是很恰当。总之，自我总结报告不是简单地将自己的实习流程、社工专业服务活动记录下来，还应包含学生对实践经验的总结和反思，自我总结是学生自我发现和自我探索的过程。在实习结束阶段，实习学生应该向督导员提交自我总结报告，以接受督导员的评估。

学生除提交自我总结报告进行自我总结与检讨之外，还可以考虑与其他实习学生共同分享经验，见证彼此的努力和得失。实习学生之间的经验分享可以采取多种形式，常见的有实习研讨会、表彰会、游戏活动。实习研讨会是让参与实习的学生一起分享彼此的经验和感受，督导员应该主持该会并参与其中，以利于更为有效地加强实习学生之间的互相支持；表彰会是指在分享经验的基础之上，让其中表现较为突出的实习学生详细介绍自己参与社会工作专业服务活动的过程和经验；游戏活动可以运用游戏的方式让每一位实习学生都有机会在轻松、信任、和谐的气氛中交流想法和经验。

2. 学生给予督导员督导过程的意见

学生给予督导员督导过程的意见，可以口头或书面形式表达，以利于督导员改进督导的方法。实习教学的过程是一个互动的过程。在实习结束阶段，督导员可以根据学生的实习表现给予评价，并指出其中的优缺点，提供指导意见。同样，学生也可根据自身实践中的体验，给予督导员意见，可以采取口述或书面表达方式表达意见，以帮助督导员改进督导方法。

3. 督导员协助学生回顾与确认个人的成长，并计划未来

学生对自己在实习过程中的成长，并不一定能完全了解。因此，督导员应协助学生确认自己的成长与进步，也应了解个人需要进一步努力的方面，尤其是还要进行哪些方面的学习，才能成为真正的专业的社会工作者。有时，学生对个人未来的方向与职业生涯计划感到迷茫；督导员亦可与学生讨论学生的个人特质、兴趣与能力，适合选择哪方面的工作领域或作出何种改变，才能有较好的发展，尤其是实习失败的学生，在这方面的讨论是有相当大的必要性的。

4. 督导员帮助处理学生实习结束时的心理反应

有些学生会对机构与督导员产生依赖情绪，以至于实习结束时感到悲伤。有些学生能逐渐控制这种情绪。有些学生则要求延长实习时间，甚至实习结束后，经常前往实习机构。督导员应敏锐观察学生对人际关系的要求，并协助他们去认识自己这种要求心理与行为反应，并尝试以成熟的方式寻求和建立稳固的人际关系。

许多学生常对实习的学习结果不满足，或担心其所学是否够用。督导员应敏锐观察学生的反应，并且理性地和学生讨论他们的期望、教学方式、学习机会和个人的努力等,以试图找出较重要的影响因素。有时,督导员理性地接纳学生的情绪与意见,可消除他们不满的心理。对于担心学习不足的学生,督导员可借由各种记录与资料,并与学校实习指导老师共同检视学生的学习所得,这将能让学生产生对具体收获的认知。

5. 督导员要注意自己的心理反应,并做好正确的处理

许多督导员常有如释重负和期待尽快结束的心理反应,但要注意不能因此疏忽了学生结束阶段的所有注意事项而让学生草率地结束实习。此外,有些督导员很重视学生实习的成果,如果学生表现良好,则感到兴奋;反之,则感到沮丧和挫折,并认为是他个人的失败。无论如何,督导员应以愉悦和成熟的方式面对学生实习的结束。

(三) 与服务对象总结关系

1. 与服务对象总结个人进展、问题处理情况及跟进事宜

实习结束前一段时间,督导员应与学生讨论该如何结束个案或转案,并指出学生在结案和转案工作中的注意事项。在结束期,学生应与服务对象总结服务进展、问题处理的情况以及跟进的事情。同时,学生应按督导员要求做好结案和转案的摘要记录,包括社会史、诊断、处置、案主的进步及未来处理方向或未处理之范围。这里学生所做的摘要记录,可以作为评估学习成效的资料。

2. 完成服务对象的转案工作

总有一些服务对象由于各种原因无法达到服务介入目标就需要中止,例如学生的实习时间已到而无法继续服务介入活动。对于这样的服务介入活动就需要安排服务介入的转介和延续工作,保证以后的服务介入活动能够与现在的服务介入活动衔接起来。在学生结束实习之前,应将此类服务对象介绍给机构同事,并对其介绍服务对象的基本情况、服务对象与周围他人的支持关系、服务对象目前的发展状况、服务介入采取的策略和已经取得的进展等,使新接手服务的机构同事能够对服务对象有大概的了解,并在前者的基础上继续向前推进。

3. 处理服务对象与学生分离的情绪

在实习的服务介入活动结束阶段,不仅服务对象及周围人面临该怎样结束服务介入过程中建立起来的感情联系问题,而且社会工作者也需要面对服务介入结束阶段的压力。在此阶段,服务对象常常会产生某种程度的情绪反应,如对结案的否定,恢复以前的行为模式或者再次提出以前的困难,出现烦躁不安的情绪反应,等等。

为了正确处理服务对象在结案时表现出来的分离情绪,督导员应该指导学生在结案阶段要尽可能做到以下几点:①结案前应有充足的时间深入表达彼此的感受,并且肯定服务对象情绪背后的积极愿望;②在最后结束阶段,要对服务对象清楚表明,如果遇到困难,可以打电话或用其他方式进行联系;③再次对服务对象取得的成绩及解决问题的能力加以肯定,让服务对象关注自己的能力和进步;④赋予最后一次见面一定的象征意义,如安排一场家庭的聚会,或者正式交给服务对象关于达成目标的证书;⑤如果服务对象目标没有全部达到,应将其转案给机构的同事;⑥确认联系方式,以便跟进工作。

同时,有些学生在分离时也会产生情绪,如有些学生离开未结束的工作会有罪恶感,担心自己离开后,案主的情况会有变化。有时此种情绪反应如未能得到正确疏导,学生会要求结束后继续留在机构服务案主。督导员应协助学生理性地判断和分析事物,以使其更加成熟。同时,督导员也要注意学生是否因此情绪,而未能对案主做结案和转案工作。

第三节 实习中督导员的安排与工作

一、实习中督导员的安排

实习中的督导工作涉及学校、机构和学生三个方面(见图4-2)。一般来说,学校方面会安排一个总体负责实习的实习教学主任或者实习联络人,根据学院教学目标和精神对实习教学作出全面整体的策划和管理工作。实习教学主任负责实习过程中的联络、学生与机构的配对、监察检讨整个实习过程的工作。

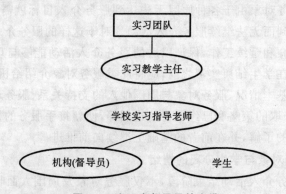

图4-2 实习中督导员的安排

同时,学校会根据每次实习的具体情况安排老师担任实习指导老师(我国香港、台湾地区一些院校,还会招募一些具有社会工作大学学位和一定工作经验的符合督导资格的人员担任学校方面的兼职实习导师),实习指导老师可以根据自身的兴趣和专长,选择督导的实习机构和岗位。机构方面则会根据学校的实习要求以及实习前会谈的逐步诊断安排相应的工作人员担任机构方面的督导员,负责前来机构实习的学生的督导工作。

二、督导员的工作

台湾东海大学社会工作系高迪理副教授在《如何督导实习学生》一文中介绍了 Charlotte Towle 所提出的如何进行督导工作的方法,对现在在机构实习中如何督导学生仍具有很大的启发性(史柏年,侯欣,2003)。

第一,在实习过程中,督导员需要协助学生认定他所要解决的问题。不论是学生实习过程中产生的学习困扰,还是因为缺乏经验在处理案主问题时遇到的困难。督导员可运用对质的技巧引导学生面对问题,同时也需要将学生是否有心理准备,以及案主的需求等因素考虑在内。

第二,督导员应该给实习学生以充分的机会来陈述和说明他所要解决的问题,包括学生对问题的看法和感受。也可以从对他人的观点和情景的解析中,协助学生分析并列出主观和客观的影响因素。

第三,在学生第一次面对案主时,督导员须引导学生进入解决问题的过程与情景中。应考虑针对案主的问题,实习学生能做些什么,督导员应如何提供协助,促使学生能更有能力并始终坚持以案主利益至上为宗旨来帮助案主。

第四,督导员必须让学生知道,在解决问题的过程中,有哪些行为表现是适当、可以接受、有效的,同时也要解释有哪些是不恰当的行为表现。而这也意味着督导员必须让学生清楚地了解机构的程序规章,以及机构对学生在专业学习方面的条件要求。如果学生在实习过程中产生问题,则督导员更需澄清期间的督导关系(例如,督导员能提供什么,有哪些是学生的责任)。

第五,督导员也需要能够处理"感受"的部分。督导员不但要能探知学生的感受,而且也鼓励学生表达感受,也就是说,督导员需要体谅和了解实习学生对问题的感受。其实质是接纳实习学生作为独特的个人,而此不等于督导员必须接受学生的行为表现。如同上一原则,督导员有义务将不能接受的行为表现及其原因向实习学生予以解释说明。

第六,当深入面对问题情境时,学生经常会否认与自身有关的那一部分,此时督导员应尝试运用假设性的语气来挑战学生,并试着从学生的角度来看待这个问题及问题所带来的可能影响。而这不是一件简单的工作,有时督导员必须能够摒弃过去对其他实习学生的督导经验,重新处理当前的问题。由于此种否认的现象常常也会伴随着抗拒的心态,因此若此种现象持续存在,督导员需要让学生知道,学生终究必须承担此种后果的责任。

第七,当学生得到负面的回馈时,通常会有受到威胁的感觉,因而使自我原有概念变得模棱两可,或丧失自信,改变对自己和对督导员的看法等。因此督导员的回馈应强调对事不对人的原则,建立行为表现、态度上的规范。学生对自己和对他人不切实际的期待,只会造成气馁、自我贬低的局面并进而降低学习及工作的积极性。因此,督导员需协助学生认清事实和现实的状况,避免假性的保证和夸大事实的承诺。

第八,当学生将无法处理困难归因于过去时,督导员可以使用的技巧并不是马上探讨过去不良的经验,而是必须将讨论的重点放在比较过去和现在有何不同上,期待学生能够用现在的经验克服过去的困难。

第九,督导员需能引导学生并让其了解实习对学习是一种良知教育的过程,因此可以协助学生建立这种良心意识,秉持这种良知、良心来规范实习过程中自己的行为角色,而愿意将自己视为一名实务工作者。

三、学校实习指导老师的工作

(一) 学校实习指导老师的责任

学校实习指导老师与机构是否熟悉,彼此之间是否有良好的信任关系,是影响实习教学能否顺利进行的重要因素。为了促进社会工作专业的发展与成熟,学校和学校的实习指导老师有义务担负起实习教学的主要责任(史柏年,侯欣,2003)。

(1) 实习前探访机构,了解机构的服务及行政上的运作流程。

在实习前探访机构,有利于实习指导老师了解和认识机构,熟悉学生未来的实习环境,也有利于与实习机构进行沟通,建立良好的实习关系。

(2) 初步与机构探讨可进行的实习活动。

由于国内目前可供选择的专业实习机构并不多,大部分地区所选择的社会工作实习机构是从事着福利服务的"准社会工作机构",其工作内容中社会工作专业的成分并不多。为了更好地达到实习教学的效果,实习指导老师应与机构商讨能够提供给学生的实习机会,以判断能否达到学校的教学目标。

(3) 实习初期帮助学生认识实习机构。

实习机构的工作内容与书本上的知识还是有很大的分别。除了机构对学生的工作安排说明,实习指导老师也应帮助学生认识实习机构,包括如何看待课堂知识与机构工作经验的不同,如何面对当前实习机构中的非专业问题,等等。

(4) 实习中期对学生进行日常的咨询、督导等工作。

实习中期,实习指导老师应对学生进行日常的咨询、督导,以及专业指导、心理辅导、价值观的培养、情绪支持、纠正错误、持续评估等多方面的工作。

(5) 与实习机构通过访视、电话、信件等形式保持沟通。

实习指导老师在实习中与机构进行充分的沟通,建立和谐融洽的关系,才能保证实习的顺利进行。

(6) 实习后期与实习机构和学生进行实习总检讨。

在实习临近结束之前,实习指导老师应与实习机构和学生一起对实习的成果、实习方案和计划、学生的实习表现和成绩等方面进行总结性的评估。

(二)学校实习指导老师联系机构的功能

学校应该密切关注学生在实习期间的学习情况和机构的教学情况。在实习过程中,学生应为实现学校实习方案的目标与期望而努力,但不可避免的是,经常会有些意料之外的事情发生,比方说学生不愿意参加实习,放弃实习机会,与实习机构产生矛盾等,有时还会出现学生未按时参加实习,最终却能得到机构的盖章认可的情况。这些情况都不利于甚至有悖于实习教学的目的与期望及阻碍实习学生个人能力的发展。因此,学校实习指导老师应当充分发挥联系机构的功能,在实习过程中及时发现各种意外情况。当发现实习进程出现阻碍时,学校实习指导老师必须亲自访视机构并寻求妥善解决的途径,可借助实习机构督导员及学校实习指导老师的双方力量,寻求问题产生的原因,进而实现整体教学能力与态度的改善。因此,实习方案能否维持,学生的学习效果能否得到落实,与学校实习指导老师或学校实习联络员的联络工作息息相关,因此该项工作就显得尤为重要。

通常学校实习指导老师的联络工作有以下三个方面的主要功能(曾华源,1987)。

1. 促进实习教学工作

该项工作不仅为督导员提供教学与社会工作专业知识方面的研讨或咨询,而且也明确地说明实习的期望,提供学校专业课程的内容资料,让督导员对教学工作有较清楚的认识。有时学生与督导员之间可能有冲突,学校实习指导老师访视时可通过倾听双方的不满与抱怨,从中敏察双方言词的差异与不足之处,并通过适当方式协助他们继续接下来的实习工作。

2. 检视机构提供给学生的教育机会,学生的进步情况,以及促成学校与机构之间的交换

了解机构教学概况和学生进步情况,将是维持学校实习方案品质的重要途径。当机构提供的实习机会不足或有所偏向时,或是机构所提供的教学内容与教学课程内容有矛盾时,尤其是矛盾发生在专业概念和价值理念存在差距时,学校实习指导老师的这种联络工作就显得特别重要。因此,了解机构所教授的内容,可以确认机构是否把实习视为学校教育的一环与教学延续,并且可以确保学生返校后,能够延续机构教授的内容,使学校课程与机构实习经验能得到更好的整合运用。

3. 了解督导员所下的工夫和学生的成就

学校实习指导老师的作用不仅仅在于促进实习教学工作,确保学生实习机会均衡适足而已,而且也负责机构对学生的进步情况进行一个开放式的分享,对机构和督导员在实习教学中的各种投入提出讨论,以谋求实习教学水准的提升。

(三)学校实习指导老师与机构联系的主要方式(曾华源,1987)

访视机构是学校实习指导老师与机构联络的基本方式和主要方式。学校实习指导老师亲自到机构访视,可以与学生和督导员面对面地沟通,对实际情况能有实际和深入的了解,并明确地传达教学期望,与机构共商学生实习的计划与内容等。因此,访视机构是学校实习指导老师的主要职责。

具体访视次数不定,不过,学生在机构实习期间,学校实习指导老师至少应访视两次以上,一次在初期,另一次在期中或三分之二的实习期时。然而,实际访视次数要根据实际情况来确定,如有时学生有突发性问题,就有可能会改变原先访视机构的计划。完全不访视是放弃实习教育的职责,是不允许的。

与机构的联系,除了亲自访视机构外,还可以通过电话或邮件的方式进行。电话联络速度快,且方便易行,可以表达学校实习指导老师的关心和有利于他们与机构建立情感;邮件联络可以明确地表达关心和传达信息。不过,这两种方式都不能完全取代亲自访视机构的作用。

(四) 学校实习指导老师与机构联系的注意事项

学校实习指导老师在与机构联系时也应有一些注意事项,避免一些不当的做法,防止双方联络沟通产生误解,从而实现学生在机构实习的最理想目标。学校实习指导老师在与机构联络时,如事先恰当地了解了对方的一些实习及督导情况,将会更有助于双方的沟通。

以下列举几项学校实习指导老师与机构联系时常见的注意事项。

(1) 有些新任的督导员会认为,是因为学校实习指导老师评估其教学工作发现了不足后才进行访视或联络,从而会产生一种不被信任的焦虑情绪,从而可能会出现拒绝配合的现象。

(2) 双方都应抱以坦诚接纳的态度,如果彼此沟通不足,不能清晰了解彼此的期望与目的,就会造成双方在实习教学上无法有效配合。

(3) 有时学校实习指导老师突然访视机构,会让机构产生被检视的感觉,或是因为无准备而出现无人接待的现象。

(4) 学校实习指导老师与督导员会因对教学上的问题抱有不同的理念而拒绝配合。

(5) 其他。

参考文献

[1] 戴维·罗伊斯,苏瑞提·S 多培尔,伊丽莎白·L 罗姆菲.2005.社会工作实习指导[M].北京:中国人民大学出版社.
[2] 曾华源.1987.社会工作实习教学——理论、实务与研究[M].台北:台湾五南图书出版社.
[3] 史柏年,侯欣.2003.社会工作实习[M].北京:社会科学文献出版社.
[4] 库少雄.2003.社会工作实习[M].武汉:华中科技大学出版社.
[5] 王思斌.2006.社会工作概论[M].北京:中国人民大学出版社.

[6] 李晓凤.2008.社会工作——原理·方法·实务[M].武汉:武汉大学出版社.
[7] 廖荣利.1970.社会工作实习指导与督导训练[M].台中:基督教儿童福利基金会.
[8] Nina Hamilton, John F Else. 1983. Designing Field Education: Philosophy, Structure, and Process[M]. Illinois: Charles C. Thomas Publisher.

第五章　社会工作实习的服务过程与技能

当完成一系列学习准备工作，进入实习机构成为一名实习社会工作者，开始提供服务时，实习学生需要回顾社会工作服务的过程，并掌握一些重要技巧。社会工作是以实务为取向、以实践为本的应用型专业，作为专门的助人学科，其有一系列助人的程序和技能，通过这些专业的程序和技能，助人服务才得以适用有效。对于缺乏实践经验的实习社会工作者来说，掌握并严格地运用这些程序和技巧，能迅速地促进专业能力的成长，也能在一定程度上保证服务的科学性和有效性。本章将重点介绍实习学生在实习中需掌握的服务过程和服务技巧，并单列一节探讨我国教材中甚少涉及的服务过程中的记录问题以及社会工作者的文化能力。

第一节　实习的服务过程

Charles H. Zastrow(2005)曾指出，在个案、家庭、小组、组织和社区工作中，社会工作者所使用的解决问题的方法虽多种多样，但这些方法总会包括下述步骤：①尽可能清晰地界定问题或者问题范围；②提出全部解决方案；③评价各种方案；④选择一种或者几种方案并制定目标；⑤实施解决方案；⑥跟踪评价解决方案的效果。并提出了社会工作解决问题过程的一种简化范式，即评估—干预—结案—评价。

朱眉华、文军(2006)指出社会工作实务通用过程包括接案、预估、计划、实施、评估和结案。

Barry Cournoyer(2008)则把社会工作的实践分为七个阶段，即准备期、开始期、探索期、预估期、签订协议期、实施和评估期，以及结案期。

考虑到实习教学过程中的实际操作性和个案、小组、社区三大方法运用的通用性，本书将采用 Zastrow 的简化范式，按评估、干预、结案和评价这样一个服务过程来展开介绍。

一、评　　估

(一) 评估的定义

评估作为社会工作者服务过程中的关键阶段，是制定服务目标和选择干预方式的最主要依据。它的定义也多种多样，如 Hepworth 和 Larsen(1986)认为，评估是收集、分析和综合数据进入系统阐述的过程，这一过程包含了五个重要的方面：①案主问题的性质；②案主和其他人的功能；③案主解决问题的动机；④形成问题的相关环境因素;⑤有用的或能改善案主困难的重要资源。

Barker(1999)则认为评估能确定问题的性质、原因、演化和后果以及问题中涉及的人格和环境,具有获得对问题、成因和能够改变什么来减少问题或者解决问题的理解的功能。

上述定义都暗含了两个阶段,即通常所说的接案以及接案基础上的评估,但在某些特殊情况下,尤其是危机干预时,社会工作者往往跳过接案阶段而直接进行评估和干预。过去,社会工作者多用问题视角来评估案主,但现在已越来越倾向于采用以优势视角为主的系统模式,所以在发现并分析案主问题的同时,会更加关注案主自身的潜能和优势资源,包括其自身的和周边环境中的优势资源。

综上所述,本书把评估定义为通过收集资料来决定是否承接某一案主,并在承接的基础上对案主的问题、资源、环境等方面作出评判,以确定服务目标和干预计划。

(二) 接案

接案是指社会工作者和有可能成为案主的人开始沟通,并初步达成协议一起来解决问题的过程。(朱眉华,2003)此处的沟通即为评估的一部分,社会工作者可以通过各种沟通手段收集信息,并判断是否接收案主。

是否接收案主由很多因素决定,如案主的意愿、机构的性质和服务内容。有些自愿的案主会因种种原因在初次会谈后退出,有些案主则需要转介,这些都是接案过程中工作者评估后所作出的判断。而一旦决定接收案主,则接案过程中建立的专业关系及作出的初步评估将对后续的预估和干预计划产生重要影响,接案过程中将使用到的一些重要技巧,如会谈等,将在下一节详细阐述。

(三) 评估

接案之后就需开始进一步收集资料,并对资料进行分析,最终拟定评估报告,这一过程涉及评估的知识、资料收集的内容和方法,以及评估的内容和工具。

1. 评估的知识

社会工作教育的目的是培养通才,即要求社会工作者拥有全面性、综合性的知识基础,广博的专业技巧,能尊重多种多样的价值观系统,更要求其能考虑到个人问题与群体问题的相互作用,能与多种多样的由人构成的系统工作。

评估就是这样一项综合性的工作,对社会工作者所需掌握的知识也有系统性要求,一般来说包括个人的生理知识、认知知识、情感知识、行为动机知识以及家庭、文化、环境等方面的知识,Hepworth和Larsen(1986)就曾提到"评估案主系统的问题(个人、夫妇或家庭)……除了需要对这个系统有广泛的知识外,还要仔细考虑影响案主系统的多样性(譬如经济的、法律的、教育的、医疗的、宗教的、社会的和人际的影响)。进一步来说,评估个人的功能需要评估这个人功能的多方面。例如,人们必须考虑生理、认知、情感、文化、行为和动机亚系统间的互动以及这种互动关系与问题情境的持续互动"。

这些知识在"人类行为和社会环境"这一专业课程中有大量介绍,实习学生在实习前可对此进行复习和巩固。此外,评估还将涉及社会学、心理学、人类学、生物学、政治学、历史、哲学、宗教等各学科知识,而更重要的是实习过程还将考验实习学生的学习能力,因为在服务过程中,学生会遇到各种相关政策、法律方面的知识,如农民工子女在城市中的就学政策和规定,城市低保救助申请程序,青少年、老年人、妇女的相关权益和保护政策等,这要求实习学生不断地根据实际工作状况进行学习并在工作中加以应用。

2. 资料收集的内容和方法

评估知识是实习学生自身能力的储备,而资料收集是评估的基础。只有收集到足够多且有效的案主信息,并对其进行组织和处理后,才能进行有效的评估。

资料收集的内容和方法多种多样,从内容方面来说,应遵循"人在情境中"的理念,收集的资料应包含案主的生理、心理、社会和环境等各个方面。Barry Cournoyer (2008)的 DAC(描述、预估、签订协议)表格(见表 5-1)为我们提供了详细的参考格式,按照"描述"的要求收集资料,将能基本满足评估的需求。

表 5-1 DAC 表格

描述	
Ⅰ	案主自述
Ⅱ	个人系统、家庭系统、社区系统
Ⅲ	关注的问题
Ⅳ	优点、技能、资源
Ⅴ	可用资源与使用进程、相关信息
Ⅵ	社会历史情况
i	成长
ii	个人与家庭
iii	面临的问题
iv	性行为
v	酒精和(或)毒品使用情况
vi	医疗/身体情况
vii	守法情况
viii	教育
ix	工作情况
x	娱乐
xi	宗教/信仰
xii	曾接受过的心理或社会服务
xiii	其他

针对这一表格，Barry Cournoyer 提醒使用者应将案主述说的信息和工作者自身所观察到的信息加以严格区分，同时对思考推断得来的观点、结论等内容要以评价或假设的口吻加以陈述，以与事实性的内容相区别，因为社会工作者的判断和观点并非事实。

这一多领域多维度的表格有助于我们系统地挖掘案主的信息、面临的问题和所处的环境，但这一表格是覆盖性的，很多内容对于某些具体的案主并不适用，所以实习学生可以在实际运用中进行恰当的取舍，根据实际来选择收集资料。

从收集资料的方法来说，首先是与案主本身进行会谈或对案主进行问卷、量表等测试来获取资料，其次是阅读与案主相关的文档记录来获取信息，最后是访谈其家人、朋友、老师等以进一步获取信息。

3. 评估的内容和工具

资料收集基础上的评估是一个不间断的持续过程，也是案主和社会工作者共同参与来完成的一项任务，在这个阶段里，应该整合资料收集阶段所获取的各种信息，社会工作者应对案主形成一定的认识，对其面临的问题以及其成因、性质、影响有一个清晰的界定，更要了解案主所处的环境及对案主的影响，并从中找出有利的和不利的因素，实习学生尤其应关注可利用的优势和资源，因为这将对接下来的干预过程带来积极的效果。

要想达到这样一个评估的目的，可利用的工具非常多，如家族谱、生态图、行为检测表、社会网络表、重要事件的时间线等，下面主要介绍家族谱、生态图和社会网络表三种工具。而要学会使用这些工具，需要对某些普遍被运用的符号有一定的了解。下面以案主小陈为例简略说明（见图5-1、图5-2）。

（1）家族谱。

符号示例：

"□"代表男性，"○"代表女性，年龄可在方框或圆圈内表示，在其中打"×"的表示死亡。

配偶关系用连线表示，"—"代表已婚配偶，"…"代表未婚关系，从线段衍生出来的符号表示由此关系而得到的孩子；"/"代表分居，"//"代表离婚。

孩子的排列顺序以出生时间的先后从左到右排列，一些简单的时间和事件也可以在图上表示出来。如 M'10/21/2010 可以表示 2010 年 10 月 21 日结婚，Div'12/21/2010 可以表示 2010 年 12 月 21 日离婚。

（2）生态图。

家族谱一般用于分析案主生活的历史、家庭生活中的各种关系以及重大事件；而生态图则是用来展示案主的生态系统的，不但包括其家庭生活系统，也包括与外界的联系与互动。通过生态图，可以清楚看到案主的各项人际关系，以及可以利用的资源和存在的限制。一般来说，案主会处于生态图的中间。

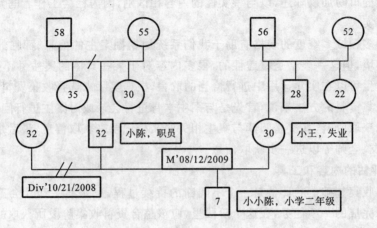

图 5-1　小陈的家庭结构图

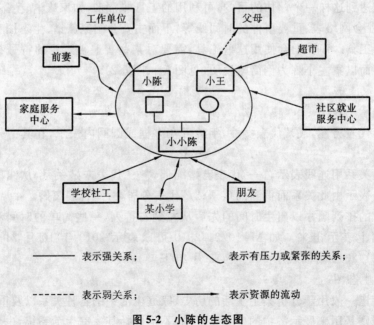

——— 表示强关系；　　〰 表示有压力或紧张的关系；

------- 表示弱关系；　　→ 表示资源的流动

图 5-2　小陈的生态图

(3) 社会网络表。(见表 5-2)

表 5-2 小陈的社会网络表

	生活方面	具体支持	情感支持	信息/建议	帮助方向	接近程度	多久相见	认识多久
案主：小陈	(1)家庭	(1)几乎没有	(1)几乎没有	(1)几乎没有	(1)双向的	(1)从不接近	(1)不见面	(1)少于1年
	(2)其他家庭	(2)有时	(2)有时	(2)有时	(2)你对他们	(2)有限接近	(2)每年几次	(2)1~5年
	(3)工作/学校	(3)总是	(3)总是	(3)总是	(3)他们对你	(3)非常接近	(3)每月	(3)5年以上
	(4)组织						(4)每周	
	(5)朋友						(5)每天	
	(6)邻居							
	(7)专业人员							
	(8)其他							

姓名	序号							
王某	1	3	3	2	1	3	5	2

(参见 Sheafor B W, Horejsi G A. Techniques and guidelines for social work practice[M]. 5th ed. Needham Heights, MA: Allyn & Bacon, 2000: 317。)

二、干 预

在接案并对案主进行初步评估后，实习学生就需根据案主的情况予以介入和干预，干预是达到案主改变和成长的重要阶段，总体来说，它分为制订干预计划和实施两部分，具体来说则包括进一步对案主问题进行诊断、建立目标、确定行动方案和实施。这些步骤都将由社会工作者和案主共同协商努力行动来完成。在实施之前,上述协商的结果将以书面协议的形式来呈现,即在干预这个阶段,社会工作者和案主需要就干预的目标、干预的行动、双方的责任义务等签订协议。这一方面体现了社会工作者助人关系和行动的专业性,另一方面对双方的行动起到指引和规范的作用。Barry Cournoyer 的 DAC 表格中的 C 即签订协议部分,为我们提供了一个很好的模板。

书面协议主要包括问题、目标和计划三部分。其中,问题应包括案主界定的和社会工作者诊断的问题以及最后达成协议需要解决的问题;目标要与问题相匹配,且应包括总体目标和具体目标两部分;计划则需要相对详细,可以约定彼此的角色、行为、任务、步骤等,以及具体的时间、地点、人物、事情等。

1. 问题诊断

问题诊断是一个持续的动态过程,它可能贯穿整个服务过程,但就服务的可行性和有效性来说,社会工作者需要在前期资料收集和评估的基础上,通过目的性的会议作出一定的判断,并引导案主对自己面临的问题作出判断,最终通过商议,确定双方共同认为比较重要、急迫需要解决的问题,并以书面的形式在协议上体现出来。

在问题诊断的过程中,社会工作者需要运用一些相关的技巧,以便正确界定案主的需求和问题。首先,社会工作者应邀请案主描述其自身所认为需要的事情和他们关心的问题,这种最初最直接的表达往往是案主所欠缺的一些东西,社会工作者应重点关注;其次,社会工作者应引导案主就其所认为的问题的性质、成因、程度、后果、产生的影响、案主自身的态度和行动展开探讨;最后,面对不同表现的案主时,社会工作者可能需要做一些探索,如面对自我认知较低、行为偏差严重或对问题明显有所保留的案主,探索可能会触及案主内心深处的伤痛,但是另一方面它可以提高案主对自身长处和优势的敏感度,也有利于社会工作者探寻案主未曾提及或忽略的问题。

2. 建立目标

在问题得到清晰的界定,并且服务双方就此在这一阶段达成大致的意见后,社会工作者就应鼓励案主与之一起建立目标。目标的重要性是不言而喻的,它是行动的指南,是努力的方向,是开启社会工作者与案主认知、情感、行为和当前境遇的钥匙,是带来改变的关键一步。

雷德(Reid)曾说过,如果社会工作者制定寻常一般的目标,就会导致双方产生不合理的期待以及行动方向的经常变换;而伍德(Wood)认为如果社会工作者制定了模糊或不合理的高目标,就会使案主较易经历破坏性体验,如失望、挫折、自信受损等。

对目标的重要性有了认识后,社会工作者应把握好制定目标的原则和技巧。一般来说,目标分为总目标和具体目标两种。莫雷(Miley)等曾对两者的不同含义有过清楚的说明。他们认为总目标是对案主想要达到的某种境界的、宽泛的、总体的陈述,它表达的是一种理想的结果和境界,或是专业助人关系中的长期目标,它可能比较概括,也可能不可测量。而具体目标则是指对案主在其认知、情感、行为和情境方面希望发生的具体变化的一种清楚陈述,它往往是可观察和可测量的。

不管是哪类目标,它必然具备某些共通的特质,不然就不能在服务中发挥其作用。对此,Egan(1982)曾指出,有效的目标应包含以下几个特征。

(1) 具有可完成性。
(2) 清晰、具体。
(3) 可测量、可证明。
(4) 立足现实。
(5) 充分性,一旦达到目标,就可以改善现状。
(6) 与案主的价值观和文化体系相符。
(7) 有具体的时间表。

如总目标为改善案主 A 和其儿子 B 之间的关系,具体目标则可定为增强亲子沟通、学习亲子知识和技巧。但作为计划中的目标,这显然过于笼统。按照 Egan 的表述,我们可以把具体目标定为:①每晚和儿子交谈半小时以上;②每周与儿子外出一次,可以聚餐、逛街、进行体育锻炼等;③每两周参加一次"亲子技巧学习小组"等。

在建立目标的过程中,有一些问题需要社会工作者特别注意,主要包括以下两个方面。

(1) 目标一定要与案主共同建立。

社会工作专业价值观如案主自决、尊重等决定了目标要在征得案主同意的基础上与案主共同制定,得到共同认可的目标有利于促成案主的改变,它会在行动中成为一种动机和动力,也有利于避免社会工作者把自己的目标设想强加于案主,否认了案主的主体性。

(2) 目标制定过程中社会工作者要坚持自己的原则。

社会工作者和案主的价值观有时会产生强烈的矛盾甚至冲突。在充分接纳并理解案主的基础上,对于自己不赞成的某些目标,社会工作者不能轻易迁就案主。尤其是对他人或社会会产生某些不良影响的目标,或是社会工作者认为不利于案主成长、发展的目标。这对于一个实习社会工作者来说是一种挑战,要敢于坚持自我,敢于直面有可能对建立良好专业关系产生负面影响的问题。但从长远来看,这种坚持不但不会影响双方的关系,还易使社会工作者得到案主的谅解和最终的尊重。

3. 确定方案

目标的建立为改变行动指明了方向,社会工作者和案主将围绕目标制订相关的行动计划和实现的步骤、顺序,明确各自的职责,甚至还可能分配彼此扮演的角色。针对总体目标和具体目标,实现的方法和途径可能有很多种,每种经历和付出可能都有所区别。因为有些可能需要对人作出改变,有些需要对环境作出改变,有些需要两者同时改变,而且往往这一类情况居多。所以在作出取舍和选择时,社会工作者需要充分调动案主的积极性,充分运用案主的聪明才智,也要充分尊重案主的意愿,双方共同努力,充分考虑各种因素,以期作出最佳选择,即既能达到目标,又能最省时、省力,花费的成本最少。实习社会工作者由于缺少经验,在确定方案时尤其需要向督导员进行咨询,确保方案不偏离主要方向,并减少方案可能存在的漏洞和不足。

在确定方案时,可根据目标和时间顺序对行动步骤进行安排,并将每一步骤中的任务和职责罗列清楚,写入协议后将成为双方行动的指南。而要作出最合适的安排,很重要的一点是社会工作者需要掌握最多的资源,或者说对自己能够运用的资源有一个很好的了解,心中要有一份完整的资源图。这要求实习社会工作者在接案前后进行充分的准备,如了解机构各个方面的外部资源,对涉及案主的政策资源充分了解,要根据不同的问题善于向合适的人寻求帮助。如能做到这一点,将对服务的顺利开展起到巨大的作用。

如前文提到过的改善案主亲子关系的案例,根据总体目标和具体目标,确定行动方案时可作出以下安排。

(1) 在下一次会谈中,社会工作者约见案主 A 及 B,将 A 的希望、困扰以及愿意付出的努力和作出的改变向 B 表明,并传达希望通过共同努力改善亲子关系的愿望,注意征询 B 的意见并关注其反应。

(2) A 每天与 B 进行半小时的谈话沟通,谈话的内容可与 B 事前进行沟通,如共同关注 B 最近喜欢的一个小游戏、最近网上流行的热门时事,进而慢慢延伸到 B 在学校里的学习、生活,甚至其内心情绪的转变。

(3) 每个周末 A 带 B 外出一次,外出内容、方式可由 B 自主选定,外出安排可做一份列表,A、B、社会工作者人手一份,起到规范、约束、提醒的作用。

(4) 从制定行动方案的下一周开始,A 每两周参加一次机构所开设的"亲子技巧学习小组"。第一次学习孩子在青春期的特点;第二次和第三次参加亲子工作坊,学习具体的亲子技巧,包括沟通、倾听、关爱、尊重、信任等技巧;第四次邀请 B 一起参加,检验学习成果并分享感受和体会。

三、结 案

在干预方案顺利实施后,社会工作者和案主就会面临结案的问题。这在上文中已经提到,在行动计划和协议里就应该体现结案,并在实施过程中对此有所体现和准备。结案往往意味着一段投注了很多情感和精力的专业关系的结束,对案主来说也意味着一个新阶段的开始,他(她)要在结案后的生活中,脱离社会工作者及其代表的资源的帮助,而继续成长和进步,这是一个起点也是一种挑战。这决定了结案在服务过程中的重要地位。下面将对结案的类型、结案中常见的问题以及处理技巧进行一些探讨,以帮助实习学生更好地应对和度过这一阶段。

1. 结案的类型

一般来说,结案都是计划中的或是水到渠成的事,但有时也会出现计划外的情况而意外中断或结束社会工作者和案主之间的专业关系。一般来说结案包括以下三种类型。

(1) 因目标达成而结案。

根据干预计划,社会工作者和案主经过共同努力,在计划的时间内完成了当初制定的目标,或者说基本实现了目标,而案主在这一过程中也得到了显著的改变和成长,并且经过评估,发现案主能够在离开社会工作者的专业帮助后继续成长和进步。这时,专业关系就可以按时结束。

(2) 因机构的规定而结案。

在种类繁多的社会组织中,很多机构都是提供限时服务的,如提供紧急援助服务的机构、提供医疗社会工作服务的机构、提供学校社会工作服务的机构,等等。这些机构的服务期限都有明文规定,社会工作者和案主都必须遵守。在这种机构中服务时,社会工作者应对这些规定有明确的认识,还应不时提醒案主,让案主对此有所准备,并在制订计划的时候把这一因素考虑进去。如果在实施过程中未能完全按照计划实现目标,在关系结束的时候案主的问题还未得到解决,社会工作者就应予以转介。

(3) 因社会工作者而结案。

由于社会工作者离开该服务机构而产生结案是非常常见的,尤其是对于实习学生来说,在实习期结束时,自己与案主的专业关系还未终结,如何应对和处理这一问题是每个实习学生都需要面对和考虑的。

从职业伦理上来说,社会工作者因各种原因而需要离开服务机构时,必须遵循继续完成服务的伦理道德。不过对于实习学生来说,这一点很难做到,所以需要提前对此准备预案。首先在制订实习计划时要根据自己的实习时间来安排各项工作;其次在制订个案行动计划时要把自己剩余的实习时间计划在内;最后在实施过程中要严格把控服务进程,即使实在没有办法在计划时间内结束服务,也要准备相关备选方案,如找好接替的社会工作者,并在取得案主同意的情况下尽早地安排其介入。总之,需要尽可能地降低由于社会工作者的原因而给案主带来的负面影响。

在这一过程中,案主可能会有较为强烈的情绪反应,社会工作者应对此有心理准备,而且对案主的情绪应予以宽容和理解,并尽可能地帮助其梳理和宣泄。

2. 结案中常见的问题

社会工作者很多时候是以一个专家和权威,或是亲密朋友、重要他人等角色呈现在案主心目中的。虽然职业伦理规定要避免诸如此类的情况,但社会工作者的专业性和案主的求助者角色决定了两者的专业关系中会不可避免地掺杂案主的依赖、喜好等诸多情感。而结案的到来,对大部分案主来说都会造成情感上一定程度的伤害,进而在外表流露出一些负面情绪。这是正常现象,但需要社会工作者耐心地观察和处理,甚至在一些社会工作者身上也会出现一些结案的负面反应,社会工作者对此要高度警惕并适时寻求帮助。

(1) 案主的问题。

案主和社会工作者在服务过程中通常都建立起了良好的关系,在结案临近时案主会表现出众多负面情绪,如悲伤、失落、矛盾、愤怒、痛苦、拒绝等,进而极为抗拒结案这一事实。对此他们会有一些实际的行动,比如过分地依赖社会工作者,并且拒绝进一步成长和改变。有些案主认为只要自己还没有达到理想的状态,或者没达到既定的状态,就可以继续跟社会工作者保持现状,所以就会拒绝成长和进步,之前改掉的一些坏毛病或者已经解决的问题都会重新呈现,甚至出现一些之前不曾有过的新问题。社会工作者对这些都要保持一定的敏感性,并及时提醒案主,及时处理。

(2) 社会工作者的问题。

社会工作者作为一个个体,虽然受到职业伦理的约束,但在很多时候也很难控制内心情感的一些变化。面对结案以及案主外露的情绪,社会工作者也可能会产生失望、负疚、不舍等情绪,尤其是对因时间有限而不得不中途离开或中止专业关系的实习学生来说,常常会对案主产生负疚感,甚至罪恶感。这时,实习学生可以适度地自我坦露,跟案主分享自己的情感,双方共同面对并支撑走过这一阶段,如果觉得还是未能恰当处理这种情绪,实习学生应及时向督导员或指导老师寻求帮助。

3. 结案的处理技巧

我们常说社会工作是一门技术也是一门艺术,它的艺术性和技术性在每个工作环节中都有所体现。学习和掌握这些技术,有利于社会工作者顺利地处理服务中碰到的各种问题,进而走向成功。下面跟各位在实习岗位上的准社会工作者探讨处理结案时的一些技巧。

(1) 回顾。

在已经提醒案主结案的前提下,在临近结案的会面过程中,社会工作者可以和案主一起对前期的服务过程进行回顾,比如彼此认为重要的事件、案主逐步的改变、共同做过的一些努力,等等。这样一种回顾,可以帮助案主疏理情绪,也可以帮助其建立信心,而回顾过程中的分析和反省有助于提升案主的能力,并在其后续的成长中发挥作用。

(2) 评价。

除了对过程进行回顾,社会工作者还可以和案主一起对已取得的成果和已实现的目标进行评价,在社会工作者认为已完成既定目标的情况下,也许案主会有一些新的想法或不同的见解,社会工作者需要对案主予以尽可能多的肯定和赞赏,对其想法要进行分析和引导,双方要努力寻求案主下一步前进的方向和要达成的目标。

(3) 分享。

结案在服务过程中是一个非常重要的阶段,每个案主因个体差异会有不同的感受,社会工作者需要留出一定的时间让案主对这一过程进行消化接受,并给予表达感受的机会。这时候分享就很重要,对社会工作者和案主来说都是如此。坦诚地表达彼此的即时情感可能有助于相互支持,克服负面情绪和影响。

(4) 总结。

在结案临近的时候,社会工作者需要对结案所做的一切准备和努力做一个总结,如对过程的回顾、对结果的评价、彼此的分享等,并对自己在服务过程中的一些问题进行反思,对案主的状况进行总结和评估,最后请督导员进行审阅。这一过程对实习社会工作者来说尤为重要,是学习、总结、改进、反思的重要步骤,实习学生应予以一定的重视。

四、评　价

评价是一个贯穿社会工作服务始终的概念,在接案前后、服务过程中、结案时、服务项目结束后都有可能涉及评价,即评估。在本节内容中,主要介绍的是对服务结果的评价。

在社会工作中,评价一般基于两个目的:一个是研究,它不但关注服务目标是否达成,还关注这个目标是否是由计划的方法达到的;另一个则是纯粹的结果评价,只关注服务目标是否达成。研究可以检验相关的技术和方法是否有效,也有利于促进专业知识的发展,结果评价则有利于促进日常服务的改进和发展。对于实习学生来说,出于不同的实习目的和今后的专业发展途径,两种方法都需要掌握,但从日常实践的需要来说,结果评价是必需而有效的。下面将从内涵、目的、方法、作用等方面对结果评价进行介绍。

1. 评价的内涵和目的

评价是指运用一定的研究方法对社会工作服务的过程和效果进行考察,检验预期的服务目标是否达成,服务是否有效。其目的一般是为研究和实践服务。从研究角度来说,评价可以验证理论和方法的有效性;从实践角度来说,评价可以累积经验、改善技巧、提升服务水平,也有利于社会工作者自身能力的提高和发展。

2. 评价的方法

评价的方法一般分为质性和定量两种,这两种方法各有优劣,在实践中应以简单、实用为原则进行选择。本节中将对观察法和自我固定评估量表两种方法进行介绍。

观察法即直接观察,是较为典型而实用的质性方法。根据研究目的,社会工作者可用自己的感官或相关的摄录工具或某些量表对服务对象进行观察,并进行记录。观察的对象一般是服务对象的行为、动作、习惯、语言、表情等,在对观察结果进行分析时,可以对其行为、习惯、心理等规律进行总结。

在实务中,许多服务目标是使案主的行为发生改变,如减少喝酒的次数,减少说脏话的次数,减少偷窃的次数,增加与人打球的次数,增加与父母交流的时间,等等。这些行为的改变都是可视的并可以记录与分析的,结果直接而客观。除了这些直接的结果以外,服务对象的一些其他行为有时也可推测出其行为的改变,如其增加了与人打球的次数,从而使得他的自信心和与人交流的能力增强了,这些会在其他活动中表现出来。这些改变是加入了社会工作者的主观意识的,所以在评价时应慎重。

在使用观察法时,社会工作者应做一些准备和训练,如要根据服务目标,确定观察的对象,并对记录、计算等方法进行选择和设计,要事先设计好观察提纲或计划。此外,观察法作为一种专业方法,是需要学习和培训的,实习学生应在学习时对此予以一定的训练,养成观察的习惯,学习观察的方法。

自我固定评估量表是测量内在状态的一种常用的方法,如碰到一些不能用观察法得到的状态和数据时,使用这一方法较为有效。量表跟日常使用的标准化量表一样,只是其中的题目需要社会工作者和案主共同设定。

如在确立服务目标时,其中一个是"能够较好地控制自己的情绪,不乱发脾气",双方需要制定一个测量案主无法控制情绪时的感受的量表。那么第一步要做的就是为这个量表确定一个最低点,这个可以靠引导案主回忆来评定,如:情绪最糟糕、怒气最重是什么时候?当时是因为什么而引发了怒气?当时自己的想法和行为是什么?当时周围有什么人在,他们的表现是怎样的?把这些问题的回答记录下来就可以作为这个量表的最低点,其他情形则依次往上加分。

这个量表制定以后,社会工作者可以在服务过程中于不同的场景和时间段中让案主填写,经过一段时间后来考量案主的行为是否改变,目标是否达成。目标一旦达成,双方就应该根据下一个目标制定新的量表。自我固定评估量表是依靠主观感觉来测定内在状态的,是一种很感性的操作方法,对于研究来说可能缺少坚实的理论基础和方法论基础,但对于结果评估来说它往往又是切实有效的,所以实习学生应根据实际情况来选择使用。

3. 评价的作用

评价是为了研究和促进实务发展的目的而开展的,而在实际操作和运用过程中,其对各方面产生的作用也是显而易见的。

首先从服务过程本身来说,它可以促进服务的有效性和规范性,对服务的方法、进度、方向都起到一个监督的作用。

其次从专业发展来说,通过评价可以促进社会工作者的反思和案主的学习与成长,社会工作者可以总结成功与失败的经验,提升工作能力并改进服务方法,而案主可以在评价的过程中学习专业的方法和思维,巩固自身的改变和成长。

最后从社会责任的角度来说,评价可以对服务对象、社会都有一个交代。通过评价,可以向上述对象展示服务的方法、绩效、资源的配置等,接受公众的监督是社会工作者的责任。

第二节 实习的服务技能

社会工作是一门专业性很强的强调技能的学科,在上一节中,我们对实习的服务过程进行了介绍,可以看到,无论是在评估、干预、结案还是在评价中,处处都体现出社会工作的专业性和技能性。服务的顺利开展,不仅要遵循专业的流程,更需要专业技能的支持,所以在本节中将对在实务过程中经常使用的并有助于实习学生顺利开展工作的服务技能进行介绍,主要包括建立关系、影响技巧、讨论、活动策划等服务技能。

一、建立关系

关系之于社会工作者,就如手术刀之于医生,锄头之于农民,是必不可少的一样工具。不同的是,它是无形的,看不见也摸不着的,却是社会工作者开展服务的基础,服务能否顺利开展,质量如何,与关系建立的好坏有莫大的关联。实习学生作为未来的准社会工作者,首要掌握的技能就是建立关系技能,熟练掌握该项技能,将会为今后的社会工作者职业生涯打下良好基础。建立关系需要遵循一些基本的原则,并且要涉及人际交往的诸多方面,但首要的是对自身进行一个自我探索,对实习学生来说尤其如此。

1. 自我探索

社会工作服务的提供是社会工作者与服务对象之间的一个互动过程。作为两个完全不同的个体,必然会在价值观、人生观、对人对事的态度和判断等各个方面存在差异。这些差异是客观存在的,双方都必须努力接受,但在深入交流的过程中,某些差异可能会带来极大的阻碍,甚至迫使服务中断。所以社会工作者在开展服务前需对自我进行一个探索,对自我有了一个相对全面且深入的了解后,才可以在服务过程中避免一些因价值观、人生观等不同而产生的重大冲突。

在自我探索中,很重要的一部分内容是自我认识,它包括自身对价值观、人生观、性格、优缺点、外貌等各个方面的认识和感受。自我认识是一个长期发展的过程,会随着人的成长而不断改变,运用一些方法和练习可以增强并加深自我认识。

实习学生在做实习准备时可以对自我认识所包含的内容进行一次详细的罗列,尤其是价值观、性格、优缺点等。这些罗列可以让实习学生对自己有个全面的认识和准备,在碰到相关冲突的时候能够更好地处理。

如实习学生判断自己的性格是内向的,善静不好动,擅长一对一沟通,组织活动的能力较为欠缺,那么在实习过程中,在设计活动方式时就要扬长避短,尽可能发挥自身所长,以提高服务功效。另外价值观方面也尤其需要关注,它包含着人的最高信念和道德底线,有时是不可碰触的,或者是不可改变的,那么如果在这方面产生了冲突,实习学生则要谨慎对待,积极寻求帮助,努力调整心态,时刻提醒自己遵循接纳原则。

对自己有了全面的认识后,还要学会正确而正面地评价自我。正确而积极的自我评价有利于增强实习学生的自信心,也有利于实习学生在服务提供过程中保持一个良好而积极的心态,能够更好地从正面影响案主。

2. 保持关系的专业性

在进行自我探索后,实习学生还要对关系的专业性保持一种敏感度。中国社会受传统的影响有着典型的中国式的关系文化,这种关系文化跟西方契约式、理性化的关系文化有着很大的区别,这种关系文化是差序格局式的讲究人情面子的关系文化,而且经过数千年的发展早已渗透在人们的日常生活和观念中。从文化本质上来说,专业关系和中国人惯用的关系是相冲突的,是不共融的。所以在保持关系的专业性上,中国社会工作者需要投入更多的精力并时刻保持敏感和警惕性。

实习学生在服务提供过程中要严格遵循专业原则和伦理,要对自身有一个清楚和准确的定位,这样才能使专业关系稳定且发挥作用。

首先,无论服务对象是谁,实习学生都要明确地告知对方自己的实习社会工作者的身份,并且把自己的职责范围和能力范围都以书面的形式告知对方,这样能够避免案主对社会工作者产生过高的或不切实际的期望。

其次,实习学生要保持与案主之间的情感距离,警惕专业关系之外的人际关系的衍生和发展。实习学生作为一个职业新手,往往都能以最亲切温柔的态度来对待案主,并期望以此获得案主的信任和友善。这种急切的心情可以理解,但往往也会使一些案主产生误会,会对社会工作者抱以专业关系之外的期待和希望,这样容易使双方都陷入困扰之中,因为期望与现实之间常常会有差距。此外,如果专业关系之外的人际关系过于密切,会使双方在结案时带来困难,有时甚至可能破坏之前取得的成效。

3. 人际交往的相关技巧

建立人与人之间的关系,跟当时当地以及周边环境有关,但普遍来说,更多的会涉及说和听的技巧,这些技能如果运用得当,将会在短时间内使人与人之间熟悉并相互信任,反之则可能带来很多负面的影响。根据关系建立的影响因素,实习学生要掌握下述三个方面的技巧,这样才能在服务过程中得心应手。

首先从环境来说,一般机构准备的会谈场所都是经过精心设计的,会是一个温馨舒适的房间。如果条件不允许,则实习学生要尽可能地选择相对安静的适合会谈的场所,要避免在人来人往的场所进行会谈,这会妨碍双方的投入和坦露。此外,实习学生要对自己的衣着进行适当搭配:一方面要体现专业性,要与实习社会工作者的身份相符,即不能太简单随便,尤其是在面对比自己年龄大的案主时更是如此;另一方面要体现亲和力,奇装异服或过分正式的服装都可能使案主对实习社会工作者产生疏离感,简洁、大方的衣着应该是实习社会工作者的首选。

其次是说的技巧。说关系到语言问题,语言又包括肢体语言和口语。肢体语言要自然大方,体现一种开放式的接纳性和温暖真诚的亲和力,对于实习学生来说尤其需要表现得自信大方,否则容易使案主产生不信任感,或者加重对方的拘谨和疏离。在交谈过程中,适当地运用手势,将会对沟通产生非常积极的作用,此外,目光语言在交谈中有时能起到决定性的作用,实习学生要格外注意练习和使用。在口语方面,则更多地注意语音、语调、语速和词汇的恰当运用。在一般的案主面前,不要过多地使用专业术语,也不要轻易地使用带有批判性的词语对案主的状况进行评价。

最后是听的技巧。听不但表现在表面是否专注上,也表现在理解的程度和反馈上。要达到理想的状态,听说的技巧必须联合使用。在交谈过程中,社会工作者要积极倾听,并使用口语和肢体语言,如适时的点头、微笑,积极的询问,以及眼神的鼓励和肯定,让案主感受到其专注与理解。听的过程中,更为重要的是要运用同理心等技巧积极地对案主进行反馈,使话题或沟通能够更深入和专业。

二、影 响 技 巧

我们常说社会工作是一门以生命影响生命的艺术,这既源于它的理念,也源于它的技巧,而在技巧中,影响技巧是最能佐证这一说法的。因为社会工作者的服务是一个人际沟通与互动的过程,期间必然存在着相互的影响,而社会工作者作为服务当中相对的优势者,其对案主的影响也相应较多、程度较深。所以,有意识地掌握和运用一些行之有效的影响技巧,将在实务中对服务成效起到关键性作用。

影响技巧的运用跟运用对象和运用时间有关,所以该项技巧的运用要建立在一定的关系上,而且不同的阶段随着关系深浅的不同而不同,运用的影响技巧也应该有所选择,如自我表露、概括、教育、表达、倡导、提供信息、整合资源、面质等。但是从实习学生的角度来说,较为适用的方法包括自我表露、概括、表达、提供信息等。

1. 自我表露

在社会工作者与案主互动的过程中,某些时候会要求社会工作者适当地袒露自己的一些经历、观念、感受等,以便回应案主的一些问题或对案主产生一些积极的影响和启发。这就是一种自我表露技巧,但其使用却有较高的时间要求和技术要求。

首先,从时间上来说,一定要在社会工作者与案主之间建立了较为良好的专业关系之后。而且社会工作者要确信这种表露在这个时间点做出是较为恰当的,能促进案主解决类似的问题,而不是为了表露而表露,也要确信这种表露不会引起案主的反感而起到相反的作用。

其次,从技术层面来说,社会工作者要确信其表达的信息准确、诚实且是对方所需要的,而且社会工作者要把握好这种表露的深度和广度,过多、过深、过杂的表露可能都会适得其反。

总之,无论是内容上还是时间上都要适可而止。对实习学生来说,这个度的把握尤其重要,不能因谈得兴起就忘乎所以,将表露的初衷抛之脑后,要时刻清醒地把握住谈话的方向和节奏,以期让所运用的技巧发挥最大的效用。

2. 概括

概括是一个分析、综合、总结的过程和步骤,它一般在会谈前后或话题转换之间进行。如要结束一个话题了,社会工作者可针对案主的问题进行一个概括性的描述,这个描述可以总结案主当前的状态、想法,也可概括其之前的感受。这个描述能起到一个让案主回顾、总结之前经历的作用,社会工作者也可以用以检验其判断和理解是否准确,因为如有异议,案主一般会及时提出并纠正。

掌握概括的技巧需要社会工作者对案主会谈中的表达有一个较为详尽的记录和了解,并且能从其诸多话语中分析总结出前后的变化,然后在适当的时候提出,以达到转换前后话题的目的。实习学生如想运用这一技巧,在各次会谈中就要做好记录的工作,而且在每次会谈结束后都要进行一次梳理和总结。

3. 表达

表达是一种即时回馈案主问题和感情的技巧,它可以回馈社会工作者即时的情感,也可以回馈社会工作者对待某一事物和人物的态度、看法以及观点,往往能起到回应案主和使案主产生共鸣的作用,但在使用的时候要注意遵循以下一些原则。

首先是表达不同于反应。反应是社会工作者对案主所陈述的内容的直接反应,即时反馈的是跟案主同样的内容,而表达是表露社会工作者自身的看法和感受,可以跟案主有关,也可以跟案主无关。

其次,社会工作者在表达时要尊重案主的感受,尽量运用同理心去了解案主的内心想法,然后用合适的话语表达自己的看法和情感,即使对案主的一些观点无法认同,也要尽量缓和而不伤害其感情。

最后,对于自己的表达,社会工作者要尽量保持价值中立,不出现明显的价值倾向。因为社会工作者的观点或抉择并一定是最正确的,但在某些时候其对案主的影响是巨大的,所以要非常谨慎。另外,社会工作者要尊重案主的选择,其表达要有利于案主的改变和发展,而不是满足自身表达的欲望和情感的宣泄。

4. 提供信息

提供信息是指在有需要的时候为案主提供准确、翔实的信息,帮助其作出抉择或解决问题。信息的提供对于实习学生来说需要掌握一些技巧,也要做好充分的准备。

首先,要对提供信息和提供建议加以区别。提供信息是一种客观的作为,只是针对案主的问题,为案主补充相关的信息,而真正作出抉择的是案主自身,即充分尊重案主自决的权利和能力。提供建议则是一种主观、强势的作为,是针对案主的问题提出一种解决的途径和方法让案主去执行,这往往会强化社会工作者的强势角色,也会让案主对社会工作者产生过高的期待,要慎用。

其次,实习学生在会谈前如要使用这一技巧,对相关的政策、法律等方面的知识要做好准备,而且要扮演好一个引导者的角色。如面对一个准备离婚的准妈妈,社会工作者要对其提供详尽的法律、医学等方面的知识,并引导案主去考虑什么是其当下最合理的判断和最优的选择。

以上四种方法只是影响技巧当中很小的一部分内容,实习学生在实际操作过程中,可以根据需要和自身掌握的情况,选择更多更优的方法,如教育、面质等。但这些对专业关系的牢固程度和社会工作者本身的资质、人格魅力要求较高,考虑到实习学生实习时间较短、与案主关系不够深入等原因,在选择方法的时候要多加斟酌。

三、讨 论

当社会工作者和服务对象建立初步关系后,双方会就服务的方式、内容、时间等方面展开充分的讨论,这一方面体现了对案主的尊重,另一方面也是对案主能力的培养,是助人自助理念的体现,所以讨论的技巧显得至关重要。作为信息传递的过程,讨论可能发生在两者之间,也可能发生在多人身上,即微观或宏观层面。因前面已较多地介绍了实习社会工作者与案主之间交流互动的技巧,所以此处将着重对多人之间开展讨论的技巧进行介绍,即实习学生如何在小组中成功地引导讨论。

在小组中展开讨论,其目的一般是针对某个问题或某种现象进行广泛的探讨,集思广益,最终得出一个大家认可的解决方案,或达成某种一致的观点,并且通过这一过程,增强小组成员间的交流和信任,增强小组的凝聚力,促进成员的改变和成长。但是受到讨论主题、小组发展阶段、成员关系、成员兴趣和性格等诸多因素的限制或影响,有时候小组讨论会遇到很多问题和瓶颈,有时可能流于表面无法深入,有时可能断断续续偏离主题,有时可能出现沉默冷场的现象。如何解决这些问题,成功地组织讨论,这就涉及下列讨论技巧,如提问、鼓励、角色扮演、头脑风暴等。

1. 提问

在小组讨论的各个阶段尤其是初始阶段,社会工作者一般都扮演着主导的角色,所以讨论的开始,如讨论主题的引出、小组气氛的活跃都是社会工作者的职责。很多时候,这些行为都是以提问的方式进行的,这就会涉及提问的对象、语气、方式、内容等。

从提问的对象来说,初始阶段社会工作者应针对所有人提问,这样就不会使成员有针对感,但当问题提出后没有回应时,社会工作者也可以通过有意识的选择来指定某一成员回答。但这个选择要有根据,一般选择有意愿回答,但比较内向或不愿带头的成员。这些成员可以通过观察分析他们的语言和非语言沟通方式来发现。

从提问的语气来说,需要根据讨论的主题和小组讨论所处的阶段来决定,一般以平和、亲切、鼓励的语气为主,避免过多地带出个人的情绪和喜好。

从提问的方式和内容来说,一般分为封闭式提问和开放式提问。封闭式提问多用于信息的收集或对于社会工作者较为肯定的事项进行强调,它的回答一般是简单的肯定与否定或是某一固定的信息,无法深入和互动。所以,在提问时社会工作者应多采用开放式提问方式。例如:你当时是怎样想的?能描述一下此刻的心情吗?刚才每个人都对此表达了自己的观点,谁能总结一下?这种提问方式,有利于成员深层次、全方位地展开话题,也有利于成员之间、成员与社会工作者之间进行互动交流,更有利于社会工作者获得详尽的信息。

2. 鼓励

在小组讨论中,有时会遇到沉默现象、争执现象或回避和退缩现象,这个时候,社会工作者的鼓励对成员来说至关重要,也关系到讨论能否顺利进行。

鼓励技巧的使用,可以是语言的也可以是非语言的。如当提问无人回应时,社会工作者可以用眼神鼓励有意愿的成员,而在其表述时,可以用肯定的眼神、点头、微笑、简单的回应与肯定来鼓励他(她)。在其表述完时,社会工作者应该对其表示感谢,或者顺着他(她)的观点对话题进行更深入的探讨,这也是对成员的一种鼓励。

但在运用鼓励技巧时,社会工作者也要注意一些事项,特别是鼓励要有针对性,不能笼统模糊、一概而论,即不能对所有人都用同样的方式或话语,这容易使成员产生敷衍的错觉。一般来说,鼓励要实事求是,避免夸大和缩小,最好只针对其表述的某个具体观点或某种行为,即鼓励要体现独特性。

3. 角色扮演

角色扮演一般是通过对他人的扮演,按照他人的角色要求来行事说话,亲身体验、实践他人的角色,从而促进对他人处境的了解和内心情感的感悟。在小组中,适当地运用角色扮演,可以促进大家对所涉事物或人物的了解,从而促进讨论的不断延伸和展开。

角色扮演和讨论是相辅相成、不断交错的。在扮演之前,大家可以就讨论主题的要求,对谁来扮演、布置场地、角色形象、角色情感、角色意义等方面开展讨论,社会工作者加以引导,可能就会有出人意料的收获。在角色扮演之后,大家可以就扮演者的表现、前后内心的感受、对该主题的新的理解等方面展开讨论。

角色扮演可以走出纯语言交流和讨论的圈子,引入新的方式和新的视角,也能够让组员更为深入地理解主题,达到充分讨论的目的。

4. 头脑风暴

当社会工作者与案主的关系更为深入,小组也处于较为稳定的阶段时,小组内部可能会遇到更为沉默或更为激烈争论的情况,并且双方的焦点都处于如何解决某一问题时,头脑风暴的方法可能会带来新的契机。

使用这种方法时,会要求组员对所讨论的话题有清晰的认识,而且使组员都愿意投入解决这一问题的过程中。在讨论之前,社会工作者要营造一种氛围或传达这样一种观念,即所有的组员都是平等的参与者,相互之间是足以信任的,之后的所有观点和讨论都是为了同一个目标,每一个人都应积极地畅想、建议、自由地发言,以促进彼此灵感和思想火花的迸发,这个讨论无对错高下之分。此外,社会工作者更要制定一些规则,以便讨论顺利进行,例如:限定时间,一般在半个小时之内;规定不能打断或评论别人的谈话;鼓励完善别人的观点等。

在头脑风暴进行的过程中,社会工作者应扮演好引导的角色,有观点冲突并发生争执时要及时地处理,如强调不评论、强调尊重和接纳,而在大家都沉默时,则要鼓励组员继续开动脑筋,想点子,直到讨论出一个相对完善的解决方案为止。

上述技巧只是讨论中惯常使用的几种,实习学生可以根据实际运用需要,对其他技巧也进行了解和掌握。但无论使用何种技巧,社会工作者在讨论前,都应做好讨论的准备,如主题、场地、方式等的选择,在讨论结束之前,社会工作者应做好相应的总结,以利于组员在此次讨论中都有所收获。做好这些前后的工作,讨论的技巧才能起到事半功倍的效果。

四、活动策划

在个案工作中,一般会以咨询或会谈的方式提供服务,但通常也会辅以其他类型的辅导,如小组或社区活动、拓展训练,以此来巩固咨询的成效,促进案主的改变与成长。所以,作为一项服务技能,活动策划在个案、小组、社区各个层面的服务中都起到重要作用,而且使用非常普遍,是社会工作者必须掌握的技能之一。

活动策划从其内涵上来说,是指根据一定的目标和对象,以能利用的资源为基础,制定一个有利于实现目标的行动步骤。根据对象的不同,可以把活动策划分为两类。一类是以环境为对象,即通过制订计划来达到改变环境的目的,这个环境可以是社会环境,也可以是政策环境或者人文理念环境。如社区工作中,通过活动提高居民的环保意识,改变或减少社区中的非环保行为。另一类是以人为对象,即针对案主的需求和服务目标,制订计划来达到改变和发展,在这个过程中,案主往往会参与其中,甚至成为主体。如小组工作中,为了提高组员的凝聚力,社会工作者设计一个方案让小组成员自行决定举行一次活动来提高相互之间的信任和合作。在这个方案中,社会工作者在设计的过程中要体现的就是案主的主体性。

活动策划是常用的一种技能,这对于实习学生来说既是一种挑战又是一种考验。运用得好,将能很好地体现社会工作者的能力和风格,也是自我评估的一种方式。下面将从活动策划的准备和步骤两个方面对其进行介绍。

1. 活动策划的准备

活动策划是一个系统性的工程,牵涉诸多的人、事、物,以及环境、时间和空间,要想成功策划一次活动,需要综合性的统筹,准备工作必不可少,尤其对于实习学生来说更是如此。

首先,针对服务对象。在做一个策划前,要对服务对象有所了解,包括他们的特点和需求。特点既包括这一人群的普遍性特征,又包括其特殊性特征。例如,为中学毕业后的失业青少年做活动策划,就要考虑到16～18岁青少年的普遍性特征——身心发展快速而不平衡,价值观、道德观正在形成中,自我同一性初步实现,独立意识增强,伙伴关系密切等。此外也要考虑到失业青少年的特殊性,如自卑、焦虑、迷茫等心态的普遍存在,就业技能低下等。而服务对象的需求和对象是息息相关的,和服务目标也紧密相连,实习学生只有在充分掌握和了解了服务对象的需求后才能策划活动,这是基础和根本。如果不是依据需求而来,活动就是多余而失败的。

其次,针对服务资源。活动策划必然要求各方资源,包括宏观、微观层面的人力、物力和财力的配合,成功的活动策划,肯定是充分利用各方资源而又不铺张浪费。对于实习学生来说,初到实习机构,就要对机构的资源进行了解,要对机构服务范围内的地理环境和对象有所了解,要对服务范围内的各方机构有所了解,包括政府、学校、社区、社会组织、企业、医院等。这些是可见的物质性资源,而对于成功的活动策划来说,非物质资源的运用也将起到关键性的作用,如机构跟外界的权力和关系资源,有时候这些资源决定了活动能否举行,资金能否到位,场地能否得到支持,而这非物质性资源就要求实习学生通过各种渠道来自行掌握和争取。

最后,针对活动策划本身。在了解了服务对象的需求和资源后,在设计具体活动步骤前,要根据需求和资源,寻找一个活动的理论框架,这一框架将是活动设计的方向和依据,正确地运用理论,将能保障活动策划的有效性。如在为失业青少年设计提高就业技能的小组活动时,采用认知行为理论和学习理论作为理论基础,就能在设计活动时围绕这两项理论来展开,从而避免了盲目性和随意性。

2. 活动策划的步骤

在活动策划前,做好上述三个方面的策划准备,实习学生就可以根据活动策划的步骤来设计活动了,这个步骤一般来说主要包括三个方面,需求评估、设计活动、方案评估等。

首先,需求评估。这一步跟活动策划准备中针对服务对象的准备紧密相连,是之前准备工作的细化和深化。在这一步骤里,社会工作者须对具体的活动对象予以确认。如失业青少年的小组活动,要经过各方面因素的综合考虑,在机构的所有服务对象中招募青少年来组成小组,而这些人的具体信息、特征和需要解决的问题都要在这一步里得到明确。

其次,设计活动。在这一步骤里,首先要确认活动目标,包括总体目标和具体目标,然后根据目标来设计具体的活动,包括时间、地点、内容、形式、程序、参加人员、经费预算等。活动的设计跟工作者的个人工作风格和能力、经验有关,对于实习学生来说,很多时候这些要素都是欠缺的,所以在活动设计时要广泛吸纳各方资源和意见来弥补这一不足,如多听取督导员、同事的意见,调动志愿者和服务对象的积极性,充分发挥他们的能力等。尤其是后一条,不但能完善活动设计,而且更能达到锻炼志愿者和服务对象的目的,可谓一举两得,这也是实习学生需要学习和掌握的资源利用方法。

最后,方案评估。制定好具体的活动方案后,社会工作者应制定相应的评估方案,主要用于检验活动目标是否达成、活动成效如何以及哪几方面是下次可以借鉴和需要改进的。常用的方法有利用调查问卷了解参加者的感受、收获等信息,此外还可以邀请有经验的同行作为观察者,通过全程的观察来发现问题并提出改进意见。

活动策划技能的掌握是一个长远的过程,并非一朝一夕能够实现的。实习学生应该在专业学习的过程中就有意识地培养自己这一技能,有所经历和积累后,才能充分运用这一技能。

第三节 记录与社会工作者的文化能力

在上两节中,已经概括性地介绍了实习的服务过程和服务技能,在这一节中,将对记录与社会工作者的文化能力进行单独的阐述,这是对服务过程和技能的补充。

社会工作服务是一项系统性、专业性的工作,有严格的流程和程序,在这个过程中,作为查询、备案、实施的依据,记录不可或缺。社会工作者的文化能力也是越来越被关注的一个话题,因为源于西方的社会工作在我国实施,必然涉及本土化的问题：一方面是东西方文化在社会工作者和服务对象身上的交织与冲突；另一方面是当今多元的社会充斥着各种文化和价值观，如何在多元的文化中保持对各种文化的敏感性又能坚持社会工作的核心价值观，是当今社会工作者面临的普遍挑战。

一、记 录

记录是社会工作服务过程中十分重要的一个环节，服务的各个阶段都会涉及，它是服务构成的有机组成部分。记录通常是作为回顾、查阅和参考的重要依据，记录越详尽，查阅、学习、分享就越方便。对实习学生来说，这一工作显得尤其重要。因为在实习过程中，实习学生很多时候是站在学习的角度来开展服务的，详细的记录有利于自己参照协议或计划来实施记录，也有利于督导员对实习学生的服务进行指导和评估，更有利于服务结束时的回顾和反思。

根据实习学生的特点，此处将按照服务中的记录和实习记录两部分来展开说明。

1. 服务中的记录

在服务提供过程中，记录的内容和方式非常多样，下面将按照服务前、服务中以及服务后三个阶段对要记录的内容以及可以运用的记录方式进行简单介绍。

首先是服务前，即准备期。准备期一般是收集案主资料，对案主问题进行评估以及与案主共同商讨制订服务计划并签订协议。在这个过程中，重要的记录信息包括案主的基本信息即其社会史，此外还有案主对自身问题的界定、外界对案主问题的界定、社会工作者对案主问题的界定与评估结果。而在服务计划经共同商讨决定后，计划内容与服务协议更是重中之重，因为它将是服务开展的指南和依据。这些内容的记录格式可以不拘一格，如机构已有固定模板就可以直接沿用，如果没有可以自行设计或参考使用他人的一些模板，具体的在上两节中都有所提及。

其次是服务中，即过程期。过程期一般是根据服务计划具体实施服务，在这个过程中记录的内容非常丰富，包括每次服务的服务过程，如目标的实现程度、服务过程中发现的问题、解决方式，此外，还有案主的转变和状态、家庭作业等。记录的内容过多、记录压力过大时就要对信息进行删选，一般来说，和案主密切相关、和服务目标紧密相连的事件与问题应该优先记录，记录的方式可以参考问题解决模式的步骤，此处不详细展开。

最后是服务后，即结束期。结束期一般是对之前的服务过程进行总结和评估，总结中应该包含案主的信息、问题、服务目标、服务方式、服务手段、目标达成情况、后续存在的问题及需跟进的服务以及对该次服务的反思。而评估报告中则应包括目标达成情况、案主改变和发展情况、服务方式和手段运用的情况等。这个过程中的记录对实习学生来说非常重要，是自我反思、自我学习、接受指导进行总结的关键阶段。

除了记录的内容以外，在实施过程中还涉及使用记录工具的问题。一般来说，在活动或会谈过程中，社会工作者会有简单的摘记，在结束后再及时地把记录内容补充完整，但是由于人为操作存在的一些不足，人们越来越倾向于使用技术性工具，如磁带、录音笔、录像等，尤其是实习学生如果要把服务过程作为今后学习与研究的素材，这个问题就不可避免。但它又涉及一些伦理原则，所以在使用的时候，最关键的是要明确告知案主并得到其同意，并保证除了学习、研究以外绝对保密。

2. 实习记录

对于实习学生来说，除了服务中的记录以外，还有一个学习的任务与途径就是实习本身的记录，一般来说其常用的方式有实习计划、实习时间与安排、实习日记、实习周记、实习报告等。这些记录可以包括具体的服务过程，也可以包括实习中遇到的重要事件、自身的感受和态度，以及对社会、专业发展的一些思考等。内容相对来说较为随意，形式上也不拘一格，但其意义却非常重大，尤其是对于实习学生今后的学习与工作来说，是十分宝贵的一手资料，应该予以高度重视。

在实习记录中，实习学生还应学习一定的技能并遵循一定的原则。首先是写作技巧的练习，包括逻辑、格式、语法等，写作在社会工作实务中至关重要，从实习记录开始进行一丝不苟的练习，是一种准备和铺垫，也是一种专业态度的体现。其次是在记录的时候，因为会涉及服务过程和服务对象，所以还是要坚持保密原则：一是在记录中避免能表明真实事件和身份的信息出现，二是要对实习记录予以妥善处理。

二、社会工作者的文化能力

社会工作职业可以超越不同的文化社会背景，解决人类共同问题的观点早已不再适用，现在人们普遍认为社会工作的产生有其特定的文化脉络，所以社会工作者的文化能力一直是一个热点探讨问题。之前的争论在于产生于西方的社会工作如何在不同文化背景的地方开展和运用，如何避免其种族中心主义色彩与文化殖民主义的影响，以及身受本土文化影响的社会工作者如何适应西方文化价值观的专业和技能，这是宏观层面本土化角度的探讨；而微观的讨论则集中于民族、性别、年龄、信仰、社会背景、生活环境等方面的差异。而实习学生在实务过程中更多地会碰到微观层面的差异。

针对实务过程中常见的因为文化差异引起的问题，以及实习学生通常会碰到的障碍，下面将着重介绍性别、年龄、社会背景、生活环境这四个方面的差异。此外，还将介绍社会工作者所应具备的文化能力。

1. 文化差异造成的问题与障碍

（1）性别差异。

男女的性别差异无论是在生理上还是心理上都是客观存在的，这一差异会造成两性在看待问题、处理事情和评价体系上都有所不同,从而引发理解、沟通上的一些障碍和矛盾。此外,在男性仍然占据主导地位的当今社会,女性无论是在家庭还是社会中的确都受到了诸多的不公平待遇,如受教育、就业、升迁等方面。长期以来,这些不公平已使得两性形成了一些固性思维,已形成了一些僵化的两性传统。在这些思维和传统面前,两性通常表现为要么想奋起打破桎梏,要么彻底依赖,而当社会工作者与案主的性别不同,尤其是当女性处于弱势的案主地位,而男性处于相对强势的社会工作者地位时,性别差异的负面影响就会显现。

例如,一个初中毕业后就没有继续升学,现在又处于失业状态的女性案主来寻求帮助,希望得到就业方面的援助。面对一个男性社会工作者时,她可能会觉得社会工作者无法了解她作为一名女性此时的内心痛苦,因为她碰到很多条件不如她的男性在就业时都比她顺利,而且很多招聘单位都明确指出了要招男性,使她失去了很多就业机会而大受打击。此外,她还可能把这一失望、愤怒的情绪转嫁到男性社会工作者身上,这些都将会使服务的进程和质量受到影响。

(2) 年龄差异。

年龄的差异在服务中是经常碰到的一个问题,尤其是实习学生,在进入老年人服务机构或家庭婚姻服务机构时,这一问题更加常见。年龄的差异往往带来阅历的差异、时代观念的差异,这些差异一方面使社会工作者很难设身处地地理解案主的情绪和处境,另一方面,即使社会工作者能够通过技巧和个人能力来弥补这一不足,也很难得到案主足够的认可,尤其是案主年长于工作者时。

例如,在为离婚的妈妈提供服务时,未婚未育的社会工作者相比已婚已育的工作者而言,的确存在一些不足,这不是技巧和能力的问题,而是经验阅历的原因,因为有些东西非亲身经历不可得。

(3) 社会背景差异。

社会背景的差异会在很大程度上影响一个人的喜好、行为、看待事物的态度和立场,这些差异很多时候是很难改变和调和的。例如,一个家庭出身、教养行为都非常良好的社会工作者,碰到了一个吸毒、酗酒,在社会上混黑社会的青少年,其家庭背景的影响必然会体现出来,他可能从心底里无法接受吸毒、酗酒的行为,其内心的优越感可能也会有意无意地表现出来。而从案主的角度来说,他内心可能会很怀疑这名社会工作者能否接纳与理解他。

(4) 生活环境差异。

社会工作者与案主可能来自不同的民族、省份,所以其生活环境的差异也许非常明显,如一个来自南方,另一个来自北方,或者一个来自城市,另一个来自农村。南北与城乡的环境差异是显而易见的,这个差异会带来生活方式、生活观念、语言、饮食习惯、风俗民情等各方面的不同。一个在南方城市长大的社会工作者接待一个跟随打工的父母从北方农村来到南方城市的青少年,发现他面临一个很大的适应城市环境的问题,包括学习、语言、生活习惯等各方面。在服务过程中,社会工作者可能要花很多的精力在协调二者的文化差异上,通过协调,不断加深了解后才能对服务内容、服务方式等作出合理恰当的选择。

2. 社会工作者应具备的文化能力

为了更好地应对各种文化差异造成的问题和障碍,社会工作者需要在学习的过程中掌握一些知识,以便更好地应对服务过程中的跨文化问题。

(1) 自我的知识。

对自我的认知是社会工作者必须具备的一种能力,在实习的服务技能中也已经提到须对自我有一个清晰的认识,包括价值观、性格、爱好等,而且可以通过一定的训练,增强对自我的认识。而在服务有文化差异的案主时,社会工作者更应该有针对性地对自我进行一个探索,探索自我对此类案主的接受能力。

(2) 多元的知识。

社会工作者作为一个个体,在一种文化环境中成长,其认知和视角是有特定的形式的,比较固定也带有局限性。要为有文化差异的案主提供良好的服务,社会工作者须对这一点有所认识,并训练自身具备多元的文化知识。

作为实习学生,可根据上述四个方面,即性别、年龄、社会背景、生活环境等方面进行针对性练习,并对这些因素对我们产生的影响和自身对其的感情和行为予以重视。在可能的条件下,社会工作者应尽可能适应案主的一些行为和习惯,如语言、穿着、手势、交往的习俗等。

参考文献

[1] Zastrow C H. 2005. 社会工作实务:应用与提高[M]. 7版. 晏凤鸣,译. 北京:中国人民大学出版社.

[2] Barry Cournoyer. 2008. 社会工作技巧手册[M]. 朱孔芳,杨旭,丁慧敏,译. 上海:华东理工大学出版社.

[3] Royse D,Dhooper S S, Rompf E L. 2005. 社会工作实习指导[M]. 4版. 屈勇,译. 北京:中国人民大学出版社.

[4] 朱眉华. 2003. 社会工作实务(上)[M]. 上海:上海社会科学院出版社.

[5] 朱眉华,文军. 2006. 社会工作实务手册[M]. 北京:社会科学文献出版社.

[6] 顾东辉. 2009. 社会工作评估[M]. 北京:高等教育出版社.

[7] Barker R L. 1999. The Social Work Dictionary[M]. 4th ed. Washington,DC:National Association of Social Workers.

[8] Hepworth D H,Larsen J. 1986. Direct Social Work Practice:Theory and Skills[M]. 2nd ed. Pacific Grove,CA:Brooks/Cole.

[9] Egan G. 1982. Exercises in helping skills:A training manual to accompany the skilled helper[M]. 2nd ed. Monterey,CA:Brooks/Cole.

第六章 社会工作实习评估

评估在社会工作中始终占据着重要位置,同时也是一项充满复杂性和争议性的工作,有时也容易被忽视。为了衡量社会工作实习是否达到预期目标,保障实习的科学性,以及为后续的实习提供借鉴,实习评估必不可少。本章从社会工作评估引出实习评估,主要介绍实习评估的内涵、功能、方法,并以时间为顺序,从实习前、实习中、实习后三个阶段来讨论预估、过程评估和结果评估的内容和方法。在社会工作实习评估中,我们建议遵循保密性、一致性、参与性、互动性、科学性、及时性、激励性等原则。

第一节 社会工作评估与实习评估

一、什么是社会工作评估

社会工作的专业实习是将社会工作理论与实践相结合的有效途径,也是将社会工作专业的学生从课堂的模拟练习推向实际服务的链接平台。学生在实习过程中,会面对真实的案主或情境,需要坚定社会工作的理念,掌握专业理论,充分运用方法技巧,以实现助人自助的最终目的。从某种程度上讲,社会工作专业的实习也是一项社会服务,国内一些高校也是以项目形式来运作专业实习的。

那么如何能证明我们的实习、我们的服务物有所值?评估提供了答案。社会工作评估也称为服务评估,是针对社会工作或社会服务而进行的评估,是用科学的研究方法对社会服务项目的设计、策划、实施和效果等方面进行测度、诊断和评价的活动。(顾东辉,2009)有学者将评估作为社会工作实务过程中的基础步骤,并认为评估在很大程度上决定着助人活动的最终成效,对实务工作者而言是一项必须掌握的核心技巧。社会工作评估具有持续性、双面向性、互动性、逐步深入性、知识指引性、个体性、评定性及有限性等特性。(陈钟林,吴伟东,2005)

二、社会工作评估的分类

根据评估者来划分,社会评估可分为内部评估和外部评估。内部评估是指由服务机构内部人员执行的评估,他们对服务的组织结构、服务流程较为了解,比较方便得到评估的资料,所用的时间也较短,同时有助于后续的研究和评估工作的开展。但是因为它是由内部人员开展,容易受主观因素的干扰,评估的结果可能会有所偏颇。外部评估是指由机构以外的专家或专门的评估机构执行的评估。外部评估比较容易维持评估工作的客观性，对服务机构有一定监督作用，但一般需要的周期较长，评估的费用也较高。因此，通常采用内部评估和外部评估相结合的方法，由社会工作者、机构内部人员和机构外的专家共同组成评估团队，这样可以综合内外部评估的优势。

陈锦棠等(2008)在其《香港社会服务评估与审核》一书中，引用了 Owen & Rogers 的项目评估分类，将社会工作评估分为前摄性评估、澄清性评估、互动性评估、监测性评估和影响性评估。前摄性评估一般适用于新发展的项目及项目发展的初期阶段，主要包括需求评估(needs assessment)和品牌评估(benchmarking)。澄清性评估着重关注于服务的运作及强化策划与最后成果的关系，主要是为了澄清及逐步改善服务的设计，以确保服务预期目标的实现。澄清性评估可以采用程序逻辑模式(program logic model)进行分析。互动性评估则是把重点放在评估过程中的互动，常用的方法是行动研究(action research)和充权评估(empowerment research)。监测性评估是以问责(accountability)为本，着重流程的评估方法，一般用来描述服务是如何运作的以及评估服务实现预期功能的程度。监测性评估往往采用信息管理系统(management information system)来收集数据。影响性评估，多用于已完成的项目，可以运用成本效能分析(cost-effectiveness analysis)和成本效益分析(cost-benefit analysis)。

也有的学者将评估分为累积性(summative)评估和形成性(formative)评估。(Ginsberg,2005)形成性评估主要是向各方展示服务的进展，而累积性评估主要是考察服务是否达成预定目标。

还有很多其他的分类，如可评估性评估、过程评估、结果评估、效率评估等(黄源协，2003)。而在本章中，我们采用较为简单的、以时间段划分评估的方法，即实习前的预估、实习中的过程评估和实习后的结果评估。

三、实习评估的内涵与功能

社会工作实习的评估可以借鉴社会工作评估的相关理论和方法。不过，需要注意的是，实习的评估更侧重于实习学生的学习经验和收获，目的在于协助学生获得专业上的成长，断定学生对专业的认同度，提升自我认知与自我成长，大部分学生可为日后成为真正的社会工作者做好准备。

实习评估的内容基本上由价值观、知识和技巧三方面组成。在香港城市大学社会学科部毕业实习评估报告(史柏年，侯欣，2003)中，社会工作实习评估主要包括知识(25%)（对实习机构和服务性工作的理解、对有关资源的了解、课堂知识与实际工作的结合、对服务对象的理解等），技巧(45%)（建立关系的技巧、信息收集的技巧、评估、编制计划和订立协议、活动的进行、活动的评估和终止、记录的技巧等),价值观、态度及专业发展(30%)(专业价值观、督导的使用、职业操守、工作管理、专业发展等)。

实习的评估既是向实习学生、督导员和实习机构有所交代,也是为提升实习的专业性和科学性打好基础。在实习评估中,实习学生、督导员、实习机构三方均可以作为评估者和评估对象。督导员和实习机构可对学生实习经验与实务表现作出评价,督导员和实习学生可对机构的实习安排提出建议,同时实习机构和学生也需要对督导员的能力及沟通协调有所评价。

具体而言,实习评估对实习学生可以有以下效果。(史柏年,侯欣,2003)

(1)使学生清楚达到实习目标的程度,减少模糊不清所造成的焦虑。

(2)透过有经验、有能力的督导员的考评与回馈,使学生了解自己的改变和收获,以获得继续成长的动力,同时知道存在的不足及如何改善。

(3)使学生更明确实习的焦点任务,能专注于这些任务好好表现。

(4)协助学生对自己的实习绩效作出自我评价,并可依此作为改进的依据。

(5)通过评估,学生可更进一步了解自己是否适合从事社会工作,为自己的职业规划做准备。

实习评估对督导员而言,主要有三方面的功能:第一,及时发现实习中存在的问题,使实习顺利地进行下去;第二,通过评估,了解自己在今后督导中的侧重点,为实习学生提供更有力的支持;第三,督导员与实习学生一起获得成长。实习督导的过程,其实也是督导员的一次可贵体验,有助于提升督导员的专业能力,从评估中,督导员可能会发现挑战自身的价值观、专业理念的地方,同时重新审视自我,从而获得个人成长。

评估对实习机构而言也是大有益处的。首先,从实习学生和督导员的视角,机构可以发现自身存在的问题,获得改善的建议,完善机构的制度和运作。其次,评估可以促进实习学生在机构内服务的专业能力的提高,也从一定程度上促进机构服务能力的提升。再次,机构人员参与到评估中来,增强了其对评估的认识,机构人员也可以借此审视自身的服务理念和专业手法,并在机构未来的服务中强化评估的意识。

四、实习评估采用的方法

总体而言,社会工作专业实习评估可以采用定性研究、定量研究或是两者相结合的方法。定量研究与定性研究是社会科学研究的两个基本方法。定量研究是以实证主义为其方法论基础,侧重于对事物的测量和计算。研究者将观察值转化为数字和统计值,并以图表、频数分布、推断性的统计检验等形式呈现,用以描述过程、检验结果。定量研究所运用的具体技术包括问卷、概率抽样、统计分析等,其中样本的规模和代表性是影响研究结果的重要因素。定性研究是以人文主义为方法论基础,侧重于对事物的含义、特征、隐喻、象征等的描述和理解,一般以书面的形式来证明和描述现象。定性研究的具体技术体现在观察、深入访谈、焦点小组、文献分析(不含统计资料分析)等具体的方法中。具体的实习评估方法将在下文中讨论。

第二节 实习前的预估

在社会工作服务中,要先了解各利益相关方的特点、需求及对服务的期望,从而使服务可以顺利地开展。

实习前的预估是指实习开始实施之前进行的评估也称前评估或事前评估,此类评估侧重于对实习的可行性进行分析评估,评估结果一方面可以作为实习是否实施的依据,另一方面可以成为基准线,在实习完成后进行前后对比。

一、实习前预估的内容

实习的预估阶段,主要应完成以下任务。

1. 评估机构是否适合接纳社会工作实习学生

并不是所有的社会服务机构都可以成为实习机构。有人会疑惑,政府部门、非政府组织、学校、医院、社区、企业……到底该把学生们放在哪个机构实习最好?也有人会觉得,只要和社会工作沾边的工作内容都可以,但我们发现,实习的效果并不理想,甚至会偏离专业实习最本质的初衷,学生们也怨声载道。如何避免这些情况的发生呢?在实习前,一定要评估机构是否适合接纳社会工作实习学生。实习主任或督导员要事先了解三方面的内容:该机构与社会工作专业的关联度,对社会工作专业的认可度,机构的意愿。

第一,机构与社会工作专业的关联度是很难衡量的。比如我国有的公司设立了社会工作部,详细了解后,发现其主要是从事外联实务,是公司面向社会的窗口。再如学校的德育处,表面上看与学校社会工作的理念有不同,但是,两者最终都是为了实现学校教育功能的最大化,达到育人的目的。理念可以沟通,方式方法也可以互相学习。从这一意义上,我们认为学校的德育处可能比公司的社会工作部更适宜学生的实习。

第二,对社会工作专业的认可度主要可以从机构的主管处了解。简单地说,如果一个机构的主管越了解社会工作的概念,明确社会工作的职能,那么该机构成为合格实习基地的可能性就越大。反之,如果有的机构人员并不了解社会工作,也不认可社会工作的工作理念,可能会导致学生在机构内得不到充分的实践机会,影响学生对专业的热情。

第三,如果一个机构与社会工作专业的关联紧密,专业认可度很高,那么接下来就要看该机构是否愿意接纳社会工作专业的实习学生了。一般来说,实习学生进入机构可以分担机构员工的工作负担,为机构注入新鲜的血液,带来活力和新的思想。但是,从另一个角度看,实习学生进入机构,也会给机构带来一定的负担,比如机构要安排实习学生在实习期内完成一定的工作量,提供专业实践的机会,安排专人负责指导学生的工作,提供实习工作的场地,等等。而且,如果一些服务在实习期内开展了,实习结束后,这些工作是否要持续,由谁来接替等,都会成为机构的困扰。因此,机构的意愿很重要,机构乐于接纳是对实习学生的莫大鼓励。

学校实习主任和实习指导老师也要考虑费用的问题。有一些机构会要求学校支付学生的实习安排费用或督导员的劳务费等,而另一些机构则可能会给实习学生较优厚的待遇。

另外,还要特别注意的是,如果一些机构提供的服务比较敏感或会涉及学生的人身安全问题,则必须要斟酌取舍。

2. 评估学生是否适合去某个机构实习

一些机构会提出要求,挑选实习学生。比如有的机构有涉外的服务项目,要求英文好的学生去实习;也有的机构会要求有文艺特长的学生,便于组织带领一些文娱活动。学生也会根据自己感兴趣或擅长的专业领域挑选实习机构。例如,有的学生专注于养老服务,倾向于去老人院或福利院;有的学生喜欢与儿童、青少年相关的服务,希望去学校或青少年服务中心;有的学生长期做以残疾人为案主的社会实践工作,希望再通过实习能在残疾人服务方面有所提升。学校实习主任或实习指导老师要综合考虑机构的要求和学生的诉求,尽量找到两者的平衡点,避免不愉快发生。

3. 评估学生实习前的状态

实习前,要了解学生是否充分准备好参与实习。可做简单的量表或问卷,获得初步的数据,成为后期评估的参考。

二、实习前预估的方法

1. 收集机构的资料

在实习前,学校实习主任或实习指导老师要对机构有充分的了解,比如机构的一般情况、使命、行政架构、运作方式、资金来源、机构负责人等。可通过网络搜索、浏览机构的网站、与机构人员交流、查找机构的出版物或宣传品等途径来了解。

2. 探访机构

在对机构的资料有了初步了解之后,实地探访非常必要,这样才能亲身感受机构的氛围、文化,接触机构的员工。

3. 与机构的主管深入交谈

机构的主管可以是机构的主要负责人、总干事、分管领导、服务总监等。通过双向的沟通,可以进一步了解机构的需求,同时,学校实习主任或实习指导老师也需要向机构主管介绍社会工作,说明实习的目标、安排、要求等。

4. 召开学生的实习动员会

动员会不仅是为了激发学生的实习热情,说明实习的安排,而且也是为了了解学生的实习倾向,将学生与实习机构"配对"。

5. 与学生座谈

将在同一个机构的实习学生组织起来座谈,督导员与所带的实习学生见面,建立实习的团队。在座谈会上,督导员要与学生一起探讨评估的标准、评估的资料来源、评估的安排等。在实习前告知学生评估的事项,有助于缓解学生对评估的焦虑,使学生对评估的进程及标准也更有把握。

6. 与个别学生面谈

个别学生可能会对实习安排不满,有抵触情绪。通过个别面谈可以舒缓其情绪,了解不满的原因,考虑如何处理,并做好记录,以此作为评估的资料。

7. 采用量表或问卷收集初步的数据

调查的内容包括学生对专业的认可度、对专业技巧的掌握程度、对实习的期望等。在实习结束后可做同样的调查,了解学生的改变。

第三节　实习中的过程评估

过程评估,又称形成性评估或执行评估,是指在服务提供过程中开展的一种评估活动,它贯穿于从服务策划到服务执行和结束的整个服务过程。过程评估通过对服务活动过程及形式的评估,了解服务是如何进行的,服务活动是否实现了预期的目标,服务手法对目标的完成是否具有效能与效率,从而发现服务过程的优点和缺点,以便制定解决问题的策略,帮助服务提供者和项目执行者复制计划或修订计划。(顾东辉,2009)开展过程评估,可以让人们对社会服务的过程有更清楚的了解,及时发现服务过程中的问题,有助于对服务计划进行改善,论证服务机构或服务提供者的公信度,证明服务效率和管理能力,整合资源,调整服务的发展方向和优点领域,以确保目标的最终实现,使服务得到更好的推广。

实习的过程评估,是指从实习开始到结束前的阶段中进行的所有评估。其目的是检查实习的设计和预估的质量,评估实施过程中的重大变更及其影响,诊断实习过程中的困难、问题以寻求对策与出路;其核心点在于通过评估反映实习过程和方法是否与初期既定的目标保持一致,是否有助于项目既定实习目标的实现。

一、实习中过程评估的内容

过程评估包括如下内容。

1. 对实习学生的评估
(1) 实习学生对机构的认识是否全面。
(2) 实习学生对服务对象的需求评估是否具有科学性。
(3) 实习合同或契约是否全面。
(4) 实习服务方案的设计是否合理。
(5) 实习方案的设计是否与服务对象的需求一致。
(6) 实习方案是否按计划执行。
(7) 实习过程中遇到哪些挑战,如何克服。
(8) 实习服务中的亮点在哪里。
(9) 实习过程的连贯性如何。
(10) 实习过程中有无创新性,如何体现。
(11) 实习中有哪些资源,实习学生是如何整合的。
(12) 实习过程中,服务对象是否有参与。如果有,是如何参与的。
(13) 服务对象与实习学生的互动如何。
(14) 实习学生与机构的互动如何。
(15) 实习学生与督导员的互动如何。

2. 对实习机构的评估
(1) 机构是否帮助实习学生熟悉机构环境。
(2) 机构是否督促学生遵守机构工作的相关规定和原则。
(3) 机构是否指导学生按照实习计划实现实习目标,如何指导。
(4) 机构是否提供了专业实习的机会。
(5) 机构与学校实习指导老师的联系如何。

3. 对督导员的评估
(1) 实习的组织工作如何开展。
(2) 实习的管理工作如何开展。
(3) 是否定期召开小组督导。
(4) 实习中有无突发事件,是如何处理的。

(5) 实习中探访机构几次,每次探访的主要工作内容。
(6) 与机构的联系如何。
(7) 督导员自身的专业能力是否能满足社会工作专业实习督导员的要求。

以上要点可能并不全面,有的方面也可能在某项实习过程中没有涉及,评估者可根据实际情况灵活采用。

二、实习中过程评估的方法

过程评估的方法有很多种,范志海、阎更法(2004)列出了以下三种过程评估的方法。

(1) 交代复核。

交代复核是指运用方案统计,以确定何种类别的服务为谁提供,受益的人有多少。分析的结果应是一份描述性的报告。

(2) 行政复核。

行政复核是指对机构活动与目标、政策或标准作一比较。评估者通过分析有关服务结构和资料,确定服务方案达成期望的程度。

(3) 时间与动作研究。

时间与动作研究是指审查有关服务提供者、支援性工作人员和行政管理者的活动,尤其是员工投入特别方案活动的工作量。

对于实习中的过程评估,交代复核、行政复核、时间与动作研究都可以运用,不过要明确评估的主体,是实习学生、机构还是督导员。我们再推荐一些其他的方法,具体如下。

1. 评估实习日志、周记

实习的日志、周记很重要。建议采用日志的方式,并每周做一次总结。

日志可以帮助实习学生对一天的服务有所梳理,可作为对其他资料的一个补充。即时记录、不断完善是必要的,因为有些细节或要点可能会随时间的流逝而被遗忘。其实撰写日志、周记的过程也是实习学生自我评估的过程。

日志,主要是对当天实习内容的记述,也包括实习学生对机构工作的观察、记录及思考。周记,便于总结一周的工作,并对本周最深刻的经历进行反思,也对下周的工作作出计划。评估日志和周记,可以让我们看到学生在实习过程中点点滴滴的成长。

下面是一位在心理危机干预与研究中心实习的社会工作专业学生在实习初期的日志及周记摘录。

(日志)一早,热线处的负责人王护士就对各位接线员强调了一个重复来电的个案:男,35岁,多次来电指责接线员。王护士分析来电者不满意可能是反映感受不适时,来电者最需要的是理解和心理支持,接线员可以问他有什么想法,想要什么样的帮助,有什么打算之类,不要急于给他分析问题、解决问题。同时接线员要懂得控制自己的情绪,不要因为来电者的情绪波动较大而影响了自己的理性思维。

各个接线员也针对这个个案发表了自己的看法并一同讨论应对方案。我觉得案例讨论对接线员来说很重要,针对特殊案例和重复来电进行讨论,了解了其他接线员的应对方法,也有利于提高自身的水平和应对能力,为以后接到类似个案做准备。

我还看到在每个接线间的墙壁上都贴有最近重复来电的记录,包括来电者的基本资料、咨询内容和处理原则。经讨论,大家最后确定的处理结果差不多都是积极倾听,问来电者我们能为你做什么,来电的目的是什么,并有限时,一般是10~15分钟。

同时,我还了解到对于一些骚扰电话或无理取闹的电话是可以"屏蔽"的。热线的发展的确需要有良好的技术支持。

对于一些高危案例,我们也会安排回访跟进,这是一种负责任的表现。

(周记)这周我们主要了解了危机干预热线的大致情况和接听热线的程序,明确了解了高危电话要如何处理;观察学姐接听电话,并学习如何使用危机和抑郁的量表。同时,也学习了一段录像,主要是如何分辨来访者是真正遇到"性问题"还是"性骚扰"的电话,通过播放两段录音,从来电者的语气、语调、内容等分辨,对我们学习接线还是有帮助的。另外,做了宣传资料归类整理,制作了志愿者报名的表格并录入志愿者资料,接志愿者报名的电话,搬运问卷,粘贴发票,分类统计地坛活动时各专家所接面询的内容。

这周对我触动最大的就是在与护士长讨论实习计划时,我提到没有办法接触到"病人",护士长马上就说我们的称呼要改,在中心没有这个称呼。我当时很不好意思,我这么称呼就忽略了平等与尊重,以后要多注意。

还有一件事,就是去热线部的路上路过病房,楼上铁栏里的病人和我们打招呼,问我们是不是女大学生,我们和他们招招手说是,一位病人说女大学生真好,健健康康的,让人听了觉得心里酸酸的。我觉得有些精神病患者在不发病时也被关在铁栏里,心里肯定不好受。还有,精神病患者家属也需要我们的关注,社会工作者可以在此领域大有作为⋯⋯

2. 核查服务记录

服务记录包括服务对象资料、需求评估报告、服务计划、服务过程记录、服务对象反馈、每一项服务的评估报告等。评估者可以通过抽样来了解是否每项服务都有记录,记录是否完整以及完成的方式是否遵守了记录规则。(彼得·罗西等,2002)同时,我们也要考虑服务记录的准确性和可靠性。应当注意,所有记录都会有某种程度的错误或误差,如有的记录会包含不正确或过期的信息。表6-1是某实习评估小组活动后实习学生的记录。

表 6-1　实习评估小组活动记录表

小组活动内容	价值观、内容、技巧等	学生感受观察
1. 破冰游戏。所有组员围成一个圈,领导者站在圈的中央,待站好后,领导者说:"大风吹。"组员回答:"吹什么?"领导者说:"吹所有戴眼镜的人!"所有戴眼镜的组员互换位置,不戴眼镜的组员原地不动,没有做对动作的组员将受到惩罚	在小组第一节做游戏,能够很好"破冰",迅速打破彼此之间的隔膜,迅速使小组气氛热烈起来。但是工作人员忽视了小组成员都穿了校服,彼此之间差异性小的事实,给这个游戏带来了很大困难。因此在此环节,不得不加入采访环节,比如由工作人员来问"谁喜欢打乒乓球"、"谁骑自行车来学校"、"谁喜欢学语文"、"谁对篮球感兴趣"、"谁会唱歌"、"谁会弹琴"等,由组员来回答问题,使组员有一种被关注感,很容易让组员之间相互了解	这个环节的气氛相对比较活跃,同学们对游戏比较感兴趣,在采访阶段的表现也比较积极
2. 小组简要介绍。工作人员向组员介绍小组的性质、目标、内容,让组员对其有一个初步了解		此环节出现"开小会"现象
3. 自我介绍。工作人员与组员分别进行自我介绍	由工作人员来示范"我叫××,我今年上大学四年级,我的爱好是看书、打羽毛球,我最喜欢的学科是英语,我最喜欢的电影是《阿甘正传》。"强化喜欢的事物,营造轻松的氛围	刚开始时,同学比较羞涩,说得很严肃,表达也磕磕巴巴,后来就相对顺畅很多
4. 传球游戏。第一轮:从工作人员开始,手里拿着球大声喊出自己的名字,然后传给下一个人,依次类推。第二轮:由两位组员开始,手里拿着球大声喊出其他任何一个组员的名字,然后传给其他人,依次类推。没有说出名字或说错的人接受惩罚	强化组员之间的认识,让大家迅速活跃起来	基本上气氛还是很活跃的。同学们比较羞涩,对他人关注度不够。由于来自不同班级,还不太清楚其他同学的名字

小组活动内容	价值观、内容、技巧等	学生感受观察
5.约定书。工作人员事先准备好小组规则建议。 工作人员首先提出小组内应遵守的规则建议,询问组员是否明白小组规则的内容,有无增加或删减,当所有组员都同意后,共同签署小组协议。 规则包括: (1)我会准时参加每一次小组活动; (2)对于小组中谈到的内容,我会绝对保密; (3)我会全力完成家庭作业; (4)我会积极参加小组的各项活动; (5)我会与其他组员互相帮助、互相支持; (6)我会举手发言,不指责其他组员,遵守规则	制定小组规则,相互签下约定,对大家具有一定的约束力。 在制定规则的过程中同学们比较沉默,很难开口,于是工作人员提出一系列问题引导大家,如:"你觉得其他组员在这里分享自己的秘密你能不能告诉别人呢?如何不能,为什么呢?""万一有一个组员受到了大家的嘲笑该怎么办?为什么?"	组员没什么反应,可能是不太理解小组规则的含义,或是不喜欢太多的规则约束
6.小组宣言	强化组员对小组的认同感。工作人员提出一系列问题:"你在这个宣言中读到了什么?""我们应该怎么做?""什么是不应该做的?""为什么需要一个小组宣言呢?"引导组员表达自己的看法	有几个组员仍旧比较沉默,也有的组员还在"开小会",但情况比以上环节要好一些
7.总结。带领大家分享一下此次小组的感受	工作人员吸取以上环节的教训,尽量直呼某组员实名来进行分享,让每个组员都有机会分享	此环节仍旧有同学逃避回答问题

从以上记录我们可以发现,实习学生在做记录的时候也在不断地思考、反思,吸取经验教训,并在之后的环节中有所改进。

评估者也要注意提醒实习学生保存服务资料。为避免电脑病毒的侵袭,要及时做好备份。条件允许的话,将电子版与打印版同时保存。

3. 回顾督导记录

督导记录包括小组督导记录、个别督导记录和实地督导记录。督导员与实习学生的互动,也是实习过程的投射。

以下是一份小组督导记录的摘录。

(1) 实习情况概要。

A. 制作下周讲座时用的幻灯片。

B. 帮助学校老师用刻字机刻字。

C. 帮助初一(2)班班主任制作宣传栏海报,并帮其张贴在宣传栏里。

D. 与人际交往小组组员的班主任沟通,更多地了解组员的情况,以发现更多的问题,同时也获得他们的支持。

E. 开展小组活动,我们分 A、B 两组,我带的是 A 组。每次活动之前我们都会做好充分的准备,准备道具,布置场地,预计可能遇到的困难,并找到应对的方法。当 B 组活动的时候,我们会帮助其布置活动场地。

F. 私下找不合作的组员进行沟通,了解他们的需求与想法,尽量使参加小组的每个同学都能有所收获。

G. 以前的个案的案主主动来找我们咨询。

H. 新接了两个个案,还与案主的朋友们一起进行了交流。

I. 写下周一在班主任会议上发言的稿子。

(2) 所遇到的困难。

A. 学生们的时间很紧张,基本每天中午都会考试、讲题,时间很难协调,基本每次都需要与学校协商。

B. 小组中有的孩子比较沉闷,没有信心,总是认为自己很倒霉,有意识地把自己边缘化,很难融入小组团队中,我便有意识地与其拉近距离,私下与他们聊天。

C. 许多老师把实习学生当做专业的心理学学生,让其压力很大。

D. 在实习结束的时候,个案工作需要汇报给学校校长,校长看中的是结果,但是个案工作是一个过程,而且,工作的开展需要老师与家长的配合。

(3) 督导员建议。

A. 当小组活动时间与考试时间相冲突,首先应该问孩子的意见,还要与学校商量。如果组员愿意参加小组活动,那就尽量争取机会,但是如果遇到学校的硬性规定,小组活动即使开展不了也不要强求。

B. 在举办讲座的时候,因为只有两个班在现场,其余的都在班里看多媒体,所以要多放些有意思的图片,让孩子对此感兴趣,而且要把话说得清清楚楚,以便在教室的同学能够听清。

C. 如果老师把实习学生当做专业的心理学生,那可能会增添负担,所以应该尽量解释清楚,实习学生能够做什么不能做什么,让他们了解社会工作专业。

D. 对于不自信的孩子,应该采取鼓励的方法,关心其日常生活,了解他们自卑的原因,如果有可能,可以问问学校老师的意见,可以和家长进行沟通,与孩子一起制订计划,让家长监督,因为家长对孩子的影响很大。

E. 在进行个案汇报的时候,可以解释一下,个案是个漫长的过程,各方面的资源都需要调动起来。

F. 可以在学生中开展互助小组,等实习结束后,他们还可以共同学习心理健康知识,将活动持续下去。

4. 三方座谈

常见于较为正式的实习中期评估。学校实习指导老师在实习阶段中期去机构,与机构主管、相关人员和实习学生进行座谈,了解学生的实习情况,对照实习目标,检查完成情况及进度,听取机构对实习的建议。

5. 调查

调查就是人们按照一定的研究目的,通过运用各种科学的方法和经验研究手段,有步骤地考察有关的社会现象,收集大量的、具体的社会事实,在对这些资料进行定性和定量分析的基础上,探索社会现象发生、发展、变化的规律,达到认识社会、改善社会的目的。基于此,调查在评估中的作用就显得尤为重要。当信息系统提供的资料不够完整,或评估者还需要从其他方面获取信息时,调查是主要手段。社会调查研究分为调查研究、实地研究、实验研究、文献研究等四大类。在评估中,我们可以根据实际情况选择其中一种方式或综合多种方式开展评估。

在社会调查中,首先要确定分析单位,即所要调查的对象,可以是人、群体、组织或社区。当目标群体的规模很大时,可以进行抽样调查,与全面调查相比,抽样调查更经济、更有效率。比如评估者可以选择不同层面的服务对象,通过概率抽样或非概率抽样,从样本中获取服务的大致情况及效果。

测量是调查中常用的手段,即根据一定的法则,将某种物体或现象所具有的属性或特征用数字或符号表示出来的过程。在过程评估中,社会工作者可采用表6-2(Cournoyer,2008)等量表来进行测量,从而得到可靠的服务过程中技巧运用的信息。

表6-2 社会工作技巧自我评估问卷

本问卷旨在指导我们对自我的专业技巧熟练度进行测评。仔细阅读每项内容,然后在下列等级代码中找出同意或者反对的程度,将数字代码填到所给的空白处。

4=非常同意;

3=同意;

2=反对;

1=强烈反对。

续表

伦理判断的技巧
1. 我能够识别并描述应用于所有助人职业所需的法律责任。_____
2. 我能够识别并描述社会工作专业所需的基本价值观。_____
3. 我能够概括出社会工作专业伦理的基本原则。_____
4. 我能够识别可能应用于社会工作专业环境中的伦理原则和法律责任。_____
5. 在可能涉及双方、多方伦理冲突或法律责任的情况下,我能够使用伦理原则的概念体系来决定他们之间的相对优先性。_____
总分_____

说话和聆听的基本人际交往技巧
6. 我能够有效使用遣词造句和语言技巧。_____
7. 我能够有效使用肢体语言的技巧。_____
8. 我能够有效使用倾听技巧。_____
9. 我能够有效使用积极倾听技巧。_____
总分_____

准备期的技巧
10. 我能够有效使用准备期的回顾技巧。_____
11. 我能够有效使用准备期的探查技巧。_____
12. 我能够有效使用准备期的咨询技巧。_____
13. 我能够有效使用准备期的安排技巧。_____
14. 我能够有效使用准备期的同理心技巧。_____
15. 我能够有效使用准备期的自我探索技巧。_____
16. 我能够有效使用准备期的集中焦点技巧。_____
17. 我能够有效使用准备期的计划与记录技巧。_____
总分_____

开始期的技巧
18. 我能够有效使用自我介绍的技巧。_____
19. 我能够有效使用寻求服务对象的介绍技巧。_____
20. 我能够有效使用描述会谈的最初目的的技巧。_____
21. 我能够有效使用服务对象角色定位的技巧。_____
22. 我能够有效使用讨论相关政策和伦理原则的技巧。_____
23. 我能够有效使用寻求反馈的技巧。_____
总分_____

探索期的技巧
24. 我能够有效使用提问的技巧。_____
25. 我能够有效使用寻求澄清的技巧。_____
26. 我能够有效使用反映内容的技巧。_____

续表

27. 我能够有效使用反映感受的技巧。_____
28. 我能够有效使用反映感觉和意义的技巧。_____
29. 我能够有效使用部分化的技巧。_____
30. 我能够有效使用洞察技巧。_____
   总分_____
预估期的技巧
31. 为达到社会工作的目标,我能够有效组织描述性信息。_____
32. 我能够有效完成专业水平的社会工作预估。_____
   总分_____
签订协议期的技巧
33. 我能够有效使用反映问题的技巧。_____
34. 我能够有效使用识别问题的技巧。_____
35. 我能够有效使用澄清问题的技巧。_____
36. 我能够有效使用建立目标的技巧。_____
37. 我能够有效使用制订行动计划的技巧。_____
38. 我能够有效使用确定行动步骤的技巧。_____
39. 我能够有效使用制订评估计划的技巧。_____
40. 我能够有效使用签订社会工作协议的技巧。_____
   总分_____
辅导与评估技巧
41. 我能够有效使用预演行动步骤的技巧。_____
42. 我能够有效使用回顾行动步骤的技巧。_____
43. 我能够有效使用评估的技巧。_____
44. 我能够有效使用聚焦的技巧。_____
45. 我能够有效使用教导的技巧。_____
46. 我能够有效使用提议的技巧。_____
47. 我能够有效使用代表服务对象的技巧。_____
48. 我能够有效使用直接应对的技巧。_____
49. 我能够有效使用观点重构的技巧。_____
50. 我能够有效使用面质的技巧。_____
51. 我能够有效使用提醒结案的技巧。_____
52. 我能够有效使用记录进展情况的技巧。_____
   总分_____
结案的技巧
53. 我能够有效使用过程回顾的技巧。_____
54. 我能够有效使用结案评价的技巧。_____

续表

55. 我能够有效使用分享结案感受并道别的技巧。_____
56. 我能够有效使用撰写结案报告的技巧。_____
总分_____
合计总分_____

本问卷可以对实习中的社会工作技巧进行自我评估。由于是基于实习对专业熟练性的自我感受,绝对分数并不重要。重要的是将结果作为激励,并提醒实习学生不断提高各种技巧。同时,也可以帮助实习学生制订一个计划,找出需要提高的技巧。在将社会工作技巧自我评估问卷的分数汇总时,只需将得分简单相加。分数越高,说明你对专业熟练程度的自我评价越高。理论上,如果得分是140分(或者这56项平均每项得分2.5分),则说明能充分理解并使用这56项技巧。

需要注意的是,这份问卷只是自我的主观打分。可以将此结果与其他评估结合起来,综合权衡实习学生真实的专业技巧。

第四节 实习后的结果评估

在服务的完成阶段,最重要的莫过于服务的结果评估(outcome-based evaluation)。一般而言,结果指社会工作服务所带来的服务对象的改变,结果评估就是以测量和判断此种改变为焦点的一种评估模式。一般采取以人为本的观点,把服务对象的生活质量的改变视为结果。(顾东辉,2009)需要注意的是,服务可能会带来服务对象不同方面的改变,而且从不同视角理解服务对象的改变也不尽相同。所以,在定义某特定服务或政策的结果时,往往需要服务各方进行协商,以对改变或结果达成共识。结果评估往往指出方案是否有效运作,而不会提到它为何有效,也不会提到效率问题。(黄源协,2003)

实习后的结果评估,是指在实习结束之后,根据原目标和实际实习情况的比较而进行的全面、系统的评估。其主要目的是回顾和总结,并进行后续前景预测。结果评估十分重视产出和结果的影响力。

一、实习后结果评估的内容

1. 对实习学生的评估

(1)学生在实习中的专业态度、价值观与行为如何。
(2)学生在实习中的知识水平如何。
(3)学生在实习中的实务能力如何。
(4)学生在实习中理论与实践结合的能力如何。

(5) 学生在实习中的反思能力如何。
(6) 学生在实习中的服务成效如何。
(7) 学生在实习中的收获和改变如何。
(8) 对督导员的建议。
(9) 对实习机构的建议。

2. 对督导员的评估
(1) 督导员是否给学生提供了有力的支持。
(2) 督导员给学生带来了什么。
(3) 在以后的教学中还有哪些方面需要加强。
(4) 在今后的督导中要注意哪些问题。
(5) 督导员对机构有何贡献。
(6) 对实习学生的建议。
(7) 对机构的建议。

3. 对机构的评估
(1) 实习给机构带来了什么。
(2) 机构给学生带来了什么。
(3) 机构给学生提供的实践平台是否符合专业发展的要求。
(4) 对实习学生的建议。
(5) 对督导员的建议。

以上只是可以参考的要点,具体的评估实务中可能涉及的方面会有所不同。

二、实习后结果评估的方法

在评估实务中,进行结果评估的方法是比较缜密的,其中大多数是定量研究。也就是说,在研究的描述部分,研究者把观察值转化为数字和统计值,并以图表、频数分布或其他统计值的形式来展示。实验设计和准实验设计是较常采用的方法。然而,在实际操作中,由于时间、经费、人力等方面的限制,我们也会采用评估学生的自我评估报告、向机构汇报、实习学生与督导员互评会、机构座谈会等方法来开展结果评估。

第一,实验设计是将实验中的主体分为两个或两个以上的组。一组被指定为对照组,不接受任何干预,而称之为实验组的则要接受测量的干预。然后观察实验组和对照组的结果,看实验干预是否引起任何差异。

第二,准实验设计和实验设计类似,即将接受服务的人们设为实验组,没有接受服务的人们设为对照组,但组员的选择并不是通过随机的方法来决定,在操作上没有实验设计严格,评估者可以有一定的发挥空间。比如让相同社区的人们进行比较,让提供相同服务的不同机构的服务对象进行比较,让不同性别、年龄或教育程度的服务对象分别进行比较。

第三,评估学生的自我评估报告。学生的自我评估报告主要包括检查对照专业实习目标,是否遵守实习要求,在价值观、态度和技巧方面的综合能力,反思在实习过程中的优势和不足,对自己未来在专业发展上的建议等内容。

以下是一位学生的自我评估报告摘录。

……我的本次专业实习基本实现了实习目标,了解了机构的工作职责、管理方式、服务政策和内容;进一步将专业社会工作的理念内化;运用了个案、社区的工作方法,但没有运用到小组工作方法;增强了自我反思能力和社会责任感,促进了个人成长和专业成长;尝试运用专业价值观去指导实践活动,以满足机构及服务对象不断变化的需要,并提升自己回应社会变革的能力;对社会工作专业在我国的发展进行了反思。

遵守实习的时间安排、请假制度和考勤制度,遵守机构的各项工作规则与要求,主动与督导员沟通联络,接受督导员的督促和指导,完成各项实习报告。

将"助人自助,以人为本"的专业价值观进一步内化,并学习了危机干预理论、自杀学及危机干预热线的相关接线技巧,提高了计划、协调、组织的能力。

在实习过程中,由于我们学习过普通心理学、社会心理学、变态心理学、心理咨询、个案工作等课程,因此在看培训录像和听线时比较容易理解,掌握也较快。我们有良好的沟通能力,因此与机构的工作人员建立了良好的关系。我们在参与机构的活动时勤劳肯干,不辞辛苦,受到了机构人员的好评。

但我们也存在一些不足的地方,比如与督导员联系的主动性不够,考虑问题不够周全。比如我们去地坛做宣传活动那次,去之前没有问清具体地点,也没有督导员的联系方式,我们在地坛附近找了一段时间才找到。我觉得我们在机构中的地位较尴尬,虽然工作人员称我们"社工同学",可我们并没有机会真正发挥专业特长,并且我们在宣传科帮忙的时候,护士长对社会工作者的理解就是要做很多社会事务工作,比如联络各方面资源、写新闻稿、接电话、策划活动等。虽然现有几名学姐在中心工作,但我感觉社会工作专业的优势在这里并没有很好地发挥出来,一方面是由于机构的客观条件,我们中心属于回龙观医院,自然侧重于医学、心理学方面;二是社会工作者在中心里并不是正式员工,资历也较浅,因此很难发挥专业优势。

我深深地觉得所学到的知识太少了,掌握得也不够,希望本科毕业后可以继续学习本专业,不断提高自己各方面的能力,进一步将价值观内化,在实务中运用社会工作价值观指导实践。特别是能在听线时从社会工作的角度来分析接线员背后的价值观和态度。

我遵守机构规则,早上八点到中心开早会,下午四点下班,遵守请假和考勤制度,定期接受督导员督促。我非常愿意为机构提供专业服务,我觉得在志愿者管理和培训、心理危机干预热线的接线、给自杀未遂者和自杀者亲友开展小组活动、对机构的活动进行评估等方面,社会工作者都有介入的空间。

我认为我们的社区活动,即在我们学校举办的"关爱生命 呵护心灵"主题宣传活动是比较成功的。我们首先访谈了十位在校的同学并进行活动需求评估,然后根据评估界定我们的宣传重点。随后根据已界定的问题修订活动内容,并在活动前发放宣传纸页。然后我们与××热线、校团委和保卫科不断协调,申请场地,开始了前期活动的海报、展板、广播宣传。并对所需工具统计准备,安排人员统筹。同时在全校范围内进行以珍惜生命为主题的书墨征稿。我们的活动为期两天,以广场宣传为主,辅以相关的心理测量(抑郁测量)及开展"生命 感悟 真情"的留言活动。在校内反响良好。

我在实习时主动与机构的工作人员打招呼,遇到问题虚心请教,并与在机构工作的学姐多次交流。我们每次参加完机构的大型活动后,都会把我们的感受、看法和建议交给宣传科,受到了护士长的好评。

提高了自我反思的能力,体会到社会工作者的价值不仅体现在如何用专业方法开展工作上,更体现在价值观的应用上。在现有的大部分机构中,我们开展专业工作有一定限制,但我们"助人自助,以人为本"的专业理念,以及良好的沟通表达能力、整合资源的能力、评估的能力等都有助于我们更好地开展工作。

……

总体来说,这次实习对我来说是一次难忘的经历。由于我们的机构地理位置较远,早上五点半就要起床,虽然辛苦,但我还是收获了很多,在理论知识、实践运用及价值观方面都有长足进步;在自身的处事能力、沟通能力、协调能力、合作能力方面都有所提高,这对于我的专业成长和个人成长都是有利的。通过这次实习,我对专业的认同感提升,并坚定了我继续努力学习,成为一名合格的社会工作者的信心。

第四,实习学生向机构汇报。在实习结束时,实习学生要向机构做一次正式的实习工作汇报。最好请机构的主管出席,提升机构主管对社会工作专业的认知度,了解学生实习工作的内容,为下一年度实习的安排做好准备。督导员也要出席,汇报结束后,也要听取机构其他人员对实习学生的评价。

第五,实习学生、督导员互评会。督导员在实习结束后要给学生评价,一般需要打分。督导员在此时最好也邀请学生一起参与到最后的打分程序中来,公正、开放、透明的打分制度更容易被双方接纳。

第六,调查。与过程评估类似,在结果评估中我们也会采用调查的方法,最常用的就是通过问卷或量表来获得实习的成效信息。

对实习学生的评估可参考以下问卷,如表 6-3 所示。(Kadushin, Harkness, 2008)

表 6-3 实习评估问卷

1＝优秀；
2＝良好；
3＝一般；
4＝较差；
5＝差；
0＝未掌握足够的信息或与该实习学生不相干。

评 估 项	表现水平					
在工作关系中能意识到自身的情感并加以控制，以免影响服务对象	1	2	3	4	5	0
和服务对象建立友善、轻松、有安全感的关系	1	2	3	4	5	0
能够传达出对各种不同行为的接纳，同时不会纵容那些不能接纳的行为	1	2	3	4	5	0
能对服务对象想要寻求帮助的问题情形获得清楚、准确的认识	1	2	3	4	5	0
能组织和综合社会研究资料，理解当事人的处境，理清思路	1	2	3	4	5	0
确定、完善、修正关于服务对象的服务计划	1	2	3	4	5	0
能充分动员社区资源	1	2	3	4	5	0
能接受有限的目标而不会觉得无法施展身手，有挫败感	1	2	3	4	5	0
在服务中为当事人沟通创造方便条件	1	2	3	4	5	0
在面谈中，对于语言和非语言的沟通都同样理解并有所回应	1	2	3	4	5	0
记录能反映出实习中的互动的性质以及对服务的想法	1	2	3	4	5	0
能够对于阻碍服务的机构政策和程序提出恰当的、有建设性的建议	1	2	3	4	5	0
在督导会议上能提出不同意见	1	2	3	4	5	0
对实习目标有清楚的认识	1	2	3	4	5	0

对在实习中应用的小组工作和社区工作，可参考以下要点进行评估。
小组工作的结果评估要点如下。
(1) 运用小组活动来影响个人并使之改变的技能。
(2) 帮助个人建立积极的、有成效的小组关系技能。
(3) 运用项目活动来影响小组并使之改变的技能。
(4) 有效参与小组互动的技能。
(5) 运用多种小组角色来影响小组并使之改变的技能。
(6) 甄别和恰当运用方案做媒介的技能。
(7) 影响小组内的互动使之发生变化的技能。
(8) 与各个小组成员建立并处理好关系的能力。
(9) 通晓各种类型的小组及其在结构和功能方面的差别。

（10）带领小组的技能。

社区工作的结果评估要点如下。

（1）协助社区团体清楚地表达需求和问题的技能。

（2）帮助社区居民发展有效的社会行动所必备的组织能力的技能。

（3）与各级各类领导建立积极的、富有成效的关系的技能。

（4）运用多种教育或推广技术的技能，增强社区对社会福利项目的理解与支持。

（5）通晓社区的动力机制和权力结构。

（6）为了解决社区问题，将有差异的市民群体、专业团体和社会服务机构汇聚到一起，结成一种工作关系以解决社区问题的技能。

（7）将表达出来的社区关注的事宜转化为一系列切实可行的补救行动的技能。

（8）促进社区居民在解决涉及切身利益的问题的活动中有更强有力和更多参与的技能。

对督导员的评估可参考以下内容。

（1）我的督导员是否帮助我在工作中获得成就感。

（2）我的督导员是否给我机会去做有挑战性的工作。

（3）在我需要时，是否可求助于我的督导员。

（4）我的督导员是否给我机会对机构政策提出变革建议。

（5）我的督导员是否觉得我很容易被取代。

（6）我的督导员是否帮助我从理论上理出服务对象状况的头绪。

（7）在恰当的时候，我的督导员是否会质疑我做的无效的工作。

（8）我的督导员是否帮助我评价自己的优势和不足。

（9）我的督导员是否鼓励我在帮助服务对象方面找到自己的风格。

（10）在恰当的时候，我的督导员是否会直截了当提出意见和建议。

（11）我的督导员是否有与市民群体和社区机构磋商的技能。

（12）我的督导员是否有影响社会团体间的关系发生改变的技能。

第七，机构座谈会。在实习结束后，学校可以邀请所有实习机构或同类实习机构一起座谈，交流对实习的感受、经验和建议等。特别是在社会工作专业的公众认知度不高的情况下，机构之间的交流，可以让大家更好地了解社会工作者在机构内的角色和发挥的作用，借鉴彼此对社会工作实习学生的安排，并从机构需求的角度，对培养应用型社会工作人才提出建议。在北美，有的社会工作院校会举行机构大联欢，感谢机构对实习的安排，机构之间也有了加强联系的平台。

第五节 实习评估的原则与注意事项

一、实习评估的原则

1. 保密性

除了在实习过程中要向学生强调保密,在评估过程中评估者自己也要注意保密。评估中会涉及很多资料,比如机构的文件,学生的实习日志、周记、工作记录等都可能会涉及机构的机密和服务对象的隐私,评估中一定要注意保密原则的应用,也要提醒学生注意资料记录的方式及资料有限的阅读对象。

2. 一致性

在评估中,从预估、过程评估到结果评估,评估标准应保持一致。评估是一个系统的、持续的过程,统一标准有利于评估的规范开展。并且,各个评估者之间也要达成一致。比如各个督导员对实习学生的评估,所用的评估工具、标准、计分制都要一致,这样可以避免出现不公正的评估结果。

3. 参与性

实习评估需要多方的参与。督导员、实习学生、机构都应该参与到评估中来。参与,在预估期就可以体现出来。各方在预估期都对评估的标准提出自己的建议和看法,然后通过协商对标准要求达成一致。这样可以确保选中的标准更贴切,也可以强化各方对评估的认可和投入,并澄清对评估的期许。(Kadushin,Harkness,2008)评估的标准制定完成后,各方也要明确评估程序、评估的方法、评估会用到的资料、评估的时间安排等,这样各方都会对评估有所把握,有助于减轻对评估的焦虑。评估的结果是各方参与、共同贡献得出的,同时,各方也可以对评估结果进行开诚布公地交流、沟通。

4. 互动性

除了各方的参与,互动性也是实习评估的特点。督导员、实习学生、机构参与评估的全部过程,同时,三者之间也是评估与被评估的关系。互动性的评估,可以动员各方对评估的热情和投入,也可以让各方更容易接纳评估。

5. 科学性

整个实习的评估标准、程序、工具、时间表等要素并不是评估者信手拈来的,评估者需要秉持公正、客观的理念,掌握评估的理论基础,具有运用评估方法及技巧的经验,才能更好地驾驭评估。科学的评估方法,在借鉴前人的成功经验的基础上,也要结合实际情况和本土特色,发展出适合本次实习的评估体系。

6. 及时性

评估者要及时提供反馈给实习学生、督导员或机构,一方面各方可以明确自身在哪些方面做得不足,便于改进,另一方面也可以了解评估的进程,更好地支持后续评估的开展。

7. 激励性

评估绝对不是为了指出工作的不足,让被评估者难堪。实习评估主要是为了关注实习学生在实习中有哪些可以改进的地方,让实习学生更明确实习的目的,以确保实习可以达到预定的效果,同时也对督导员和实习机构开展评估,全方位提升实习质量。如此看来,实习评估可以起到激励促进的作用。

二、实习评估的注意事项

1. 评估的前提是良好沟通

如果督导员作为评估者,其与实习学生关系良好,进行过开诚布公的沟通,那么实习学生更易接受督导员提出的要求及改进的建议,更易接受评估的结果。反之,若督导员与实习学生沟通不善,则实习学生容易对督导员产生误解,对评估抗拒,这也会影响实习的开展。

2. 评估要避免主观倾向

实习评估主要关注的是实习学生的工作,而不是实习学生本人,避免主观倾向。评估者,特别是身兼督导员的评估者,对实习学生的评价通常带有个人的主观色彩。例如,评估者与某位实习学生的关系好,则对其实习的评估也会较为宽松,打分偏高。又如某位实习学生在某方面的工作表现特别出众,给评估者留下了深刻印象,那么评估者对这位学生的整体评价都会偏高,即晕轮效应(halo effect)。(Kadushin,Harkness,2008)

3. 评估要考虑特殊因素

在进行评估的时候,要多考虑会影响实习效果的制约性因素,比如该学生接的个案数量是不是特别多,或者其中是否包含了超出正常情况的特别棘手的个案。评估者要体谅实习学生工作中的特殊情况,如自身生命安全受到威胁(身处地震或洪水灾区),生活上有困难(如缺水、经常停电),缺少办公场所,产生职业倦怠感,所在机构发生人事变化,机构领导安排实习学生做很多行政事务或杂事等。

4. 有时需要进行财务评估

如果实习涉及经费,那么相关负责人还需要注意对财务进行评估。一些大型的社会服务,会聘请专业财务人事审核预算、会计和审计工作。在实习中,经费的预算、核算也很重要,在评估的同时也可以向实习学生普及基础的财务知识。

总体而言,实习的评估并不是暂时性的,而是系统的、连贯的、科学的。规范性的实习评估,有助于社会工作专业实习的持续开展,提升实习学生的专业能力,促进其自我成长,从而推动国内社会工作的进程,探索本土化社会工作实务的方法、路径。

参考文献

[1] Kadushin A, Harkness D. 2008. 社会工作督导[M]. 4版. 郭名倞,寇浩宁,汪蓓蕾,等,译. 北京:中国人民大学出版社.
[2] Cournoyer B. 2008. 社会工作技巧手册[M]. 朱孔芳,杨旭,丁慧敏,译. 上海:华东理工大学出版社.
[3] Ginsberg L H. 2005. 社会工作评估:原理与方法[M]. 黄晨熹,译. 上海:华东理工大学出版社.
[4] 彼得·罗西,霍华德·弗里曼,马克·李普希. 2002. 项目评估:方法与技术[M]. 邱泽奇,等,译. 北京:华夏出版社.
[5] 陈锦棠,等. 2008. 香港社会服务评估与审核[M]. 北京:北京大学出版社.
[6] 陈钟林,吴伟东. 2005. 国外社会工作评估探析[J]. 华东理工大学学报(社会科学版)(4).
[7] 范志海,阎更法. 2004. 社会工作行政[M]. 上海:华东理工大学出版社.
[8] 黄源协. 2003. 社会工作管理[M]. 台北:扬智文化事业股份有限公司.
[9] 史柏年,侯欣. 2003. 社会工作实习[M]. 北京:社会科学文献出版社.
[10] 顾东辉. 2009. 社会工作评估[M]. 北京:高等教育出版社.

第七章 社会工作实习督导

社会工作是一个实践性很强的专业,其实践性、操作性与应用性的学科特点决定了专业实习在社会工作教育中的重要性,而社会工作专业实习的质量在很大程度上取决于督导员的工作效果。督导是社会工作的一种间接工作方法,在社会工作实习过程中发挥着不可或缺的作用。由于在前面的章节中已经介绍过督导员的角色、责任及安排等内容,本章只介绍实习督导的概念、发展现状、原则、条件及功能等主要内容。

第一节 实习督导的概念及发展现状

一、社会工作实习督导的概念

"督导"(supervision)一词在《现代汉语词典》中的解释为"监督指导"。《说文解字》称"督,察也",意即为德高望重的师长去督促、察看。"导,引也",包含有引导、指导、倡导、教导的意思。作为一种制度,我国高等教育等行业已经形成了一定的督导体系,在促进相关工作提高质量方面发挥着重要作用。在我国社会工作专业本土化的过程中,社会工作督导体系的建立和完善是我国社会工作专业发展面临的重要任务。

本书中的督导特指社会工作实习督导。关于社会工作实习督导,学者们从不同角度下了许多定义。早在1949年,罗宾森(Robinson)就将社会工作专业督导定义为:督导是一个"具有相当的知识和技能特质的工作员负责训练特质较低的工作员的教育过程"。美国社会工作者协会出版的《社会工作百科全书》认为:"督导是社会工作专业的传统方法,通过这种方法把社会工作知识和技术,由训练有素的社会工作者传授给新的社会工作者或实习生。"

台湾廖荣利教授认为:督导是社会工作专业训练的一种方法。它是由机构内知识渊博、经验丰富的专业工作者,对机构内的新的工作者,通过一种定期和持续的督导程序,传授专业服务的方法与技术,以增进工作人员的专业技巧,并确保对案主提供专业服务的素质。(张乐天,2005)

莫藜藜认为督导是社会工作专业训练的一种方法,它是由机构内资深社会工作者对机构内资历尚浅的社会工作者或学生,透过一种定期和持续的指导程序,传授专业服务的知识与技术,以增进专业技巧,并确保对案主服务的品质。(顾东辉,

2005)

尽管这些定义的具体表述不尽相同,但都包含了社会工作实习督导的几个重要特征:①督导是社会工作专业训练的一种方法;②督导的实施者是经验丰富的社会工作者,督导对象是新入职的社会工作者或社会工作实习学生;③督导的内容是传授社会工作知识、方法与技术。

关于社会工作实习督导目前有两种理解,一种是指社会工作机构中的实习督导,即新员工或准员工进入机构时,机构安排督导员对其进行指导和业务辅助;另一种含义是指社会工作教育中的实习督导,即高校或研究机构在培养社会工作专业的学生时,为学生实习安排的指导老师。前者简称为机构督导,后者简称为学校督导。不难看出,以上定义大多是对机构督导的解释,我国社会工作专业实践仍处在引进和本土化的阶段,督导员还相当缺乏,相比之下,学校督导在社会工作实习中发挥着更突出的作用。由此本书认为,社会工作实习督导员是指社会服务机构内经验丰富的社会工作者或高等院校社会工作专业教师,将社会工作专业的知识与工作技术传授给社会工作实习学生,帮助其提高社会工作服务水平和质量的一种方法。

无论是机构督导还是学校督导,对社会工作职业及专业的发展都有重要意义,自诞生以来,督导就始终是社会工作重要的一环。缺少了专业督导的环节,社会工作实习的效果会大打折扣,甚至会使学生对专业的困惑不减反增,对专业的认同不升反降。没有督导员的实习就像没有老师的课堂,学生只能在黑暗中探索。

二、社会工作实习督导的简要历史

1904年,杰弗里·R.布拉克特(Jeffrey R. Brackett)的《慈善工作中的教育和督导》一书中提到"督导"一词,当时的督导指的是由公共委员会对福利机构和组织所进行的督导。1920年开始,随着美国家庭福利协会主办的《家庭》(*The Family*),即后来的《社会个案工作》(*Social Casework*)的出版,我们今天意义上的督导——对社会工作者个人的督导才出现得越来越多。

我们今天意义上的督导起源于19世纪的慈善组织会社运动(Charity Organization Society Movement)。当时的慈善组织会社一方面经过严格调查后给予救助对象经济救助,另一方面的救助形式是由"友善访问员"提供的救助服务。这些"访问员"是慈善机构中的工作者,他们为救助对象提供入户服务,帮助救助对象的行为向社会希望的方向发展。由于承接个案工作的能力有限,再加上志愿者的高流失率,机构只得不断招募、培训和指导新的访问员,承担这项任务的就是慈善组织协会中数量不多的"拿薪金的工作员"(paid agents),这些拿薪金的工作员就是现代督导员的前身。

随着督导成为一种明确的方法,它也成为社会工作知识体系中的一个重要组成部分,同时专门探讨社会工作督导的文献也应运而生了。1936年,维吉尼亚·罗宾森(Virginia Robinson)出版了《社会个案工作督导》(*Supervision in Social Case Work*),1949年又出版了《功能控制下的督导动力学》(*The Dynamics of Supervision Under Functional Controls*)。大约从1975年开始,社会工作督导相关的书籍、文献迅速增加。1983年,一份关于心理治疗和精神卫生督导的跨学科杂志《临床督导员》(*The Clinical Supervisor*)面世,此后,有关督导的文献更呈现出跨学科发展和日益专业化的态势。

三、社会工作实习督导在中国的发展现状

西方社会工作发展经验表明,督导是提高社会工作专业服务水平、培养具有实务能力的专业社会工作者的有效方法之一。中国社会工作专业虽然起步较晚但发展相当迅速,目前已有近两百所高校开办了社会工作专业,培养了越来越多的社会工作专业人才。随着社会工作专业的迅速发展,社会工作实习及督导日益受到重视,开设社会工作专业的高等院校也在不断努力探索与实践,加强与各类机构的联系,较快促进了社会工作专业的发展和人才的培养质量。但是我们必须看到,由于社会工作在中国发展时间较短,目前仍处在社会工作理论及实践本土化的初期阶段,社会工作实习尤其是实习督导方面还与西方国家社会工作存在较大差距,对于正在成长的社会工作专业来说,实习及督导仍是内地社会工作发展的薄弱环节。如何提高中国本土处境中社会工作专业服务的督导水平与效果,已经成为影响中国社会工作专业化发展的重要问题之一。

目前,社会工作实习督导的发展仍处于初级阶段,还有一些比较突出的问题亟待解决。

(一)学校督导扮演重要角色

社会工作实习督导员一般由实习机构中的资深社会工作者或社会工作专业老师担任。从国内目前情况来看,学校督导是保证社会工作实习顺利开展的一个重要环节,对于学习阶段的社会工作专业学生来说,更多的督导任务往往由学校实习指导老师来承担。尽管学校实习指导老师目前扮演更重要的角色,但由于学校实习指导老师水平参差不齐等原因,学校督导的质量也不能得到很好的保证。

一个合格的督导员需要有社会工作专业教育的背景、丰富的实践工作经验、成熟的人格和乐观进取的生活态度,有教学的意愿和热情,有足够能力启发和促进学生在训练中得到进步,并与机构有良好的沟通和合作。由于我国社会工作专业教育起步晚,社会工作专业老师队伍中受过专业训练的人很少,很多老师既没有社会工作的教育背景,也没有从事社会工作的实务经验,虽然通过短期考察、访问或进修等形式受过初步训练,但极少受过社会工作专业督导训练,很难将理论与实践相

结合开展实务督导。在中国社会工作教育协会 2003 年针对全国 569 位社会工作教师的调查中,其中,有"专业社会工作"背景的老师为 19.16%,有"社会学"背景的老师为 18.98%,研究专长为"其他"的老师为 21.09%……(周丹红,2005)。社会工作师资水平较低不仅体现在相当多的老师并非社会工作或相关专业背景出身,而且体现在现有老师普遍缺乏社会工作实践经历和技能。目前,我国很多高校的督导制度还不完善,学生实习很难得到一对一的督导,有的连实现一对多的团队督导都非常困难。

(二)机构督导发展严重不足

机构督导的问题更多,首先我国缺乏社会工作专业机构与制度,能够胜任专业督导工作的督导员无论从数量上还是质量上都严重不足,影响了社会工作专业教育的发展;其次在督导员的选择上存在很大的随意性,一些机构没有意识到督导员对实习学生专业水平提高的重要性,随意安排一些机构员工成为实习学生的督导员,甚至仅仅因为某些员工空闲时间较多就顺势成为了督导员;最后,督导员理论知识的欠缺使其不能充分考虑学生的专业需求,致使学生参与工作的层次低,很难真正融入机构的实际工作中。在现实专业实习过程中,督导员只起到简单的督促、协调作用,有的甚至处于"督"而"不导"的状态,这使得本应在专业督导员指导下的社会工作实习成为学生和督导员共同学习和摸索的过程。另外,由于督导员无法与实习学生建立稳定的督导关系,不能给予实习学生及时有效的督导,也直接影响实习督导的效果。

甚至还有一些机构,机构领导及工作人员对社会工作的理解更多来源于实习学生的宣传,因此根本谈不上对实习学生的专业指导。当前社会工作者实习主要机构——政府及"准政府服务机构"中,工作人员虽然经验丰富,但大都没有受过社会工作的专业培训,指导学生的方法零散、随意,欠缺指导技巧,安排实习也往往不能充分考虑学生的专业需求,致使学生大都只被安排做事务性工作,如整理档案、文字输入、接听电话、收发资料甚至打扫卫生等,这大大限制了学生的专业成长,也容易使学生对社会工作专业的价值和前景产生怀疑和动摇。

(三)部分地区机构督导工作迈出重要步伐

尽管实习及督导环节面临较多困难和不足,但值得关注的是我国高校及机构一直在努力探索,寻求改变困境的出路,多途径采取措施努力提高实习督导水平,我国部分发达地区在发展机构督导方面已经迈出重要步伐。

东莞裕元制造有限公司专门成立的生辅室吸纳了很多高校的专业社会工作者,他们为实习学生提供一对一的专业督导。深圳市发挥毗邻香港的优势,引进香港资深社会工作督导人员,通过培养见习督导、督导助理等相关人才,在推进内地社会工作实习督导制度的健全方面走在了全国前列。2007 年 9 月香港基督教服务处与深圳市民政局合作,引入第一批香港督导人员;其后,深圳市民政局扩大合作范围,同香港社会服务发展研究中心签订了合作意向书。凭借地理优势引进香港督导资源成为深圳社会工作试点的一大亮点。在吸取国外先进社会工作理念和经验的基础上,深圳市社会工作督导人才计划将以培育本土化督导人才为大方向。2009年,深圳制定了社会工作督导人才发展规划方案及相关制度,设置了一线社会工作者—督导助理—见习督导—初级督导的培养路径。2009年4月,深圳产生了第一批见习督导。

深圳首批社工见习督导月薪5500元

南方日报讯(记者　刘丽)2009.7.17

在上岗一个季度后,深圳首批20名社工见习督导于昨日与社会工作者协会,以及相关的9家社工机构签订了对三方均有约束力的《见习督导合同书》。《见习督导合同书》对见习督导的"行政人事和业务管理"、"工作职责"、"补贴标准以及支付方式"、"考核以及评估"、"服务期限"、"违约责任"、"合同争议的解决方法"等问题进行了规定。据悉,签订该合同可保障各种资源向本土社工督导人才的倾斜,有效防止成熟社工人才在短时间内流失。

香港督导协助深圳社工从无到有

据介绍,深圳市于2007年出台社工制度"1+7"文件,2008年全面推行社工试点工作。鉴于社工行业的专业性和特殊性,社工需要持续性地接受具有更丰富实践经验和理论技巧的资深督导的培训和指导,在其他社工制度比较成熟的国家,督导制度也是社工制度的重要组成部分。然而国内社会工作发展刚起步,缺乏有经验的社会工作者出任督导,深圳发挥毗邻香港的优势,引进香港资深社工督导。

深圳市民政局社工处处长骆冰认为,香港督导在深圳社工事业从无到有的发展初期,起到了至关重要的帮扶作用,但依靠香港的"帮扶"并不是深圳社工事业向专业性发展的长久之计。鉴于大力培养本土督导人才的考虑,深圳市社工主管部门以及社会工作者协会共同制定了《深圳市社工督导人员工作职责规定》并根据试点阶段的发展情况制定了《2009年度社工督导人员上岗指引》,设立了深圳本土督导人员的培养方式以及晋升机制:深圳督导人才队伍包括督导、见习督导和督导助理三个级别的社会工作者,三个级别逐级递进,其中督导又分为高级、中级和初级。深圳计划到2010年,尝试选拔出深圳市首批初级督导。在人员配比方面,深圳将随着本土督导人才的成长,逐步过渡到"1名督导、2名见习督导、4名督导助理、49名社工"的小组督导方式。

资源倾斜防止成熟社工流失

据悉,近期国内其他城市也开始大力开展社工试点工作,经验丰富的社工人才成为稀缺资源,深圳本土的督导人才开始面临外地吸纳竞争的压力。为保障深圳社工事业的先进性,以人才发展促进事业发展的软竞争力,深圳决定采取各种措施对这些督导人才进行保护和挽留,社工主管部门会将更多的培训资源、物资资源向其倾斜,并通过签订《见习督导合同书》的方式,更好地留住社工人才,防止培养成熟的社工人才在短时间内流失。

《见习督导合同书》规定,社会工作者协会在行政主管部门的委托和指导下,从社工行业管理和发展的角度,经过一定的程序从全市社工中选拔出见习督导,出资组织见习督导进行相关培训,并颁发证书。见习督导任职期限从2009年4月起至产生2009年度深圳第一批社工督导为止。届时,未能晋升社工督导的,视情况可继续聘为见习督导,或者降格为督导助理,经过评估表现特别差的,可直接降格为一线社工。深圳市社会工作者协会秘书长阎晓文指出,对于服务期限以及晋升层次的规定,表明这一晋升机制并非是"只上不下",而是强调优胜劣汰,有效保证督导队伍的高素质性和竞争性。

据深圳市社会工作者协会秘书长阎晓文介绍,见习督导上岗后,由社会工作者协会每月发放工资补贴,标准为每月1800元,以提高各督导人才的生活水平,稳定服务心态。这样一来,见习督导每月薪酬水平将普遍达到5500元左右。另外,为使见习督导更快速地成长,社会工作者协会还将加大对其的专题性培训,计划每人每年的培训费用将在2万元左右,培养方式除了在深圳的主题性讲座、小组工作方式培训外,还将包括定期在香港以及内地实习等方式。

第二节 实习督导的原则和条件

无论是机构督导还是学校督导,督导员的职责是对受督导者进行督导。对于机构督导来说,其督导的对象主要有四种:①新进入社会服务机构的社会工作者;②服务年限较短、经验不足的初级社会工作者;③在社会服务机构实习的社会工作专业学生;④社会服务机构的非正式人员,主要是志愿者。不同对象的专业基础及实践能力存在差距,他们对督导员的期望与督导需求也不尽相同,合格的督导员需具备一些基本条件,才能成功扮演督导员的角色。督导员必须受过充分的专业教育,必须具备相应的实际工作经验,尤其是要对督导的知识和技术有深入的认识。严格地说,督导员必须是一位合格的专业社会工作者、机构的政策和措施的支持者、具有极强事业心的职业工作者。

一、督导的原则

许卢万珍(2005)在《社会工作实习的教与学》一书中指出了督导的原则,包括以下几个方面。

(1)督导员必须持守社会工作者的道德操守,具备相当的经验及专业能力,确保案主在接受实习学生所提供的服务时具有一定的保障。

(2) 通过督导员给予实习学生的指导,能够确保实习学生所提供的服务符合机构的目标。

(3) 督导的目标、过程及内容应该依据社会工作的专业价值观。

(4) 督导员应不断监督实习学生的工作表现,确保其进行的介入能持守社会工作专业的价值观,所运用的专业知识及技能达到基本的水平或以上。而且,督导员应向实习学生提供情绪支援,助其处理在专业发展中对个人成长的种种价值冲击。

(5) 督导员应不断对其与实习学生的互动及督导内容、过程进行反思。由于督导员居于主导地位,并且有评估学生表现的权力,其更应时刻反思。例如,督导员所提供的教学,是否符合学生的需要;所提供的资料是否准确;所给予的情绪支援是否吻合学生的期望等。

二、督导的条件

担任督导员的条件通常包括以下几个方面(库少雄,2003)。

(1) 有指导学生的兴趣与意愿。

指导实习并不是一项轻松的工作。除了实习之前的各项准备工作之外,还需要经常在工作时间内与学生接触,阅读学生所写的各种报告、记录,处理临时发生的问题。因此,如果一位工作人员没有指导学生的意愿,而机构强迫他担任督导员,他就有可能忽视实习工作,或者把自己的不满、愤怒转移到被分派给他指导的实习学生身上。实际上在督导实习学生的过程中,督导员也能获得工作的愉快体验及自身的专业成长。

(2) 具有成熟的人格、丰富的专业知识与实务工作经验。

一般要求督导员从大学里获得社会工作专业硕士学位,并且毕业之后在某一特定领域内有 2~3 年的实际工作经验。由于国内社会工作专业起步较晚,取得社会工作专业硕士学位并有几年工作经验的社会工作人才还非常少,因此许多督导员是通过短期培训或在教学、工作中边工作边学习等方法取得督导员资格的,随着社会工作专业的继续发展,符合专业背景及实务经验要求的督导员会越来越多。

由于学生缺乏实务工作经验、人格尚未成熟、自我觉知和情绪控制能力不足,因此,在实习中很可能感到紧张和有压力,会不同程度地表现出无知、被动和依赖的状态。如果由一位实务工作经验不足、人格不成熟、情绪也不稳定的人担任督导员,就会产生一系列问题。首先遇到的问题是如何与学生建立开放、信任与舒适的教学关系,只有在这样的关系中,学生才会把个人的问题与心事讲出来,请求帮助。缺乏经验的督导员对学生在实习中表现出来的正常的焦虑反应常常感到过分的不安,并会产生不合理的想法,表现出不适当的行为。例如,当学生的表现不太好时,督导员可能认为是他们自己的能力不足并因此而产生挫折感,或者认为学生太笨而表现出愤怒的情绪和行为,有的督导员甚至责骂学生,以强迫、命令替代系统、持续的指导与帮助。有的督导员甚至要求学生完全遵命行事,不得提问。在这样的情况下,学生面临来自实际工作环境和督导员的双重压力,会表现出更严重的焦虑与挫折感,以及害怕、抗拒或逃避实习的行为。有些学生则自我封闭,不敢表露个人的想法。

(3) 具有在实习机构里工作的充足经验。

为了保证督导员对机构业务的基本了解,督导员在实习机构里至少要有6个月的工作经验。督导员在实习机构的工作时间越长,越有利于其对机构工作的了解,并有充足的时间对实习学生在机构工作特别是为案主服务的过程中提供指导。

(4) 必须有充足时间指导学生,与学校实习指导老师联系、沟通。

过分忙碌的督导员是无法给学生提供充分的指导和关照的,因此,督导员在工作时间上应该有一定的弹性。

(5) 必须熟练掌握相关的知识,具有灵活的个性。

督导员的主要任务之一是帮助学生整合并在实际工作中灵活运用社会工作各种知识和理论。因此,督导员应该是有兴趣吸收新知识,经常阅读最新专业信息和参加各种专业会议与训练的人。否则,仅仅凭工作经验来指导学生实习,易于倒退为学徒式的训练。

(6) 有一定的教学能力。

实习教学是教育性的工作,因此,一位好的实务工作者未必就能成为一个好的督导员。优秀的督导员除了要具有丰富的工作经验与技巧之外,还应该具有一定的教学能力。一般说来,这些能力主要包括:能与学生建立良好的教学关系,善于引发学生的学习动机与兴趣,善于运用不同的教学方法帮助学生学习,具有对学生进行教育诊断的能力。

(7) 对机构、专业和自己的工作有正确的态度。

督导员可能对机构有意见,然而,不应该在学生面前表现他(她)的不满。如果督导员常常抱怨自己的工作,不认同社会工作专业或者对社会工作专业的前途没有信心,那将对学生产生不利的影响。

总之,担任督导员的通常是机构中能力最强、最具有活力的工作人员。一个好的社会工作督导员一定是一个好的实务工作者,他们能根据自己的知识和实务经验给学生提供切实可行的帮助,还会把社会工作的价值、伦理自觉地表现于自己的言行举止中,为实习学生树立角色榜样。

第三节　实习督导的功能

一、实习督导的分类

社会工作实习督导具有行政性、教育性和支持性三方面的功能。社会工作实习效果的保证及社会工作人员的成长在很大程度上取决于社会工作实习督导功能的充分发挥。所谓行政的功能,是指督导员执行有关策划、工作分配、监督和评估等管理工作,以协助员工完成工作和维系机构服务的运作;所谓教育的功能,是指督导员协助员工增进知识和改善他们的技能,使其能更有效地完成工作;所谓支持的功能,是指督导员为员工提供心理上及个人关系上的支持,以促使他们有良好的工作表现。(见表7-1)

表7-1　实习督导三大功能的区分

	行政功能	教育功能	支持功能
关注点	组织管理上的障碍	知识及技能上的障碍	情感上的障碍
提供	渠道及资源,以协助下属完成工作	工作上所需要的知识和技能	心理上及个别关系上的支持,以促使下属动员其力量,达成良好的工作表现
权力来源	地位、奖赏及惩罚能力	专业知识及技巧	友情、关怀及正面的工作关系
强调	效率	称职及胜任力	下属了解组织及建立正确的工作态度

(资料来源:范志海,《我是这样做督导的》,载《中国社会导刊》,2008年第22期)

督导的不同功能因员工不同发展阶段的需要而有所变动。比如,支持性功能主要为新入职的员工或正在求学阶段的实习学生而设,以便使他们尽快适应新环境以及克服因工作压力而引起的焦虑感。同时,督导还应充分发挥教育功能,帮助新员工或实习学生提升工作技巧,强化专业意识,逐步成长为合格的社会工作者。而对于有经验的社会工作者,督导的重点应转到行政功能上,以确保服务的质量。

社会工作督导的功能,传统上以教育功能与行政功能为主,后来增加了支持性的功能。最近又有了新的趋势,即增加了管理功能、咨询功能等。管理功能是指督导员将管理的知识运用于人群服务组织或机构,通过规划、组织、任用、领导与控制等职能,有效整合组织内各项人力与物力资源,以协助受督导者发挥其专业能力,进而达成服务人群或案主的最终目的;社会工作督导的咨询功能则是指在督导过程中督导员向受督导者提供专业的知识和技术,以增进受督导者独立解决特定问题的能力。

二、行政性督导

社会工作督导的一个重要功能就是给实习学生以行政支持,协调有关行政部门,使实习学生尽快熟悉机构运行环境,遵守机构规章制度,充分利用机构设备及相关资源,从而顺利融入机构的工作中,完成既定实习目标。

(一)行政性督导的定义

行政性督导是指督导员通过督导的过程提高社会工作行政机构和受督导者的服务品质,确保服务质量。督导本身就是社会工作行政机构中的一项职能,督导员有义务帮助社会工作者圆满完成机构的工作任务,使他们对机构负责。行政性督导并非指行政工作,而是指社会工作者提供服务时,在面临行政问题时必需的督导工作,如督导员指导社会工作者如何填表,如何写报告等。督导员要让受督导者了解其职责所在及机构对其的期待,并视受督导者的能力、特长、兴趣而分配适当的工作。

(二)行政性督导的任务

在一个提供直接服务的社会工作机构中,督导主要属于行政管理的范围,其功能主要是行政性的,是社会行政的辅助部分。为了更好地行使行政性功能,督导员应承担的任务主要包括以下内容。(卡杜山,哈克尼斯,2008)

(1) 员工的招募与甄选。
(2) 引导与安置社会工作者。
(3) 拟订工作计划。
(4) 分派任务。
(5) 工作授权。
(6) 监控、检查和评估工作。
(7) 协调工作。
(8) 沟通工作。
(9) 督导员充当受督导者利益的代言人。
(10) 督导员充当行政管理的缓冲器。
(11) 督导员充当改变媒介。

一个儿童福利工作者写道:

一个怒气冲冲、情绪激动的家长想要探视她被寄养的孩子,我拒绝了她的请求,于是她趁我不在办公室的时候和我的督导员取得了联系。我的督导员耐心地倾听,了解了情况后,为我的行为进行了辩护,同时我的督导员也建议当事人来办公室一趟，以便于我们一同面对面地商量此事。

那个家长大概是一天后来的，当时我们的会面很有成效。对于孩子的离家出走，当事人感到怒不可遏——她的怒气都发泄到了我的头上。不过我的督导员完全站在我的一边，这不仅使我免于被迫招架，而且也使我有机会向当事人施以援手。结果我们与当事人之间的关系得到了改善，当事人也给予了更多的理解和合作，而这一切最终都是为了她好——后来，她的孩子回到了她的身边。

在看过个案材料后，督导员决定支持我的决定。不过，她对当事人仍然是彬彬有礼，这为我们的会面缓解了紧张的气氛，并使我们通过这次会面各得其所，实现了双赢。如果不是我的督导员巧妙地鼓励当事人表达自己的感受，对她的权利予以支持的话，当事人就很有可能误认为督导员联合我一起在对付她。不仅如此，当事人也没有把我和督导员推上与她对立的位置。

对于社会工作专业实习学生的督导员来说，督导员的任务还需结合实习学生所在学校的需求和实习学生本人的专业基础具体作出安排。从行政管理功能的发挥来看，督导员应充分了解实习学生的专业基础及实习需求，系统地安排整个实习的内容，使实习学生尽快熟悉机构的规章制度、工作流程及工作方法，从而顺利实现角色转变投入工作中，保证学生能得到充分的学习和训练的机会，使实习不致流于形式。

(三) 行政性督导的权力与责任

督导员是机构中的工作人员，既是提供直接服务的社会工作者，又是行政管理者。督导员在履行行政性督导职责时，既拥有正当的权力和权威，又肩负着相应的责任，只有合理运用权力，切实承担责任，才能更好地发挥督导的行政性功能。

1. 权威与权力

督导员要履行行政职责，就应该被赋予相应的权威和权力，才能更好地对工作进行检查和评估，对社会工作者进行问责监管和行为指导。权威是合法行使权利的一种权力，其所拥有的权力不仅是被接受的，而且是被许可的。处于权威之下的人，有服从的义务。督导关系通过机构授予督导员权威以及受督导者承认督导员合法地拥有权威而得以建立。

权力是执行权威的能力。权威是开展督导工作的权利，权力则是有效行使这一权利的能力。如果督导员仅拥有了合法的开展督导工作的权利，却缺乏必要的行使权利的能力，同样难以让受督导者真正服从督导员指挥，难以充分发挥行政性督导的功能。

2. 督导员的基本权力

督导员对受督导者到底拥有哪些权力呢？弗伦奇(French)和雷文(Raven)划分出了五种不同的基本社会权力(卡杜山，哈克尼斯，2008)，即奖励权、惩罚权、职权、表率权和专家权。这种分类方法同样适用于社会工作督导中。

（1）奖励权。

督导员掌握着对受督导者进行物质奖励和精神奖励的权力，物质奖励包括升职、加薪、分配较好的工作、得到行政上的额外帮助、离职时获得好的鉴定评语、推荐获得执业证照等；精神奖励包括赞许、嘉奖、表彰等。

（2）惩罚权。

督导员可以对受督导者进行处罚，处罚包括降级、免职、"给工作效率评级"打低分、分配不满意的工作以及出具负面的评语。另外，还有精神上的处罚，如非难与批评、斥责以及避让等。虽然督导员行使惩罚权时需谨慎，不宜随便对受督导者进行处罚，但也需让受督导者相信督导员可以随时行使这一权利，从而约束受督导者的不良行为。

（3）法定权力或职权。

作为受督导者，一旦接受了机构的工作任务，也就意味着其同意接受代行机构权威和专业权威人士的指导。考虑到督导员的职位，受督导者就会感到督导员有权做到令行禁止。

（4）表率权。

表率权源自督导员与受督导者之间积极的关系，也来自督导员对受督导者的吸引力，受督导者通常希望得到督导员的认可，他们通常会向督导员看齐。一名社会工作者对表率权的力量以及相关的一些问题进行了生动的描述：

我对我的督导员进行一种"见贤思齐"式的效仿，这使我深受他的影响。看到他在个案工作中的示范，看到他对当事人是那样的尊重，看到他对他们的努力充满同情，我下定决心要像他一样去做。我决定要好好学习，像他一样娴熟地开展治疗。对其能力的渴望与尊重，使我信任他的建议，愿意接受他的指导。（卡杜山，哈克尼斯，2008）

（5）专家权。

由于督导员大多是机构中的资深社会工作者，他们不仅有社会工作专业背景，而且有着丰富的职业经验和娴熟的工作技巧，而这些正是受督导者所应学习的方面。督导员所拥有的特殊知识与技术就是专业能力的权力，这些权力使受督导者对督导员的判断和决定深信不疑。但事实上并非一直如此，当受督导者逐渐成长与进步后，督导员的知识与技术优势会渐渐失去，从而导致其专家权的削弱。

尽管督导员拥有诸多职位带来的权威和权力，但其必须在权限之内动用，而且只有在有助于实现组织目标的时候，才能动用，同时要顾及受督导者的反应，实际上受督导者的反作用力会在一定程度上削弱督导员的权威和权力。

3. 连带责任

合格的社会工作督导员应具备基本的知识和技巧，并在专业范围内严格开展工作,不能越雷池一步。

前面提到,督导员对受督导者拥有许多权力,他们会为受督导者拟订工作计划并分配任务,会奖励表现良好的受督导者,也会惩罚行为不当的受督导者。在拥有权力的同时,督导员也负有管理的义务,他们对所指派和分配的工作负有最终的责任。从法律上讲,受督导者是督导员的延伸,两者被视为一体。受督导者工作的不得力和失职是督导员的罪责,因为督导员要为授权给一个不得力的工作者的行为后果承担责任。

法院要求精神病院对一名当事人进行评估。一名社会工作者对当事人进行了面询,认为他并没有精神障碍,而作为督导员的精神科医生在没有进行面询的情况下就在评估报告上签了字。几天之后,当事人杀死了他的妻子和孩子。社会工作者和督导员受到渎职的指控。

一名在家庭服务机构任职的社会工作督导员被过去的当事人告上法庭。这名在一次自杀未遂中受了重伤的当事人称,她的个案工作者在评估她的自杀风险时没有尽到责任。按照代为负责的原则,当事人也以工作失察为由对个案工作者的督导员提起了诉讼,因为督导员在督导过程中没有定期与个案工作者会面,也没有与个案工作者就自杀的评估程序进行具体的讨论。(卡杜山,哈克尼斯,2008)

为了减少督导员承担连带责任的风险,按照雷默的观点,督导员必须做到以下几点。(卡杜山,哈克尼斯,2008)

(1) 提供信息让受督导者征得当事人的知情同意。
(2) 指出受督导者的错误。
(3) 对社会工作者依照周密计划开展的干预工作进行监督。
(4) 知道受督导者的当事人应该被重新分派、转介或终止服务的时间。
(5) 知道受督导者需要得到指导的时间。
(6) 监控社会工作者的行为能力,指出其工作中的缺陷与不足以及伦理上的失误。
(7) 监控社会工作者与当事人之间的界限。
(8) 审核社会工作者的文案以及个案记录。
(9) 定期对受督导者进行督导。
(10) 对督导工作进行记录。
(11) 避免与社会工作者发生双重关系。
(12) 对社会工作者给予及时和内容充分的反馈,并对他们的工作表现予以评估。

三、教育性督导

教育性功能是督导最重要的功能。早在1949年,罗宾森(Robinson)就将社会工作专业督导定义为：督导是一个具有相当的知识和技能特质的工作人员负责训练特质较低的工作人员的教育过程，这个定义特别强调督导的教育性功能。社会工作专业学生在学校时偏重基本概念等理论知识的学习，尽管任课教师也会传授专业技能和工作方法，但只有在实践中，学生才能真正将理论知识及所知道的专业技能紧密结合起来，只有通过实践，学生才能更好地理解社会工作专业的价值，从而真正提升专业技能。学生在实习过程中，常常会遇到理论知识与实践需要脱节甚至相矛盾的困惑，或者不知该如何应用理论知识去解决实际问题，实际上实习是另一种形式的学习，是要不断面临并逐步解决实际问题的学习，而督导的过程就是一个教育的过程，督导员不仅需要从实际需要出发教会实习学生具体的服务技巧和帮助他们积累工作经验，更要引导实习学生运用所学知识摸索解决问题的思路和方法，全面提升实习学生的能力和思维水平。

（一）教育性督导的含义

由于受督导者大多是新入职的社会工作人员甚至是在校学生，他们虽然掌握了一定的社会工作专业理论及方法，但由于缺乏实际的工作经验，面对各种类型的服务对象亟待解决的问题往往显得心有余而力不足甚至不知所措。教育性督导是指督导员向受督导者传授其开展工作所应具备的知识和技巧，并帮助他们学习掌握这些知识和技巧。从督导员与受督导者的关系及督导的目标来看，督导本身就是教育过程，督导员就是教育者，教授、指导、培训、建议、奖励及惩罚等这些督导方法历来都是教育工作的常规方法。

对于正在接受督导的社会工作从业人员来说，有必要区分在职培训和教育性督导的不同。在职培训是指向机构员工中工作类型相同或工作职责相同的特定群体提供的有计划的正规培训。针对某一社会工作者群体所普遍存在的问题，确定他们共同的教育需求，然后进行在职培训项目的规划和设计。教育内容符合这一群体全体成员的需求，但却不针对具体的任何一员。很多行业都会对入职初期的员工进行这种在职培训，如入职初期的高校教师接受在职培训的内容主要是围绕教师这一群体的共同要求而展开，如高校教师师德、教师心理等。

教育性督导也要对社会工作者进行工作方法和技能的培训，但它是更加具体化的一种员工培训，可以看做是在职培训的补充。教育性督导是督导员针对受督导者承担的某项具体工作需求，针对受督导者遇到的具体问题而提供的个性化的教学方案。

（二）教育性督导的内容

教育性督导需要对具体受督导者的具体问题进行有针对性的指导，如此看来教育性督导的内容也应因人而异、因材施教。不过所有社会服务机构的工作还是有共性的，因此教育性督导的内容也有相同之处。无论社会服务机构的差异有多

大,无论受督导者个人之间的差异有多大,以下这些内容通常都可以看做是教育性督导的共同内容。(卡杜山,哈克尼斯,2008)

1. 机构的情况

无论是新上岗的社会工作者还是到机构实习的学生,他们来到机构之前大多对机构的具体情况是缺乏了解的,因而督导员首先需要将机构的情况介绍给受督导者,使他们尽快了解即将开展工作的环境,尽快减少新环境带来的不适应和不安。需要介绍的机构情况包括机构的组织情况、行政管理情况、与其他机构的关系,以及它在当地社区服务网络中的地位、机构的工作目标、可以提供的服务、机构内部的规章制度及其制定过程和修改程序,还有机构的法律地位和拥有的权利,等等。

2. 社会问题

不管是什么社会工作,每项工作都是需要社会工作者为遇到某个或某些方面问题的当事人提供帮助的过程,因而社会工作者必须清楚需求帮助的当事人遇到的社会问题的具体情况,只有这样才能有准备地为当事人提供服务。督导员需要将当事人遇到的社会问题相关的信息介绍给受督导者,包括社会问题产生的原因,社区对某些特殊的社会问题的反应,所涉及的社会心理学的一些问题,对社区不同人群的影响,某些特殊问题对社会工作者和人们的生活的影响,以及机构所提供的服务与该机构所致力于解决的社会问题之间的关系。

3. 人们在面对当事人所遇到的社会问题时可能产生的行为变化

当事人遭遇到某些社会问题后,这些问题给他们带来苦恼的原因有时不仅是问题本身,如贫困、疾病等,而且通常还包括当事人家人、朋友及周围人面对这些问题时的行为变化,如他们对当事人贫困状况的同情、施舍等反应。为了让受督导者了解那些有问题的个人和群体在面临社会压力时会出现的反应,督导员也需要讲述"正常"的个人及群体的变化和行为反应。

4. 提供帮助的技术和方法

社会工作是一个技巧性很强的职业,即使是类似的社会问题也难以找到一套普遍适用的解决方法,入职初期的社会工作者及实习学生面临不同的社会问题,往往会感到无从入手,迫切需要督导员给予工作技术和方法方面的指导。督导员必须在实践中教会社会工作者在帮助个人、群体和社区解决他们所遇到的实际问题时,应该做什么和怎么去做。督导员要从理论上阐述该社会服务机构为什么要选择这种服务技术和方法,而且为什么只有这些方法才可能是最有效的。这也正是教育性督导与在职培训所不同的重要特征之一,即提供具体的技术和方法指导。

5. 助人过程

社会工作者为当事人提供帮助往往不可能一蹴而就,需要循序渐进,逐步进行,有时这个过程还会比较曲折和复杂。因此教育性督导的内容不仅包括提供帮助的技术和方法,而且还包括提供帮助的具体过程,不同阶段的不同工作方式,如社会调查、诊断、处理、采集数据、分析数据、实施干预、获取信息、处理信息,以及施加社会影响。

6. 专业化意识

督导员除了应教会受督导者如何运用社会工作相关知识及方法解决实际问题之外,更重要的是还应促进受督导者有目的地、自觉地用专业自我开展工作,要做到这一点,首先要有很强的专业意识。因此教育性督导还有一个重要内容就是让受督导者加强自我意识,使其能够有意识地、严格地、自觉地开展工作,提高他们工作的兴趣和信心,更有效地为当事人提供最大的帮助。

我们在入户访谈中遇到这样一户三口之家,父亲残疾领低保,母亲在女儿6岁时因精神病发作出走,至今仍未回家。母亲出走后,因担心女儿走失,父亲将女儿关在家里10年,家里还有一个男孩在读初中,成绩不好。这个家庭的最大愿望不是帮助女儿(父亲认为女儿这样很好,不会走失),而是帮助儿子提高学习成绩。服务对象不具有专业社会工作服务的需要,这使社会工作者处于一种尴尬的境地,服务对象提出的服务要求通常不是专业社会工作的服务范围,而专业社会工作服务内容又处于一种潜在的状态,服务对象没有意识到。(童敏,2006)

在这个案例中,服务对象没有意识到专业社会工作服务的真正需要,为之服务的社会工作专业实习学生也很容易只关注到服务对象提出的服务需求,而忽视其真正的服务需求。督导员可以引导实习学生从专业角度思考,帮助实习学生分析该个案家庭的问题和需求所在,继而提出有针对性的服务方案。由此可见,提升受督导者的专业意识在某种程度上甚至比传授给他们具体的助人技巧更重要。

7. 种族、性别和性取向等方面的意识的敏锐性

由于当事人群体文化多样性的不断增加,以及人们对性别歧视和性取向问题的特别关注,因此拓展社会工作者在多元文化环境中的实际工作能力非常重要。督导员要教育受督导者加强对性别及性取向等方面的敏锐性,使他们对自身的成见和偏见有更清楚的认识。

一位男性受督导者说:

我最近加入了一个男人"意识提升"小组。我们花了很多时间讨论是哪些"男子气概"的社会化方式让我们形成了压迫女性的态度。此后,我在工作中下意识地对女性当事人表现得更加关心、顺从和体贴。也许,我在以一种不易察觉的方式去弥补男人对女人的不公正的做法,或者想显示我是如何开明。不管怎样,结果是我对女性当事人的帮助变得越来越小。一直到我接受督导,当督导员指出我现在对女性当事人的工作方式与我以前的工作方式有所不同时,我才认识到这个问题。(卡杜山,哈克尼斯,2008)

(三) 教育性督导的原则

在履行教育性督导的职责时，督导员扮演着教师的角色，受督导者扮演着学生的角色。教育的质量取决于教与学两方面，对于督导员来说，为受督导者提供一个良好的学习环境，运用恰当的教学方法，设计富有成效的有针对性的教学方案都是提高教学质量的重要条件。为了受督导者获得最佳学习效果，卡杜山和哈克尼斯(2008)认为督导员可以遵循以下几条教育性督导原则。

第一项原则——为了使受督导者获得最佳学习效果，督导员必须激发受督导者的学习激情，充分调动其学习的积极性。

第二项原则——为了使受督导者获得最佳学习效果，督导员必须督促受督导者全力以赴地投入到学习中去。

第三项原则——为了使受督导者获得最佳学习效果，督导员安排给受督导者的学习必须要有成就感。

第四项原则——为了使受督导者获得最佳学习效果，督导员必须鼓励受督导者积极地参与到学习的过程中去。

第五项原则——为了使受督导者获得最佳学习效果，督导员必须对教学内容进行刻意安排。

第六项原则——为了使受督导者获得最佳学习效果，督导员必须因材施教。

(四) 教育性督导的方法

督导员常用的督导方法主要有个别督导和小组督导，但是就实用性来说，一般都倾向于运用个案工作。也有人认为，社会工作督导本质上就是个案督导。

1. 督导的过程

用个别督导方式进行的督导，其过程有三个阶段：开始阶段，督导员筹划督导的整体安排，制定督导的议程并做好准备工作；中间阶段，督导员以教授为导向，向社会工作者提供有益的反馈；最后，在结束督导之前，要对下次的督导作出安排。

开始阶段，督导员应该明确安排每周与受督导者会面的时间，保证督导员有足够的时间督导受督导者，同时保证受督导者有充分的时间向督导员学习，时间的安排可以灵活但必须要有保证，只有这样才能保证受督导者学习的权利。督导员必须对受督导者进行教育性诊断，了解受督导者目前的学习情况，这要求受督导者必须提供个人的相关资料给督导员，督导员才能根据受督导者的实际情况对其实习学习进行有效、合理的安排。受督导者要提交自己的工作记录，包括书面记录、日程记录、个案记录、已经完成的工作和自己计划的工作，督导员在审读受督导者资料的过程中，要有意识地选择相关的信息或者概念与受督导者进行讨论或者在以后的督导中进行讲述。另外，就是准备督导员讲述的材料。

中间阶段，也是最关键的阶段。教育性督导的基础是受督导者提交的实习报告,这种报告或者在督导前与督导员进行探讨分享,或者在督导时进行口头报告,教育性督导可以说是对已经发生的事情进行回顾和总结的过程。督导员和受督导者一起以交流、批评、借鉴的方式来分析受督导者对工作对象计划要做的工作以及已经完成的工作。督导是让受督导者进行自我观察,系统、冷静地思考的过程,也是督导员帮助受督导者梳理思路并指出工作中的失误的过程。最后需要注意教与学的反馈。

最后阶段,对督导工作中讨论的问题和教授的内容进行概括和归纳,并提出一些建议或提供一些参考书目,鼓励受督导者对此问题进行再深一层的认识,并注意与下次督导相衔接。

2. 督导的方法

督导的方法有多种,如个别督导法、小组督导法、角色扮演法、讲授示范法等,其中最常用的有个别督导法、小组督导法和现场督导法。

个别督导法是最传统、最常用的督导方法,即督导员一对一地对受督导者进行教学,帮助受督导者改进工作。个别督导可采用的方法很多,如向受督导者提问要求受督导者讲明事情及自己的想法,还可与受督导者展开问答式对话,通过对话让受督导者进行更敏锐的思考;督导员还可以给受督导者上小课进行讨论、演示、角色扮演,一起聆听并分析工作录音;另外督导员还可通过示范即有目的地挑选和展示一些行为来达到教育的目的。个别督导员会每周或每月举行一次会谈,每次1~2小时,连续举行一段较长的时期(几个月、一年或两年),在督导过程中,督导员还可以为受督导者布置作业。个别督导法针对性强,可以针对不同受督导者的实际问题进行具体讨论、分析,尤其当受督导者面临较复杂问题时,个别督导法更能发挥作用。

小组督导法是运用小组讨论的形式,针对多个受督导者面临的共同问题及需要,引导小组成员彼此交流思想、分享经验、商讨对策。每个小组5~8人为宜,人数太少,难以形成互动;人数太多又容易使部分成员受到忽视甚至没有发言机会。督导员应引导小组成员围绕共同关心的话题展开讨论,倡导成员畅所欲言的讨论氛围,从中找出问题的根源并引导成员提出解决对策,帮助小组成员提高表达能力、沟通能力及解决问题的能力。小组督导法的一个明显优势是节省时间和精力,从而使得小组督导的形式越来越受欢迎。

现场督导法是指督导员通过单面镜、录像机等直接观察受督导者面见真实来询者的过程,利用电话、对讲机或亲自进入咨询室内,或邀请受督导者到单面镜后进行讨论等方法,向受督导者提供及时的指示,从而对咨询及治疗过程作出引导,提高咨询面谈的成效。(樊富珉,1999)

总之,督导员的传授技术会因态度、技巧、信服力以及使用得当与否而有不同的效果,每个督导员都可以找到合适的督导方式。

以下材料来自某校社会工作专业学生写的实习报告：

这次的服务介入之所以能取得这样的成效，除了服务对象一家人很愿意配合外，督导员的指导也起到了相当大的作用。在服务介入中，实习社会工作者每周都要交服务介入报告，将介入过程详细记录下来。督导员可以帮助我们发现服务介入过程中有哪些做得比较好，可以继续坚持，哪些话题可以继续深入，如何克服其中的不足，纠正目标的偏差等。同时督导员会指出服务介入中遗漏了哪些重要信息，或者忽略了哪些有利于服务对象改变的机会，使社会工作者能在下次介入时注意。总之，督导给了我们很大的启发和动力，包括小组督导时，很多组的实习社会工作者围成一圈汇报情况并接受督导员的指导时，我们可以学到很多技巧、方法和理念，即使目前自己的个案没有遇到这样的困难，也可以作为以后服务介入的参考。（童敏，2008）

四、支持性督导

（一）支持性督导的含义

在入职初期或实习初期，由于没有工作经验，社会工作者及实习学生常常会产生焦虑不安、不知所措、过分紧张和高估或低估了将要面临的困难等心理，在实际工作中他们也常面临各种各样的心理压力，这些心理状态不利于他们尽快适应工作环境，甚至会阻碍他们前进的步伐。督导除了要承担行政性功能和教育性功能外，还要承担支持性功能，即督导员给予受督导者情绪上的支持和指导。支持性督导就是督导员帮助受督导者克服困扰或不良情绪，减轻心理压力，树立积极、健康的工作态度，逐渐成长为合格的社会工作者。

如果说行政性督导中督导员扮演着管理者的角色，在教育性督导中督导员扮演着教师的角色，那么，在支持性督导中，督导员则扮演着心理调适辅导员的角色。支持性督导旨在提高社会工作者的工作士气和工作满意度，让其做好准备，调整好身心状态，以有效完成工作。在督导的三种功能中，行政性督导所提供的是有助于社会工作者开展工作的组织结构和机构资源；教育性督导所提供的是开展工作必备的知识和技能；支持性督导则是通过营造一种有利的心理氛围和人际关系环境，以使社会工作者焕发精神，富有成效地开展工作，并从工作中获得成就感。

一名社会工作者将她的督导员描绘成一位"支持性督导的大师"：

在我心情特别糟糕的时候，她总能发现我的问题所在，她会坐下来倾听我的诉说，然后想办法逗我笑。她非常富有幽默感。我们一起讨论个案以及我的困境时，她会提一些建议。因此当督导结束之后，我就又满怀豪情地准备再次投入工作了。我们的关系似乎让我脱胎换骨了一般。（卡杜山，哈克尼斯，2008）

（二）受督导者所承受的压力和职业倦怠

受督导者产生负面情绪的一个重要因素是其心理压力大，因此督导员应从减轻受督导者心理压力开始给予支持性督导。要帮助受督导者减轻心理压力，找到工作的兴趣和信心，督导员首先要清楚受督导者心理压力的源头及表现。受督导者可能承受的压力来源很多，包括如下几个主要方面。

1. 督导员带来的压力

无论从行政性督导还是教育性督导职责承担者的角度来看，无论督导员是扮演着经理角色还是教师角色，督导员都是权威和权力的代表方，他们拥有对受督导者的奖励权和惩罚权等系列权力，因此督导员和受督导者之间的关系首先是权威与服从的关系。这就意味着受督导者在某种程度上要放弃自主性及工作自由，必须接受督导员的安排和指导。在接受指导的过程中，受督导者可能会直接或间接暴露出自己的无知、没经验、紧张等弱点，而且有可能因此遭到督导员的批评甚至责骂。

另一方面，在接受督导的过程中，受督导者都希望自己能有明显的进步，并且期盼督导员能关注到自己的进步，从而得到督导员的认可和赞赏。为了这个目标，受督导者会害怕失败，急于进步，这些想法反而会加重受督导者的心理压力。

2. 当事人带来的压力

由于社会工作的性质决定了社会工作者服务的对象都是身处困境、备受压力的社会群体，包括需要得到保护的儿童及其家庭、艾滋病病毒感染者、受到性虐待的青少年等。这些特殊群体往往在接受社会工作者服务的过程中，容易产生强烈的情绪反应，如抵触、威胁、悲伤、消沉等，有些反应过激或异常的服务对象甚至会给社会工作者带来人身安全的危险。即使服务对象非常配合社会工作者的工作，社会工作者也必须以极大的耐心倾听当事人排山倒海的情绪宣泄，为他们提供有针对性的帮助，在这个过程中，社会工作者很容易受到当事人情绪的影响，对共情的要求更意味着社会工作者要分担当事人的感受，包括痛苦、绝望、苦恼等，这种工作对每一个社会工作者来说都会带来不同程度的心理压力，对于没有经验的社会工作者或实习学生来说更是一种心理挑战。

真是阴郁的一天。我一连做了四个面询，我见了一个又一个患有忧郁症的妇女。这一天里，随着时间的推移，我办公室里的气氛越来越阴郁。大家愁眉不展，仿佛末日来临，沮丧而绝望。最糟糕的是那天的最后一个面询。来面询的是露丝，她的男友对她说要和她分手，她希望我能给她一些活下去的理由。此前，我的情绪已经被另一个当事人感染，感到非常沮丧，我只好强打精神，装出一种积极的生活态度。（卡杜山，哈克尼斯，2008）

3. 由任务带来的压力

社会工作任务的性质以及开展工作的环境条件会给社会工作者带来压力。社会工作的任务是帮助弱势群体走出困境，使他们走上正常生活的轨道。然而，无论是社会工作者还是社会工作专业，都无力改变诸如歧视、失业、贫穷、疾病这一类的社会痼疾,这就直接束缚了社会工作者的手脚。社会工作者要在自己无法掌控局势的情形下竭力帮助当事人解决各种问题,会产生无力感、挫折感和失败感,很难有真正的成就感。

另外因为没有可观测的、客观的指标来衡量社会工作方法及措施是否成功,社会工作者也难以获得自我认可和工作圆满完成后的满足感。

(三) 帮助受督导者减轻压力的策略

了解受督导者可能承受的压力的来源之后,督导员就必须掌握帮助受督导者减轻压力的策略并有效实施这些策略,减轻受督导者由于各种原因带来的压力及负荷,能更加轻松地开展工作。

帮助受督导者减轻压力的做法主要涉及两方面:一方面,督导员可以通过陪伴、引导等方法直接帮助受督导者熟悉环境、增强自信从而减轻压力,如将受督导者介绍给机构工作人员、带领受督导者参加机构对内或对外的各种活动、给予受督导者适时的赞扬和鼓励等;另一方面,督导员还有必要向受督导者传授一些个人减压技巧,增强受督导者调节心理压力、缓解负面情绪的意识和能力,如听音乐、参加体育运动、写日记、向朋友倾诉等。实际上,社会工作者很有必要掌握一些减轻心理压力的技巧,不仅可以及时缓解自己的心理压力,而且还可以传授给正经受各种问题困扰而倍感压力的服务对象,更好地为服务对象提供服务。曾华源教授提出督导常用的支持性技巧主要有:再保证、鼓励、成就认定、基于事实表达信心、赞同与赞美;净化与疏导情绪、降低敏感和概括化、表达兴趣和关心的倾诉;提供资料面对现实、直接调试、提供示范性行为等。

一名社会工作者在回忆自己初到一家精神病院担任精神医学社会工作者的情况时,详细描述了工作中存在的危险以及督导员的处理:

从一开始,督导员似乎就能敏锐察觉到我的焦虑不安。第一天,她早到了15分钟,在门口迎接我。我们来到她的办公室,她接过我的外衣,递给我一杯咖啡。然后,她又带我去加咖啡,告诉我咖啡壶所在的地方。为了去加咖啡,我们穿过了两道上锁的大门。督导员解释说,下班时她会检查一下我是否拿到了我自己的一套钥匙。她的这两种姿态使我感觉自己仿佛已经成了组织里的一员,从而也让我有了一种被接纳的感受,心里很舒服。(卡杜山,哈克尼斯,2008)

五、实习督导功能的发挥

督导员承担着行政性督导、教育性督导和支持性督导的三大职责,三种督导的关系极其密切。行政性督导可整合和协调社会工作者在机构中与他人的合作,教育性督导可使社会工作者拥有更多技术,支持性督导则使工作动机更强。行政性督导和教育性督导的最终目标都在于尽可能最好地服务案主,行政性督导主要关心组织机构和功能,教育性督导主要关心教育和训练来促进社会工作者进步,两者互动。支持性督导可对员工进行充电而成为行政性督导和教育性督导达成高效的基础。三者的良好整合有利于保证提高新进社会工作者的整体工作效率和效果，达成服务质和量的平衡。（顾东辉，2005）

张大爷，性格倔强、固执，还喜欢批评人。刚到 W 社会福利院时，他总是这也不满，那也看不顺眼，与工作人员和其他老人的关系都不太好。福利院的有关领导和工作人员根据此情况，专门进行了一次会议，研究分析张大爷所存在的问题，并征求社会工作者的意见，制定了相应的解决方案，并由社会工作者来付诸实施。社会工作者在与张大爷认真沟通后，专门为他开展了一次"劳动者之歌"生命回顾专题讲座，当张大爷讲到新中国成立十五周年庆典时自己曾作为全国劳模代表接受国家领导人亲切接见时，激动得泪流满面，听讲座的人也对他报以热烈的掌声。这次回顾之后，张大爷不仅与其他老人友善相处，而且也能和工作人员亲切交流和沟通。

为了缩小工作人员与老人之间因为生活阅历不同而造成的差距，福利院向全院职工和其他工作人员开展了社会工作方法及相关知识和操作技能的培训，如老年学、老年心理学、老年人权益保护法等，每周一次，由福利院有经验的社会工作者轮流担任讲师。福利院的社会工作者还把每周五确定为员工减压日，让员工倾诉工作中遇到的难题和困惑，使其心理压力得到及时的宣泄。

在上述案例中，社会工作督导的作用和功能发挥得淋漓尽致。

首先，福利院的有关领导和工作人员根据此情况，专门进行了一次会议，研究分析案主所存在的情况，并征求社会工作者的意见制定了相应的解决方案，并由社会工作者来付诸实施。这是行政性督导，确保工作计划和服务目标顺利实现。在开展了一次生命回顾讲座之后，张大爷不仅与其他老人友善相处，而且也能和工作人员亲切交流和沟通。

其次，为了缩小工作人员与老人之间因为生活阅历不同而造成的差距，福利院向全院职工和其他工作人员开展了社会工作方法及相关知识和操作技能的培训。这是教育性督导，以提高机构工作人员的专业熟练程度，增强其服务能力，保障服务对象的权益。W 社会福利院，对其工作人员教导了有关"服务对象群"的特殊知识，如老年学、老年心理学、老年人权益保护法等。

再次，福利院社会工作者还把每周五确定为员工减压日，让员工倾诉工作中遇到的难题和困惑，使其心理压力得到及时的宣泄。这是支持性督导，督导者提供被督导者情感上的支持，促使被督导者感到自我的重要性与价值感，让被督导者能轻松面对工作，在工作中自觉地把老人当做自己的亲人一样照料，真正用心去关心、理解老人。（蒋艳，2008）

一个优秀督导员一定是经理、教师和心理医生三种角色的成功扮演者。卡杜山和哈克尼斯在《社会工作督导》一书中详细地列举了 25 条优秀督导员的标准。

(一) 优秀督导员应成功发挥行政管理职能

具体来说,优秀的督导员应该做到以下几点。

(1) 能用非长官意志的方式自如地接受和恰当地履行职位赋予自己的行政权威和权利,能保证社会工作者对分内的工作负责并且能够敏锐而又果断地对受督导者的实际工作作出评估,在遵守明确规定的工作表现标准的前提下,平衡对工作的支持与明确的期望之间的关系。

(2) 向社会工作者提供与机构及一线工作者有关的明确的程序和建设性的反馈:优秀的督导员会指引方向,在适当的情形下与受督导者对质;以一种尊重受督导者的长处和肯定其向独立迈进的自信心的方式,提供建设性的、诚恳的、批评性的反馈。

(3) 付出积极的努力以整合机构对工作成果的要求和社会工作者在社会情感方面的需要,平衡好机构出成果的目标和社会工作者的士气,布置任务的时候要为社会工作者考虑,平衡工具性任务和表达性需求。

(4) 在督导中不以强势的面目出现,这样,受督导者知道有人督导他们即可,这样就不会感觉到时时刻刻受人监察;督导员可表现出随时会向受督导者援手,但又不需要总出现在受督导者身边。

(5) 一般而言,应直接与受督导者接触、交流,这样会让人在心理上觉得亲近和向其靠拢。

(6) 与受督导者的社会工作者建立和保持良好的人际关系。

(7) 在科层制组织中,能与上下级有效沟通,能积极地代表社会工作者向管理人员进言,同时又能把行政人员关心的事宜公正而又恰当地传递给受督导者。

(8) 平衡机构稳定与改革的需要,并且准备好倡导有效的改革。

(二) 优秀督导员应成功发挥教育职能

具体来说,优秀的督导员应该做到以下几点。

(1) 对待社会工作者以及所赋予的权力有积极的、前瞻性的态度,能精诚对待本专业并投身其中,能用言行再现专业的价值观。

(2) 对促进受督导者的学习和专业发展由衷地感兴趣,能平衡好对受督导者的控制、指示与对受督导者自主性的尊重。

(3) 在社会工作理论和实践方面是内行,拥有最新的知识,并愿意跟受督导者分享这方面的专业知识,为其遇到的实践中的问题提供相关的资讯和建议。

(4) 在通过民主参与而不是利用权力中心与上下级关系得到共识和合作的基础上,对受督导者的工作采取就事论事解决问题的态度。

(5) 为督导员和受督导者提供一个清晰而富有弹性的结构安排。

(6) 积极准备个别督导和小组督导会,准备内容包括重温对受督导者的了解以及有关督导内容方面的知识。

（7）具有相应的文化敏锐性以帮助受督导者根据当事人的背景理解当事人，杜绝性别歧视和种族歧视。

（8）与受督导者建立有心理安全感的良性关系，特点是接纳、温暖、有同理心、尊重、感兴趣、支持、富有弹性和真诚。

（9）有所准备，愿意并能够分享专业知识，以及适当地进行自我披露，以一种能更好地促进学习的方法卓有成效地教授实践知识。

（10）展示出帮助受督导者开展工作的专业技术能力，以及处理与受督导者人际关系方面的能力。

（11）有容忍和接受错误与失败的准备，把这些看成是学习过程中自然而然的一部分。

（三）优秀督导员应成功发挥支持作用

具体来说，优秀的督导员应该做到以下几点。

（1）要对受督导者传递有效信息和表现出信任的态度，使受督导者的自主性与斟酌决定权能最大限度地得到发挥。

（2）愿意并能自如地表扬和赞许受督导者良好的表现，同理，也要能挑战和质疑受督导者工作上的不足。

（3）能敏锐觉察社会工作者对压力的反应，并能相应灵活地调整工作的要求。

（4）营造允许并鼓励受督导者表达真实感受的氛围，并与受督导者建立充分的、无拘无束的双向交流。

（5）能自如地不带防卫地考虑负面的反馈和反移情反应，能容忍建设性的批评意见。

（6）尽量给受督导者提供适当的支持，但是不会从感情上插手其私生活。

最后，所有这一切可以归纳为：优秀的督导员是能施以援手的、方便接近的、和蔼可亲而又有才能的人；优秀督导员除了是在技术上有能力、称职工作的专业人员，同时也应具备良好的人际关系技巧和良好的组织、管理技能。

参 考 文 献

[1] 卡杜山,哈克尼斯.2008.社会工作督导[M].4版.郭名倞,等,译.北京:中国人民大学出版社.

[2] 苏瑞提·S 多培尔,伊丽莎白·L 罗姆菲.2005.社会工作实习指导[M].北京:中国人民大学出版社.

[3] 季钦.2010.系统视角下社会工作实习督导模式的探讨[J].社会工作下半月(理论)(2).

[4] 樊富珉.1999.试论督导在咨询员培训成长中的作用[C]//《迈向 21 世纪的高校心理健康教育》编委会.迈向 21 世纪的高校心理健康教育——第六届全国大学生心理咨询学术会议优

秀论文集,南京:江苏人民出版社.
[5] 黄耀明.2006.浅析社会工作专业实习督导的角色定位与技巧[J].社会工作(18).
[6] 张洪英.2006.本土非专业处境下社会工作实习督导模式的行动研究[M]//王思斌.社会工作专业化及本土化实践:中国社会工作教育协会2003—2004论文集.北京:社会科学文献出版社.
[7] 顾东辉.2005.社会工作概论[M].上海:上海译文出版社.
[8] 王思斌.2006.社会工作概论[M].北京:中国人民大学出版社.
[9] 库少雄.2003.社会工作实习[M].武汉:华中科技大学出版社.
[10] 张乐天.2005.社会工作概论[M].上海:华东理工大学出版社.
[11] 周丹红.2005.关于地方高校社会工作专业实习基地建设途径的探索[J].经纪人学报(3).
[12] 童敏.2006.中国本土社会工作专业实践的基本处境及其督导者的基本角色[J].社会(3).
[13] 蒋艳.2008.社会工作督导:有效且必需[J].社会工作(8下).
[14] 童敏.2008.社会工作实习指南[M].北京:高等教育出版社.
[15] 许卢万珍.2005.社会工作实习的教与学[M].香港:香港理工大学应用社会科学系.

第八章 社会工作实习的伦理议题及存在的问题

社会工作专业教育包括知识教育、价值教育和技术教育三大部分。社会工作实习教育是社会工作专业教育发展的重要途径和主要环节。中国社会工作教育要走出社会工作实习教育的困境,提高社会工作专业教育以及社会工作专业服务的社会认同度,就要将实务导向型、教育导向型的社会工作实习教学模式的实施放在重要的位置,立足国情、社情、校情等具体现实,对已有资源进行整合,建构适应中国社会建设和发展需要的社会工作实务体系,培养出知、觉、行合一的社会工作专业人才。在这一章,我们主要讨论社会工作实习的一些常见伦理议题,以及社会工作实习教育的主要问题及其如何完善。

第一节 社会工作实习的伦理议题

实习中的伦理困境不同于实务中的伦理困境,既有直接实务中的伦理特性的困难或问题,又有社会工作实习中的困难和冲突。社会工作实务中的伦理困境来源于价值观的冲突。社会工作实习的伦理困境主要来源于社会工作的伦理矛盾和冲突。能否恰当地处理实习中的伦理问题,决定着社会工作实习能否顺利进行及目标能否顺利达成,也影响到社会工作学校、专业和学生在实习机构及社会公众中的形象和地位。

社会工作教育中存在专业伦理与价值教育不足的问题。社会工作专业伦理与价值观如果脱离实务,学生只能从理论教学和案例分析中获得间接体会。在社会工作实习过程中,我们经常会碰到伦理困境,轻则不知该如何应付,重则根本不知或不顾伦理守则,而罔顾专业伦理的要求行事,造成专业的迷失。这种情况一来会影响实习学生的专业提升,二来会影响实习机构和案主的最佳利益。(曾华源,1993)在社会工作实习中,有哪些伦理困境?伦理困境可以被避免吗?如何解决伦理困境?下面主要讨论这些问题。

一、关于理想的伦理议题

理想的实习是怎样的?可能实现吗?实习中的伦理困境有可能不存在吗?这是很多实习学生会思考的一些问题。对于理想的实习的追求,包括理想的实习环境、实习过程,抑或没有价值矛盾的实习,似乎非常重要且令人向往。但事实上,理想的实习在大多数情况下是不太现实的。

首先,我们的教科书或实习指导手册上一般明确规定400小时或900小时的实习时间。这些时间是否不够或太多?答案可能因个人情况而定,有的人希望能得到更多的实习时间,但也许有人会觉得时间很难熬,甚至希望机构能帮忙虚报实习时间。这个问题的背后隐藏着一个更大的问题:实习是走过场的吗?或者说,实习有无必要规定特定的时间?关于实习时间的讨论,其实并不是非常重要,但有一点要明白,就是严格规定实习时间将有助于保证实习质量,而且机构或督导员并无义务帮实习学生在时间上弄虚作假。严格来讲,实习学生必须按教学计划规定的标准完成足额时间的实习。在实习期间,除极特殊的情况外,实习学生不得随意请假。实习学生如果因生病无法出勤,请病假需出示医生诊断证明书,经督导员和实习指导老师批准并记入考勤,并尽快在规定时间补齐病假缺勤实习时数。

其次,实习一定能带来好的结果吗?实习时,我们的理想当然是实习能带来好的结果,但即使达成所愿,我们也必须要反思实习过程中机构及其工作人员,还有案主甚至于社会公众可能会对实习学生造成的负面影响。这些情况可能包括以下几个方面:实习机构的员工由于在工作上的不满意而带来的职业倦怠感或者出现频繁跳槽现象,这会伤害学生的专业认同;实习机构或其员工的一些非规范或非专业的做法,会影响到学生的专业认知,造成过度社会化;机构工作人员的工资待遇过低或劳动强度过大,会影响到学生将来继续从事本专业的职业选择;学生由于个人专业素质或工作技巧上的欠缺,会给机构、同事和案主带来一些不利影响或者伤害;机构同事之间的关系比较复杂,会让学生提前面对职场人际交往,学生有可能会变得更加现实或圆滑,等等。无论是在专业机构还是非专业机构中实习,实习学生都有可能碰到一些非理想的情境。例如,实习学生难以与非专业出身的管理人员和其他工作人员进行业务沟通和交流,会感到在学校学到的很多专业理论知识和社会服务的现实冲突很大,如尊重服务对象还是控制服务对象,是民主管理还是尊重权威,是否严格坚持为案主保密。

再次,在实习中实习学生会发现自己的一些想法不太现实。这些想法包括以下几个方面(戴维·罗伊斯等,2005):所有的社会工作者都喜欢他们的工作,所有的社会工作者都是尽责的、恪守伦理的和值得信赖的人,社会工作者总是做使案主利益最大化的事情,组织总是排斥浪费、无效或者不称职、拖延的雇员,案主总是喜欢你,案主将遵守大多数——如果不是全部——预约,每一个问题都是可解决的,解决案主问题的重要职责都掌握在你手中,每一个案主都想要变得更好。而一旦你明白以上想法不太现实时就必须尽量避免产生上述想法,否则理想的实习或实习的理想就会变得难以企及了。

最后,实习中总会面临各种价值矛盾。当实习学生不知道采取什么行动,在"对"与"错"之间难以抉择的时候,就面临着价值矛盾。通过预测可能发生的问题来避免陷入价值矛盾之中。解决价值矛盾的第一步是确定价值矛盾的性质。如确定它是个人价值与专业价值之间的矛盾,还是专业价值与机构政策之间的矛盾。必要的时候要记下价值矛盾,并就此收集信息、展开研究,看看别人以前是怎样解决这类矛盾的。在面临价值矛盾的时候,怎样知道自己做得对不对呢?也许永远也不可能知道什么是绝对的"对",什么是绝对的"错"。(库少雄,2003)

二、关于身份的伦理议题

关于身份的伦理议题也比较复杂。在实习中,学生拥有学习者和助人者的双重身份。对此,学校实习指导老师、督导员和机构其他工作人员应共同制定必要的制度,以帮助学生明确这两种角色的权利义务,以使之能正确地处理双重身份所带来的种种困扰。学生应全面了解并严格遵守机构的规章制度,应按时到达实习机构,不得无故推迟报到或不参加实习机构的实习安排。在实习期间,学生应谦虚谨慎,注重自己的仪容整洁和言行举止,尊重实习单位的领导和同事,尊重督导员,服从实习工作分配,按时完成实习工作任务,不得与实习机构或服务对象发生冲突,避免自己的不当行为给实习机构、学校带来困扰、负面影响或损失。督导员或学校实习指导老师必须明确告诉实习学生,一旦发生确实可归因于实习学生引发的冲突或伤害事件,将会影响其实习成绩,并且实习学生需要自行承担经济赔偿甚至其他法律责任。

应该告诉案主自己的实习学生身份吗?与医院的实习学生一样,实习学生也需要经常思考一个问题:实习过程中,实习学生对机构社会工作者与案主的服务过程能否进行直接的参与或观察,如果实习学生身份"暴露",案主是否可能会产生被"观摩"的不适应或不被重视的感觉。有时,学生实习时,学生自己或学校实习指导老师可能带有研究的目的,其除了需要观察和记录外,有时还会需要进行一些特殊的调查研究,如访谈、调查和实验。这些并非出于治疗需要的研究,并不是案主所关心的,相反还可能会造成对案主的欺骗和伤害。因此,实习学生需要考虑的是如果其不告诉案主自己的实习学生身份是否意味着"欺骗"?一般的建议是,实习学生需要在最初的会面时,选择合适的机会向案主表明自己的实习学生身份。调查表明,51%的督导员与机构其他工作人员认为实习学生应该向案主表明自己的真实身份。支持公开实习学生身份的人认为:讲明自己的实习学生身份有助于实习学生在与案主互动的过程中保持真实的自我,并有助于避免以后出现某些问题。实际上,要隐瞒实习学生的真实身份也是有困难的。例如,案主打电话到机构里来找实习学生,恰好他不在,接电话的人可能会说,××同学今天在学校里上课,明天才到机构里来实习。此外,如果出现了严重的问题(例如案主自杀),而机构一直在隐瞒实习学生的真实身份,那么案主的家人就可能因此而上法院起诉机构。因此,一般人认为,实习学生应该以适当的方式表明自己的真实身份。例如,既可以直接告诉案主,又可以在胸前挂一张实习证,等等。总体而言,对这个问题,人们始终存在不同的意见和做法(戴维·罗伊斯等,2005)。有人主张,学生应该负有不误导案主的伦理责任,应该向案主披露自己的学生身份。理由主要有:案主有权知道为他们提供服务的人的真实身份;披露将使学生在工作关系中成为完全可信的对象,并且它将避免在今后的服务终止期内出现由此而带来的问题;不让案主知道这些信息是很困难的;当出现案主自杀等严重问题时,案主的家庭可能会提起诉讼,隐瞒学生身份将可能会给机构带来麻烦。学生可以通过口头、姓名标签或官方指导记录签名等方式指明自己的学生身份。当然,有很多机构并不要求学生说明自己的实习学生身份。这是出于以下考虑:其一,实习学生会接受严密的督导;其二,实习学生的个案数量并不多;其三,机构不想给学生或他们自身带来不必要的麻烦。在有些情况下,如案主不能支付咨询费时,可以选择接受来自实习学生的帮助,而不用等待很长的时间以得到免费的服务;其四,案主有可能只与实习学生进行一次短暂的、不重要的接触。许多机构认为,大多数实习学生对工作充满热情与奉献精神,认真负责地为案主服务。许多实习学生服务的质量并不差,甚至要高于某些机构工作人员的工作质量。

可以接受案主的礼物吗?在实习中,实习学生在实务中可能会碰到这样的伦理拷问。有些案主为了表达对社会工作人员的谢意,要赠送礼品给他们。有些机构对此制定了相关的政策,有些机构则没有。在机构没有明确制定相关政策的情况下,如果有案主给实习学生送礼,实习学生最好与督导员商量该如何处理。因为礼物既可以表达案主的谢意,又可能是案主希望得到额外的关照的表示,特别是当礼物十分贵重的时候。一般来讲,接收案主的礼物在伦理准则上是不允许的。但实际上,当我们"机械"地遵守伦理准则时,可能会有以下问题:案主送给社会工作者礼物,只是基于信任或感谢,直接拒收会引起案主的不安或不满,影响社会工作者和案主之间的专业关系的顺利建立。如果案主的礼物非常贵重,社会工作者通过较委婉的方式加以拒绝,最终也许会被案主理解,但如果案主的礼物并不贵重时,社会工作者是否一定要坚持不收,可能就需要斟酌了。如果机构没有制定相关的政策,实习学生可以为自己制定一项规定,比如说,不能接受价值超过50元或100元的礼物。一般说来,一些表达谢意的小礼物,例如一盒饼干、一束鲜花或由案主亲手制作的小玩意儿不妨收下来。无论如何,请记住伦理守则或机构的相关规定并尽量遵守,特别是实习学生更应如此。在特定的情境下,如果拒收礼物会直接带来案主情感上的伤害,或者案主送礼的目的在于建立更好的关系以获得更好的服务时,社会工作者或实习学生也可以进行这样的变通处理:先收下礼物,等结案时再退回给案主,或者适当回赠价值相当的礼物给案主。

与案主或同事约会是被允许的吗?实习结束后有必要继续和案主联系吗?与礼物的问题一样,这些都涉及专业关系。社会工作者与案主之间建立的是专业关系,而非好朋友的关系。但在中国的人情社会中,关系本位的文化传统影响无处不在,事实上要想建立纯粹的专业关系是很难的。除了送礼物外,案主可能会邀请社会工作者吃饭,或索要其个人电话和通信地址,或者许诺帮忙解决其个人困难,等等,这些均超出专业关系的范畴,属于人际关系的范畴。对此社会工作者应如何处理？专业关系要求社会工作者定期与案主面谈,不接受案主的礼物,不应在生活中与案主约会,以及在结案后以其他事由联系案主。与案主约会可能引起性关系方面的问题,而专业人员是绝不能与案主发生性关系的。对此,《美国社会工作者协会道德准则》有明确规定:"社会工作人员无论如何也不能与其目前的案主发生性关系和性接触。"如果案主要求到办公室之外的地点谈话,实习学生必须考虑到地点的改变可能造成自己与案主专业关系的不利影响,因此不应该贸然同意。一般情况下,社会工作者应该把自己与案主的关系限定在办公室之内。如果实习学生发现自己被某一位案主迷住了,最好立即要求督导员把这位案主转介给另外一位社会工作者。与案主之间暧昧的关系会影响专业关系,影响社会工作者作出客观的判断,影响社会工作者为案主提供最好的服务。同时,在实习期间与机构工作人员约会也是不可取的,因为此时其身份还是学生,一旦约会失败或关系破裂,既可能给其自身带来感情伤害,又可能导致其与该位工作人员之间关系紧张。即使彼此之间的关系不至于紧张,但在该机构里,当实习学生与某工作人员的私人关系成为其他人议论的话题时,学生也是很难从实习中得到最大收获的。况且在一家机构里,要想为这样的事保密是十分困难的。对此,《美国全国社会工作者协会道德准则》也有明确规定:"身为督导员和教育者的社会工作人员不应该与被督导者、学生、受训练人或其他部下有性活动和性接触。"(库少雄,2003)

实习学生可以要求领取酬劳吗？原则上讲,实习学生不领取工作酬劳。但是,如果实习机构愿意提供交通费、差旅费和误餐费或劳务费,就另当别论了。记住,实习学生从实习机构中领取的酬劳,必须视实习机构的政策许可、实习机构的资金条件、劳动时间长短、劳动强度大小等因素综合而定,同时还必须获得学校实习指导老师的同意。毕竟,如果实习学生勉强要求机构提供酬劳,有可能会影响机构资金和政策,甚至会影响到机构对实习学生的实习评价,以及机构与学校的合作关系。

三、关于机构的伦理议题

在实习中,以谁的需求为本位,谁是主角？对于这个问题的回答,要分具体情况来区别对待,因为它涉及社会工作实习和社会工作服务两个密切相关但又存在一定程度区分的主题。显然,社会工作实习应该是为了社会工作服务而服务的,而不应该仅仅为了完成实习而实习。事实上,要想完全做到这一点似乎有点困难。包括实习学生、督导员和案主在内的多元主体,各自的需求存在相当大的差异性,因此,就出现了这样的伦理议题:到底应该以谁的需求为本位？必须注意到,社工作实习与社会工作服务之间的连接关系是学生—机构(督导员)—案主,其中的关键点是督导员。督导员必须在自己的需求、学生的需求和案主的需求之间起到很好的平衡作用。"案主的利益居首位"的伦理准则也许是终极的标准答案,但简单地或绝对地依此准则来处理并非易事,也并不一定能带来最理想的效果。

实习机构的需求能得到满足吗?社会工作实习是以教育性为取向的,对于学生到机构实习,其目的在于学校的专业教育目标和学生的学习需求的满足,而并非以机构工作需求为主。学校应该如何取舍?机构需要学生做什么?学生又能提供什么样的服务?机构接收学生实习,对学生进行专业培训,是专业伦理和社会责任的体现,同时也会缓解其工作人员不足、工作经费不足等矛盾。学生的实习需求一般会与机构需求存在不一致的地方。因此,学校一方面需要了解机构状况,另一方面要能够在机构中寻找专业服务的需求并评估实习学生提供服务的可能,既不能对机构的需求一无所知,又不能不顾学生的实际服务能力而刻意或勉强地迎合机构需求。此外,案主的需求极有可能是专业机构现有服务所未能或无法满足的,实习学生需要发现并指出这些潜在的案主需求吗?是装聋作哑,还是如实向机构汇报自己的发现?此类问题的回答非常困难。"虽然中国内地社会工作服务的需求随着社会变迁越来越强烈,但还需要经历一个需求唤醒、需求表达和需求实现的漫长过程。在这样一个似乎具有冲突性的现实背景下,社会工作实习教育的本土性以及社会工作实习教育模式的本土化过程,是值得深思的。"(肖萍,2006)

学生来机构实习是打字员吗?机构对实习学生应该有哪些特殊要求?一般来说,实习学生必须具有强烈的助人意愿,有一定兴趣和能力,有成熟的情感,并且诚实。(戴维·罗伊斯等,2005)实习机构对社会工作专业本身的认识严重不足,机构需求与学校实习教学安排存在一定的矛盾。实际上,学生在那些专业性不强的机构中实习时,大多数情况下,其角色不是社会工作者,而是机构的一般工作人员,或者是工作人员的助理。他们参与机构的一般管理活动,很少能有机会运用社会工作专业的理论和方法,很少有机会扮演社会工作者的角色。部分实习机构接受实习学生,往往是将学生视为免费劳动力,其只负责从事简单的打字、抄写、出墙报、电脑操作工作,而忽略了他们社会工作者的专业身份,忽略了学生来机构实习的真正目的,只注重实习学生对机构的贡献。

如果观察到一些非法的或不道德的事情,该怎么办?可以揭发机构或同事的不当伦理行为吗?对于实习学生来说,这是一个比较困难的抉择。对于社会工作机构来说,接受实习学生意味着一种挑战,因为机构的服务会受到实习学生的检视。揭发机构的非法或不道德的行为对于实习学生来说也是一种挑战,实习学生可能会因为揭发的结果而影响同事的职业生涯,或者影响机构的声誉,同时也可能对自己造成一些伤害和麻烦,如可能会被同事报复,影响下一步的实习,甚至会影响机构与学校之间良好的合作关系等。在实习机构里,学生可能看到或听到某些违法或不道德的事。例如,一位实习学生看到一位工作人员把机构里的办公用品"偷"回家时,实习学生应该向督导员报告他所看到的事情吗?答案是"不"。因为这位工作人员可能是要在家里完成某些与机构有关的工作,毕竟监督机构工作人员不是实习学生的任务。然而,如果发现有工作人员私吞或挪用本来用于帮助案主的资金,与案主有性接触或吸毒等时,那么,实习学生就有责任把情况向督导员和学校实习指导老师报告,因为这些都是相当严重的问题。有时实习学生很难确定是否应该报告某些行为,因为有时同事发生不当行为的情境是模糊的,其证据也可能是有问题的,不当行为带来的影响并不明确,而且即使报告后,问题改变的可能性也不大。总之,当实习学生在犹豫是否要揭发同事或机构的不当行为时,需要进行深思熟虑和作出艰难抉择。例如,一位实习学生已被告知不能用机构电话来办私事,但是,他发现一位机构工作人员用机构电话与她的男朋友聊天,时长大约50分钟。这样的事并不少见,这位实习学生想找督导员提意见。出乎意料的是,在他提了意见之后,督导员没有采取任何行动,原来,那位打电话的工作人员是督导员的好朋友。这位学生反而被认为是无事生非。督导员对他的实习评价也比对其他同学的低。因此,实习学生要考虑所检举的是一些什么样的问题,检举会给自己带来什么样的影响——尤其是如果自己的检举被证明是错误的时候。也许那位工作人员不是给她的男朋友而是给一位案主打电话,那位案主的问题的确需要50分钟的谈话才能解决。如果实习学生确信某工作人员的某种行为是违反机构政策、道德伦理和法律的,可以私下将同事的问题向督导员反映,关于机构的问题可以和学校实习指导老师讨论,相信他们可以决定下一步应该怎么办。(库少雄,2003)

四、关于安全的伦理议题

实习的负责老师和机构相关工作人员应努力维护并确保实习学生在相关服务场所的安全,提前做好安全教育,提升其安全意识和危机处理能力,并采取必要的安全措施。负责老师应该指导并帮助实习学生对实习机构、服务场所、服务项目和案主进行安全评估,在实习手册上明确提出可能影响安全的相关因素,以供实习学生作为安全评估或安全预防的参考。当实习学生单独从事外展服务时,应随身携带负责老师和机构工作人员的电话,以应对可能出现的紧急情况。当服务对象或服务环境可能会对实习学生造成危险时,实习学生可自行中止服务,尽快离开现场,并立即联络负责老师或相关工作人员。

实习学生需要责任保险吗?责任保险是以被保险人依法应负的民事损害赔偿责任,或经过特别约定的合同责任为保险标的的一种保险。投保人在购买责任保险后,一旦发生保险事故,依法应由被保险人承担的经济赔偿责任,由保险人按照保险合同的约定负责赔偿。学生在实习期间可能会遭受意外事故而导致伤残或死亡,或因疏忽或过失造成其他第三者的人身伤亡。无论何种情况,一旦发生,学校、实习单位、学生本人或其他第三方就要依法承担相应的赔偿责任。实习责任保险的购买,可以将实习事故发生后的赔偿责任的风险进行有效的转移,提高学生实习的保障和安全。实习是否需要购买责任保险,一方面,主要取决于实习学生在实习中受伤害的可能性;另一方面,则主要取决于实习学生可能会给实习服务对象造成伤害的可能性。目前,我们国家已经全面推行中等职业学校学生实习责任保险,从而在最大程度上保障实习学生在实习事故中的合法权益。关于社会工作专业在内的本科生实习的责任保险并没有统一的实施方案,实习责任保险是否购买主要视学校、实习机构和实习学生本人的具体情况而定。目前,主动为实习学生购买责任保险的学校不多,只有一些学校明确要求实习学生购买责任保险,而大多数学校则建议实习学生购买责任保险。如果学校并不要求实习学生购买责任保险,实习学生应主动购买吗？实习学生要依自身的经济条件和实习本身的安全程度等情况灵活处理。但无论如何,培育实习学生的安全意识,让其知道实习责任保险存在的重要性是实习安全教育的重要内容。

社会工作者与社会工作机构有可能因治疗错误而承担赔偿责任。虽然实习学生出现治疗失误而被卷入法律纠纷的可能性不大,但是,一旦面临法律纠纷,实习学生往往难以承受。责任保险虽然并不能保证实习学生免于法律纠纷,但是,其可以帮助实习学生轻松应对法律纠纷。一方面,在实习机构里,也许刚刚发生过一场案主起诉社会工作人员的事件,或者实习学生感到所从事的工作很容易使自己卷入法律纠纷;另一方面,机构和学校可能都制定了一些政策来保护实习学生免于法律纠纷,但是,这仍然不是万全之策。曾经发生过这样的情况——实习学生以为自己应该受到实习机构有关政策的保护,但是,在事故发生之后,机构的代理律师却以实习学生不是机构正式工作人员为由拒绝为之承担责任。因此,在经济状况允许的情况下,学校或学生不妨购买一份实习责任保险,以防万一。

实习学生如何处理性骚扰？性骚扰既可以是语言上的,也可以是行为上的,包括带有性倾向的赞美、强迫接受约会或性接触、有关性方面的玩笑、意外的留言,以及一些身体动作如碰撞、擦身而过、用身体挡住去路等。对于实习学生来说,性骚扰可能是最常见的安全问题。国外学者研究发现,社会工作机构里也有性骚扰,30%的社会工作人员经历过性骚扰。(Royse,Dhooper,Rompf,1999)在从事罪犯矫正和家暴干预等服务的过程中,由于涉及的服务对象属于行为偏差者,除了对其危险性进行评估外,实习学生应该注意自身言行举止、穿着打扮的恰当性,选择合适的会谈时间及地点,以避免给对方传递衣着暴露、言语暧昧、交往随意等错误的信息,从而"诱发"性骚扰甚至进一步的犯罪行为。怎样判断一次拥抱和身体接触是不是性骚扰呢？性骚扰应该是单向的、连续的,如果双方"情投意合",或偶然的一次行为,那就不能算是性骚扰。实习学生如果经常受到对方的骚扰,特别是当骚扰者利用其地位与权力进行威胁时,实习学生应该立刻向督导员报告。如果骚扰实习学生的人就是其督导员,或者实习学生感到与督导员讨论这个问题不方便的话,也可以向学校实习指导老师求援。如果实习学生不表明态度,性骚扰状况通常是不会改观的。不要因为自己是学生或只是在机构里实习一段时间而选择忍让或沉默。实习学生不要害怕骚扰者的要求被拒绝之后,自己会失去某些实习的机会或得到较差的实习评价。最重要的一点,实习学生必须熟悉相关的法律与机构政策,这样才能理直气壮地保护自己。(库少雄,2003)

什么是玩忽职守?如果实习学生违反法律或犯了错会怎样呢?玩忽职守,就是指不认真、不负责地对待本职工作。通常情况下,社会工作者都会在遵守法律法规和专业伦理原则的前提下进行工作,但由于实践经验和理论认识的不足,社会工作实习学生的行为可能会违反法律或违背伦理守则,抑或是面临坚守伦理准则还是遵守法律的困难抉择。举例来说,保密原则的遵守必须在不违反法律法规的前提下进行,但在实践中我们有可能没有意识到自己的行为会违反法律,甚至在遇到一些特殊或例外的情况时,会对现有法律法规提出质疑或挑战。

五、关于保密的伦理议题

大多数学生在开始实习之前就已经知道了社会工作者替案主保密的重要性。但所谓保密,往往是相对的,并非绝对的。在实务工作中,社会工作者经常会碰到一些特殊情况而不可能做到为案主绝对保密。例如,遇到虐待和伤害儿童的案主,虐待老人的案主,有严重自杀企图或伤害他人企图的案主时,根据有关的法律规定,社会工作专业人员应该迅速向有关机构报告,或通知相关专业人员、案主的家人和可能遭到侵害的人。在美国1974年制定的《联邦隐私法》中,明确规定:同一机构的工作人员为了工作目的,可以共享有关案主与工作人员的资料;法院有权索取有关案主的资料。这些规定均可以帮助实习学生理解什么是相对保密。

案主的机密材料能被分享吗?实习中要遵守机构纪律及督导员的指导,尽力维护案主个人资料和机构资料的安全性和保密性,在录入、存储、打印、复印和发送相关报告、记录和档案时应该注意其泄露的可能性,不得擅自复印案主的记录和报告以作个人私用,在实习结束后应将案主的相关资料予以销毁,未经允许不得将机构的记录和报告带出办公室。国外有学者提出了对机构记录进行私密化处理的六项原则方针:①记录那些对机构的功能而言是最重要的东西而非细节;②运用专业术语概括性地描述案主的问题,除非有必要,否则不要把隐私性的事情写入其中(例如,对一个儿童所遭受的性虐待进行描述);③在个案文件中不要逐字记录或者全过程记录;④除非处于一种特殊的情况下,否则不要把个案文件搬离机构,即使要那样做也仅仅是在经授权许可的情况下;⑤不要把个案文件打开摆放在桌面上,或者摆放在一个可能被其他案主或未经许可的工作人员阅读的公开场合;⑥把个

案记录放在上锁的文件柜中,用安全密码保护存放在计算机中的数据。(戴维·罗伊斯等,2005)

但这种保密并非是绝对的。当社会工作者需要将有关案例写成报告,以供机构存档、督导员或学校实习指导老师及同学交流讨论时,可能会涉及"泄密"。在这样的情况下,只要实习学生隐去案主的真实身份以及一些能被辨明的特征,就不算是打破了保密原则。因此,在描述案主的时候,不要让人从实习学生的描述中推测出案主身份。对案主的描述可以笼统一些,必要的时候可以省略、巧妙处理一些细节。如果实习学生从其他同学的个案报告中推测出了案主身份(因为一位案主可能接受多家机构或多位工作人员的服务),也不能到处张扬,而应该把这位案主当做自己的案主,尽可能地替他保密。如果有关的研究与评估工作没有必要与案主直接联系,没有必要知道案主的姓名、工作单位、家庭住址与电话号码等,那就尽量不要泄露这些信息。保存在个人和学校实习指导老师手中用于训练、研讨和评估之用的记录应在实习结束后一定期限(如3~6个月)内销毁。实习结束后,学生应注意认真完成机构所要求的工作记录与移交事项,以避免今后可能会因此而牵涉"泄密"的危险。

保密的问题很复杂。关于在什么情况下可以打破保密原则并没有系统、明确的规定。这是社会工作"艺术性"的表现之一(库少雄,2003)。例如,一位案主说要做一件违法的事(如一位男子说要打他的女朋友一顿),专业人员应该掂量问题的严重性并决定是否打破保密原则。在面临是否替案主保密的价值矛盾时,不妨多向督导员请教。始终不要忘记,只能在特殊的情况下或没有办法的情况下才允许打破保密原则。同时,应该认真地研究机构有关保密的原则,遇到问题应该多与督导员、学校实习指导老师商量。应该在案主披露重要的情况之前而不是之后告诉他们保密原则的局限性,因为案主披露的情况很可能把他们自己送进监狱。

可以对案主进行录音、摄像或者摄影吗?多数学校的老师会要求实习学生提供关于实习的证明材料,因此,录音、照片或录像便成为文字记录之外的最好证明。但是,实习学生可以对案主进行录音、摄像或摄影吗?是否会涉及侵犯案主隐私的问题。有一些做法或许可以帮助其处理这些问题,如对录音进行处理,使人们不再能听出原音,对录像或照片进行处理,打上马赛克或模糊处理,或在摄录时尽量避免正面拍摄,也可以在摄录之前征得案主的同意,并清楚地说明其用途。即使做到这一步,实际上实习学生还会碰到很多需要思考的地方,如获得的认可是一次性还是长久性的?也就是说,实习学生往往会在一次性取得案主的同意后,利用此授权在之后的服务过程中一直摄录下去,而事情的发展往往是复杂的过程,也许案主在特定情况下并没有意识到其隐私被侵犯,或不好意思明显地拒绝其摄录的行为。

第二节 社会工作实习教育的问题及完善

一、社会工作实习教育存在的主要问题

社会工作实务能力的培养是社会工作实习的最主要目标。尽管目前我国有200多所大学提供从中等职业教育到研究生教育等不同层次的社会工作专业教育与培训,但从学生的实务能力来看,每年培养的数以万计的社会工作专业人才中,其所接受的专业教育难以满足学生和社会工作机构不断提高的实务能力的需要。究其原因,其中一个非常重要的因素就是社会工作实习教育存在许多问题,影响了学生实务能力的培养。

(一)实习教学安排不合理

实习教学安排的不合理是社会实习教育存在的主要问题之一。为了保证社会工作实习教育的质量,必须进行科学的课程体系设置和规范的教学安排,保障实习课程的开设和实习教学的开展。

因为社会工作专业的实务性特点,社会工作专业课程并非纯粹的课堂讲授,特别需要有大量的社会实践和专业实习。对于农村社会工作、企业社会工作和矫正社会工作等实务性较强的理论课程,一般需要安排课程实习。对于个案工作、小组工作和社区工作等方法课程,则需要实验教学和专项实习。

社会工作实习教育需要有良好的专业培养计划的支撑。在实习计划中,应对实习教学的时间、形式、内容、具体要求和评估标准等进行详细而周密的计划安排,将各阶段的实习纳入整体的教学培养计划中。当前普遍存在的问题是学校课程教学与实习安排的协调配合性差,课程之间的整合连贯不足(曾华源,1993)。为保证社会工作实习的效果,专门开设社会工作实习课程是非常有必要的。社会工作实习课程可以向学生传授有关实习的规章制度和奖罚措施,这是专业实习顺利进行的必要保证。专业实习课程的开设是在学生学习专业知识前再学习的过程,有助于整合学生的专业知识,提高学生在实习中综合运用专业方法的技巧和能力。但实际上,在许多高校的专业培养计划中,受学分、学时、课程配置和师资力量等因素的影响,许多高校并没有单独开设社会工作实习课程。如许多学校并没有开设专门的实习课程,仅开展临时性、短期性的实习动员和实习总结。即使是开设了社会工作实习课程,往往也没有老师进行专门的讲授,且适合我国实际情况的社会工作实习教材非常少。

对于社会工作实习课程,如有条件进行专门的学习当然更好,但也可以根据实际情况进行灵活调整和安排,将课程设置为贯穿于实习全程的教学交流与讨论。另外,在国内许多高校,虽然没有开设社会工作实习课程,但普遍存在课程实习环

节。鉴于社会工作实习课程和课程实习之间可能存在资源重复和浪费的问题,可以适当整合课程实习和实习课程,将课程实习转换为实习课程(肖萍,2006;鲁艳桦,2007)。这样一来,既可以适当延长社会工作实习的时间,有效地锻炼社会工作实习学生的专业技能,还可以有专门的指导老师开展实习督导工作,对指导老师形成一定考核、激励机制。同时,如果对社会工作实习学生有硬性的课程成绩要求,充足的时间保障,具体的老师指导,学生参与实习的热情也会大大增加。

(二) 实习督导师资缺乏

实习督导在社会工作实习中至关重要,督导环节薄弱已经成为社会工作实习的主要瓶颈之一。除了督导制度的不健全和督导过程的不严格外,督导环节的薄弱主要表现为督导师资力量的薄弱。

首先,社会工作实习的指导师资力量不足。师资力量是实习教学中的关键因素,良好的师资是保证实习教育成功的重要条件。最近十几年来,国内高校在不断加强师资培训交流的同时,也在不断地引进海外专业人才,从而使社会工作师资力量有了较为明显的增强。缺乏良好社会工作实务技能的专业人才的局面虽有一定程度的好转,但总体来说,社会工作实务师资力量仍然非常薄弱,远远不能适应社会工作专业教育的需要。

社会工作师资队伍中缺乏经过社会工作专业训练的,具备良好社会工作实践技能,特别是督导技能的专业老师。我国高校社会工作专业发展起步较晚,社会工作专业的许多老师并非社会工作专业科班出身,是由其他专业转行而来,不仅缺少社会工作理论素养,而且也不具备实务经验,面临着来自理论教学和实务训练的双重挑战。在种种条件的限制下,许多老师缺乏对自我实践技能的培养,从而难以在较短时间内成长为指导学生实习的专业力量。目前,很多学校实习指导老师只是扮演了联络者的角色,在教育者与支持者的角色扮演上尚不理想,无法对实习学生提供专业教导、行政指引和情感支持等帮助,对学生的实务能力培养只能是"纸上谈兵"。

近年来,高校引进师资时门槛普遍提高,一般都要求要有博士学位。由于国内还没有开始社会工作博士的培养,因此只能从社会学及其他相关专业引进博士。部分学校为了引进社会工作实务老师,只能降格以求,优先招收有社会工作实务经验的硕士生,甚至个别优秀的本科生,但往往受制于越来越高的政策门槛,最终成功引进的人才数量极为有限。从2009年开始批准设立、于2010年开始首批招生的社会工作硕士,其培养质量能否满足高校社会工作专业师资力量的要求,还有待时间检验。在我国台湾地区,大多数拥有博士学位的老师是以研究、行政和福利政策方面为专攻方向,主要领域为儿童福利、老人福利和婚姻家庭等,开授课程以间接服务课程居多,对于临床社会工作(包括社会行动方面)和人才的培育帮助不大。专任老师常因实际需要而不得不教授非专长或经验不足之课程,或是依个人兴趣

与专长教授相关性不高与非优先需求的课程。(曾华源,1993)

虽然近几年国家大力鼓励高校专业老师通过交流和培训提高教学水平,但由于资金的匮乏、教学工作量的压力以及激励机制的不健全,教师的专业理念和能力在短期内难以有很大的提高。国家针对高校老师组织了全国性的督导培训班。在准专业的社会服务机构,多数工作人员并不具备社会工作专业理念、知识及技巧,很难胜任专业督导员的角色,因此可以在培训时通过"请进来"和"送出去"等方式,不断加强我国内地社会工作者与我国港台地区和欧美国家实务工作者的交流,培育其专业价值理念,完善其知识结构,不断提高其督导专业化水平。同时,国家应及时出台相关激励政策,鼓励高校老师通过与相关机构进行项目合作的方式,融入实务工作领域,以提高其专业技能,丰富其实务经验。

其次,实习机构中督导力量薄弱。社会工作督导是否有效是社会工作实习教育成败的关键因素之一,是我国社会工作实习教育发展的一大瓶颈。社会工作实习的形式有并列式、分散式、集中式和混合式,无论哪种形式的实习对督导员都有很高的要求,即督导员必须有坚实的理论知识和很强的实务工作能力,因此,我们必须发掘和培养足够多的有实习督导能力的督导员。除了学校实习指导老师的督导力量薄弱外,实习机构的专业督导无论是在数量上还是质量上都存在相对不足的情况,难以有效满足社会工作实习教育的需要。在国内,真正专业的社会工作机构数量很少,社会工作实习学生经常只能去一些专业性不强的机构实习。在这些机构里,受过社会工作系统训练的工作人员不多,大多数社会工作者实践经验丰富但专业理念欠缺、理论素养较低,无法扮演教育者、支持者、管理者和评估者的多重角色,难以指导实习学生进行理论反思,促进其专业成长。(刘斌志,沈黎,2006)

(三)实习机构缺乏

社会工作实习是在机构中实施的,实习机构是决定学生实习成效的重要因素之一。实习教学必须加强实习基地的建设,可将一些经常合作的、有较好条件的实习机构巩固发展成为实习基地。社会工作实习需要有一定类型和数量的机构和基地,才能满足专业实习的基本要求。

社会工作的实习地点大致有政府部门、社会团体、专业机构和居民社区等几类,我们可以笼统地将其称为实习机构。在政府部门、社会团体和居民社区等一些非社会工作机构实习的过程中,实习学生经常被安排做一些档案整理、文字录入、会议记录、板报宣传、打扫内务等普通事务性工作,很难谈得上运用专业社会工作方法与技巧。我国的大多数社会服务机构是准专业的社会服务机构,其工作人员虽然有丰富的实际工作经验,但往往缺乏指导学生的必要的方法技巧、科学理论和专业意识,很难将其经验有效地传递给学生。

专业机构数量过少,以及实习机构的专业化程度过低,难以满足学生在实务工作中进行专业锻炼和专业提升的需求。总结起来,主要存在以下问题:①实习机构往往更加强调学生的英语水平、语言表达能力等非专业价值,社会工作实习的教育功能无法得到充分发挥;②机构督导员及其同事无法与实习学生建立稳定的督导关系,学校实习指导老师由于对实务工作缺乏了解,不能给予实习学生以及时、有效的指导;③机构、学校与实习学生对实习所持的不同期望导致实习学生产生价值分裂与行动上的无所适从;④甚至会有一些机构工作人员对自己的工作缺乏理性的认识和正确的态度,其工作的方式会给实习学生带来负面影响。(向荣,2000;肖小霞,2007)

高校现有的实习机构不仅类型单一,数量少,而且规模偏小,往往难以容纳较多的实习学生。面对来自全国的越来越多的实习学生,这些机构无法一一接纳,特别是在暑假这样的集中时段内。同时,受办学时间短、教育资金不足和对外交流少等因素的影响,目前国内多数高校社会工作专业与海外社会工作服务机构进行的合作不多,很难为学生提供足够的海外实习交流的机会。

按照就近实习的原则,多数学校主要致力于在本地建立实习机构。一些社会工作专业教育发展较好的高校,利用自身优势,积极整合地方资源,在政府部门、社会团体和居民社区建立了一批专业实习基地,甚至创办了自己的社会工作专业服务机构,为学生提供了近距离的实习机会和条件。但就总体情况而言,依然存在数量不足、容量有限的问题。

高校与政府部门、民间机构和居民社区之间的伙伴关系和互惠关系难以形成。在已经建立的实习机构或基地中,高校与机构、基地之间往往没有建立有效的合作伙伴关系,高校对实习机构或基地缺乏必要的建设、维护和管理,缺乏长期合作和有效利用。同时,实习学生缺乏专业素质,学校的实习安排分散、时间短,机构需求与学生需求很难契合,影响了机构对实习学生的接纳和管理,实习学生的主动性和积极性难以被充分调动。

应建立政府、社会工作教育机构、社会服务机构之间的伙伴关系,以实现教学相长,教育与实际工作相互促进的三方共赢的目标。一方面,应整合资源,相互支持配合,建设多种类型的专业实习基地;另一方面,必须慎重选择社会工作实习机构。社会工作实习机构的选择,需考虑以下条件:机构目标与高校培养目标是否一致,机构是否有合适的督导员,机构是否有稳定的组织机构和良性运行机制,机构是否拥有实习相关的设备条件,机构主管和工作人员是否支持等。从国内现有情况看,适合建立实习基地的单位或机构主要有以下三类。第一类是以政府有关部门和公办社会服务机构为实习基地。主要包括:民政、劳动和社会保障、司法、教育、卫生等行政性的社会工作机构;社会福利院、福利医院、老年公寓及戒毒劳教所、少管所等机构;工会、妇联、共青团、残联、红十字会、基金会等官方性群团组织及街道居民委员会等社区服务机构。第二类是以民营社会工作服务机构为实习基地。该类机构主要是由民间慈善人士建立,主要包括老年公寓、孤儿收养机构、残障人员康复机构、戒毒康复机构、婚姻家庭咨询热线及一些志愿者组织等。第三类是国内近年来试点城市(如北京、上海、广州、深圳、东莞)方兴未艾的社会工作专业机构。该类机构管理比较规范、制度比较完善、服务比较专业、督导比较到位,是目前最为理想的、亟待开拓和完善的高校社会工作专业实习基地。(李昌阳,2009)

作为实习学生,个人的专业成长受到社会工作专业整体成长水平的极大限制。缺乏专业机构和专业督导等都是社会工作专业整体成长水平较低的外在表现。在这种情况下,实习学生多半只能在非专业性或专业水平较低的机构中实习,即使是在专业机构中实习,也会因为实习时间、实习性质、实务经验等诸多因素的限制,往往无法融入其所在的实习机构,无法伸入社会工作服务的各个环节,难以有效参与全程社会工作,获得督导员与其他工作人员的全面指导。实习学生通过个体化学习,在实务中摸索经验,是获得个人专业成长的重要途径。这种个体化的学习体现了个体的主动性与学习的内部动机,使其所学理论知识、实务经验和自身的条件能更好地结合起来,从而能更好地实现社会工作者的实习目标。但这种个体化学习也有很大风险,体现在以下三个方面。①限制了社会工作实习学生,特别是在有限的实习时间内在实务方面成熟发展的时间。②易出现心理定势,因每个学生对知识理解具有内在性和选择性。实习学生往往并没有丰富的实务经验,也没有成型的价值体系。他们既不能固守在传统经验的基础上,同时也不容易从督导员或其他工作人员那里获得一种更普遍、客观、全面的实务知识的理解与运用。③容易受到在职社会工作者职业倦怠、案主消极心理和行为等因素的影响,再加上实习学生个体化学习往往缺乏外部环境的必要支持,容易出现热情降低、压力增大、信心不足等现象(安秋玲,2009)。

(四)实习经费欠缺

目前,经费不足是困扰社会工作实习的主要问题之一。社会工作实习需要大量经费的投入。实习时间越长,要求越高,实习地点越远,则所需的经费越多。对于中国多数的社会工作高校来说,学校所在地并没有足够多的专业实习机构,事实上,专业机构比较集中地分布在北京、上海、广州、深圳、云南和四川等城市。学校与实习机构的距离太远,直接增加了学生实习的交通、食宿等费用。如果学生赴我国港台地区甚至海外实习,则所需实习经费更为巨大。

为此,学校必须多方筹集资金,以获得必要的实习经费投入。由于各方面的原因,学校给予各个专业的实习经费很难满足实习要求。因此,一些学校往往考虑到包括社会工作在内的一些专业的特殊性,会适当增加学生实习经费。但即使是享受了特殊待遇,也很难真正解决问题。在学校资金不足的情况下,学生自掏腰包便成为必然。在无法获得其他资助的情况下,很多学生只能选择不参加实习,或者就近随便找一家单位应付一下,如此一来,实习质量就无从保证。近年来,社会工作专业实习的条件和环境有一定的改善,我国内地和港台地区的社会工作教育协会、高校、基金会和社会工作服务机构开始共同努力,以便于为学生提供更多的实习机会和资金资助,但毕竟"僧多粥少",这依然只能满足部分学生的需要。要想真正解决实习经费不足的问题,必须以政府为主导,制定优惠政策,提供专项资金,采取特殊办法。但也值得注意的是,向政府倡导获得社会工作教育经费,可能需要一定时间,特别是对于经济相对落后的地区来说,更是如此。

社会工作教育获得支持的关键因素之一是社会工作专业取得社会认可。获得社会的支持尤其是机构的支持,对社会工作专业的整体发展至关重要。为了获得更多的实习岗位和经费资助,社会工作专业除了需要不断提高"助人"的专业水平外,还要不断提高"自助"水平,主动积极地向社会大众、服务机构和政府部门进行专业宣传和服务推广,善于利用专业实习的机会向外界展示其服务水平和职业能力,积极主动地参与公益服务,为政府、企业和社会排忧解难,提升专业形象,展示专业魅力,不断倡导社会政策的改变,以争取更多的专业经费投入,创造更多的服务需求,获得外界对专业服务的了解、认可和支持。社会工作实习具有周期长、人数多等特点,如果能与社会需求高度契合,在时间上进行灵活调整,在服务形式上更加多样化,势必能够开发、整合和利用更多的社会资源,从而促进社会工作专业的实习教育顺利开展。例如,根据社区、机构或政府部门的需求,安排订单式的实习、主动上门服务,合理利用公众节假日和寒暑假安排实习,从而保证实习时间的充足和连续性等。其中,充分发挥社会工作者的倡导者、发动者的角色功能,主动对政府部门的领导和工作人员进行社会工作服务理念和技能的培训,提高他们对社会工作服务的理解和社会工作专业的认可程度,促进政府部门转变理念和思路,出台有利于社会工作实习的政策制度,加大社会工作教育经费、服务经费和实习基地建设的投入,尤为重要。

当下,我国正处于政府在福利资金支出方式的改革调整阶段。除了通过直接的福利支出,政府逐步加大了通过出资购买社会服务的力度,由社会服务机构提供更高效率和质量的福利服务。而社会工作专业化和职业化水平的不断提高,恰好回应了日益增长的政府福利服务需求。作为培养社会服务专业人才的社会工作教育,除了需要来自于政府教育经费的直接投入外,同样也需要政府的间接投入,即为接收社会工作实习学生、支持社会工作教学的社会服务机构提供相应的政策保障、资金支持和考核激励。

社会工作实习学生还需要转变思路,利用专业实习的机会进行专业的宣传推广。其应充分发挥"要当社工,先当义工","既当社工,又当义工"的志愿服务精神,利用政府、企业和社会对志愿服务的高度理解和大力支持,将社会工作实习通过志愿服务的形式推向外界,从而获得必要的理解认可、资助支持。通过参与志愿服务,社会工作学生可以获得更多的实习机会、社会认可和经费资助。

（五）实习制度不健全

在我国，自1989年北京大学社会工作与管理专业招收第一届本科生以来，社会工作专业教育获得了较为快速的发展，但一直未能建立健全、规范的社会工作实习制度。各个学校的实习模式和方式都各不一样，对于实习过程的管理也不尽相同。社会工作实习没有规范的评估标准，缺乏实习督导的管理制度。

实习大纲是开展实习的重要依据，是指导实习的纲领性文件，是制订实习计划的重要指导文件。我国社会工作专业的实习教育至今尚未有一个规范化的实习大纲，以及让本行业都信服并彻底贯彻的标准，未能形成规范化和制度化的专业实习模式。

除了没有规范的实习大纲外，我国许多高校社会工作专业的实习教学管理制度也不健全。因为受各种条件的限制，各学校在实习教学管理和实习督导管理方面都有不同的要求和做法，没有规范严格的制度规定。有时，甚至老师自身对如何开展社会工作实习也是模糊不清的。实习教学管理制度包括实习时间审核登记、实习经费使用管理、实习档案材料管理、实习机构与实习基地建设管理、实习教学考核与激励制度和实习督导管理等。在我国大多数高校，普遍存在重理论教学与考核、轻实践教学与考核的问题，老师在实习教学上投入不够，缺乏足够的激励，学生在实习实践上投入不够，缺乏明确的考核标准和严格的考核制度，取得实习学分的难度太低。总之，无论对于老师还是学生来说，实习教学的考核和激励制度都不健全，无法调动他们参加实习教学的积极性，最终容易导致实习教学出现"放羊"、"填填表"、"走过场"等现象，难以取得真正的实效。多数高校的社会工作专业并没有建立完善的实习评估制度。绝大多数社会工作专业的评估制度体系并不完善，计划指标不明确，实习学生是否完成实习计划没有明确的奖惩措施，这些都对实习目标的实现有较大的影响。完善的评估制度在评估形式上应包括期中评估和期终评估，这样才能全程了解专业实习的情况；在内容上应包括对学生的评估和对老师的评估两个方面，这样才能使学生重视实习，老师尽职尽责指导学生实习。

此外，缺乏实习教学研讨制度也是目前各高校普遍存在的问题。造成此问题的根源在于实习教学的受重视程度不够。建立校内、校际和学校与机构之间的定期交流研讨制度，有利于对不同学校、不同模式和不同阶段的实习经验、规律和模式进行横向和纵向的分析比较，促进实习教学的不断完善。

二、社会工作实习教学的完善

社会工作专业教育与实务能力培养之间的脱节是我国社会工作教育与发展的一大挑战。社会工作实习教学具有明确的教育性和实践性取向，是社会工作专业教育与实务能力培养的有机联结的重要纽带。应该充分认识社会工作实习教学的重要性，不断加强其规范化、专业化、国际化和本土化，大力提升实习学生的专业意识和专业素质,创造有利于实习教学的环境因素和制度条件,建立社会工作职业能力实训体系。

(一) 加强实习教学的规范化与专业化

作为一门职业,社会工作实务应该遵守伦理守则。作为一个专业,社会工作教育也应该遵循相应的专业标准,包括教学的标准程序和通用方案等。在中国,社会工作伦理守则和社会工作教育的专业标准尚未正式建立。受此影响,全国各高校的社会工作实习教育的专业化水平和规范化程度严重偏低。

首先,社会工作实习的教学目标要明确化。在教学计划的制订和实施过程中,必须明确社会工作实习的总体目标:促进专业智能的发展,形成专业角色,培养专业精神,展示专业形象,促进专业成长。在实习的各个阶段,必须依据总体目标进行整体的设计,并以此作为实习教学内容安排、质量控制和评估的依据。

其次,社会工作实习的教学形式要规范化。教学安排、教学过程和教学管理要规范化。在实习次数、实习时间、实习形式和内容上应进行科学合理的安排,保证社会工作实习教学过程的完整性和规范性,做到实习经费、实习督导和实习机构的规范管理。社会工作实习教学是一种情景化的实务学习过程,在学校实习指导老师和督导员的共同配合下,以"一对一"或"多对一"的方式培养学生的实务能力,其过程必须要完整规范,方能保证实习教学的质量,实现实习目标。

最后,社会工作实习的教学内容要专业化。目前,社会工作实习的内容和教学内容脱节的情况比较严重,实习教学质量难以得到保证。在社会工作教学中,老师比较侧重于概念与知识的介绍,而学生比较缺乏实务工作经验。在社会工作实习的教学中,应该注重引导学生将理论知识与实务工作进行有机结合,引导学生将个案工作经验进行有效整合。

(二) 加强实习教学的国际化与本土化

社会工作发端于英国、发展于美国,在欧美发达国家已有百余年历史,在发达国家是一个普及性的行业,在我国,尽管获得了较快发展,但也才刚刚起步。社会工作从引入中国开始就带有西方社会的烙印,可以说,现代社会工作的知识体系主要是外来的,但我们的服务对象和处境却永远是本土的。"全球化思考,本土化行动"也是中国社会工作发展的基本准则。中国社会工作的本土化要充分考虑到中国的传统文化特色(比如差序格局、顺天应物、贵和尚中等),社会工作者应认真研究中国传统文化因素影响下的助人活动,增强西方专业社会工作同中国本土社会工作的融合性,在社会工作全球化共识中培育出符合当代中国社会发展需要的社会工作模式(文军,2009)。社会工作要想在中国实现本土化发展,还必须考虑到中国的本土经验。只有真正实现了本土化社会工作,才能使社会工作在中国真正扎下根来。作为一门应用性的学科,社会工作在中国的发展应该走一条理论与实践相结合、本土经验与外来经验相结合的道路。面临如何平衡国际化与本土化的两难困境,社会工作实习教育必须秉持国际眼光、兼顾本土特色。而目前,由于受制于诸多因素,我国的社会工作实习教育的国际化程度不够,本土化特色也未建立。

我国社会工作行业发展和教育发展均处于起步阶段,社会工作专业实习与实习教育均处于初级阶段,且一直是专业教育的薄弱环节。为适应社会工作行业快速发展的需要,社会工作教育必须不断借鉴学习国际社会工作教育的价值理念、课程体系和教育模式,同时不断进行符合中国国情的本土实践探索、经验总结和特色创造。

当前,应重点加强本土化的实习教材建设。目前,我国出版的社会工作实习教材,数量偏少,质量参差不齐。内容的科学性与适用性不强,许多内容与我国实际情况脱节,缺乏本土特色。实习教材内容的编排要么只体现了社会工作实务的进行过程,要么仅仅反映了地方特色,操作性和理解性较差。在我国台湾地区,社会工作教育也存在"教材美国化"的困窘,过分依赖西化的教材不足以培养出有效的本土化实务工作人才(曾华源,1993)。

另外,在社会工作本土化过程中必须要考虑中国社会工作发展的特殊情况。按照国际化和本土化的标准,应依据各阶段实习的目标谨慎地选择专业机构进行实习,以促进学生的专业成长。中国始终存在着两种有差别的社会工作,即行政性非专业化的社会工作和专业化的社会工作。尽管它们对社会工作者条件的要求与社会工作者价值、知识的要求有着明显的差别,但二者之间却保持着良好的伙伴关系,且在未来很长的一段时间内,它们都将共谋发展。这种形势极大地限制了实习机构的选择,很多学校不得已安排学生到行政性非专业化的社会工作机构实习,其结果是学生没有感受到什么是真正的社会工作,没有感受到社会工作存在的意义和价值,没有形成对社会工作的正确理解,严重阻碍了社会工作价值观的形成和巩固。依据教学规律和学生成长的规律慎选实习机构是一个非常关键的工作,各阶段的实习应该循序渐进地带给学生视觉、感觉和心灵的冲击,也就是说,社会工作价值观的形成和巩固应该是一个融合在教学和实习过程中的潜移默化的、循序渐进的、由低级到高级的、由不稳定到稳定的过程,而慎选专业和规范的实习机构是达到这一目的的重要手段和途径。(游洁,2007)

(三)提升实习学生的专业意识和专业素质

在中国,由于社会工作是个新兴的专业,多数报考的学生对社会工作的了解非常少,更谈不上怀着诚恳的助人动机选报社会工作专业。社会工作实习学生的素质不仅体现在道德和信念方面,在学术能力上也存在较大问题,部分学生因为缺乏学习的动力,不思进取,得过且过,学习、研究、组织活动等能力不能满足实习机构的要求和期望,对实习教育产生了一定的影响。此外,由于社会工作学生来自于不同的家庭和成长环境,有的自身家庭存在各种问题,其在成长过程中有过不愉快或痛苦的经验,因而在性格上不免受到负面的影响,虽然他们有助人的热情,但这些阴影在实际助人的过程中,有时会成为明显的障碍。再加上大学生年龄尚小,生活经历单纯,在实习过程中,较难理解受助者的困难和需要,并提供切实的帮助,同时,他们年轻的外表也难以较快地得到受助者的信任,这也给实习工作增加了难度。(万江红,逯晓瑞,2008)

以教育性和实践性为取向的社会工作实习教学,其最重要的目标在于提升学生的专业素质和专业意识。专业意识和专业素质的提升既是社会工作实习教学的目标,又是社会工作实习教学的重要条件。实习学生的知识结构不完整,缺乏相应的实务技能和必要的专业意识,严重地影响了社会工作实习顺利开展。许多社会工作机构反映,大多数社会工作专业毕业生到机构以后,其实务能力几乎是从零开始的,许多应该在专业教育阶段完成的任务都推迟到实务机构去完成了。因此,在社会工作实习教学过程中,既要帮助学生不断加深对专业理论知识转化运用到实务工作中的体会,又要帮助学生理解社会工作的重要性和产生专业兴趣,体会到助人自助的快乐。实习学生具备一定的专业素质和较强的专业意识,是社会工作实习的重要条件,不仅能最大限度地减少其在非专业化的机构实习所带来的负面影响,而且能最大限度地减轻机构实习教学者的压力,使实习更富有成效(曾华源,1993)。

对实习学生的专业意识培养,还应该注重其职业风险意识的培养。社会工作因为其本身的工作性质与劣质劳动条件,已渐成为高风险的行业。社会工作者除了面临超载的工作量、科层组织的压力、低薪资、人事的不稳定性、容易发生替代性创伤与耗竭风险之外,更有来自案主的威胁与暴力等,不仅影响社会工作者的身心健康及生命价值感,而且也威胁社会工作专业质量与价值实践。有台湾学者指出,检阅欧美与我国台湾地区社会工作者工作伦理守则文件、当代主要社会工作概论教科书,以及我国台湾地区社会工作系所开设的课程发现,社会工作教育系统对社会工作职业风险的讨论相当有限。如果社会工作教育没有充分告知学生从业风险,没有给予适当的因应策略训练,不仅是不伦理的,而且也可能阻碍社会工作专业的发展。因此,应将社会工作从业风险以及因应策略训练纳入教育系统,不但能加强社会工作者的胜任能力,而且更能增进案主福祉,实践社会工作关怀平等伦理价值(汪淑媛,2008)。社会工作专业的学生在实习时,不管其在实习中是否有可能面临职业的风险,学校实习指导老师或督导员都应该在实习教育中给予必要的告知,并提醒其在实习过程中要对职业风险给予充分的关注,并尽可能列出详细的风险规避措施,购买必要的保险或其他的保障措施。培养实习学生的职业风险意识,既可以保证其实习安全,又可以不断提升其实习过程中的批判反思能力,促进其专业成长。

(四) 创造有利于实习教学的环境因素和制度条件

社会工作教育过程中,除了理论知识主要依靠课堂学习外,实务技能的学习和专业价值的内化则主要依赖于实践教学特别是实习教学。只有在专业的社会工作机构里,经过规范的实习训练,在专业的社会工作者的指导和帮助下,学生才能得到全方位、高水平的训练。但是,目前我国的社会工作机构专业化程度不高,在现有的环境和制度下,其工作理念、工作方法仍旧沿袭过去的行政工作和管理的模式,使对社会工作满怀希望的求助者的问题不能得到及时妥善解决,两方面互相影响,因而社会工作机构的工作常常陷入尴尬的境地。这种情况造成了社会工作机构案主资源不足、资金筹措困难和社会影响较小等情况,而这些情况又进一步使社会工作机构产生了接纳实习学生、传播专业价值理念和扩大社会工作服务等方面的需求。

社会工作实习教学的资源不足问题,需要不断创新社会服务项目,积极拓展案主资源,多方筹措资金。资源不足是影响社会工作专业实习效果的重要因素之一,而资源的多寡在很大程度上又取决于社会对该专业的认可度。社会公众对社会工作和社会工作者的认识和态度影响着社会工作服务的开展,从而在一定程度上直接影响了社会工作实习的效果。在我国,社会工作的职业化才刚刚开始,社会工作者职业化程度较低,社会公众对社会工作、社会工作教育、社会工作者的认知模糊,较少能有机会直接接触社会工作者,也很少有人在遇到问题和困难时主动寻求社会工作机构和社会工作者的帮助。许多地方虽然已经建立了社会工作专业机构,但却苦于找不到主动上门要求服务的对象,其实社会公众不是不知道这些社会工作机构的存在,而是不相信其能够提供有效的服务。这说明,目前,社会公众还没有对社会工作建立起普遍的职业信任感和社会认同感,这将在很长一段时间内制约中国社会工作的深入发展(文军,2009)。因此,正是由于社会工作职业的社会影响力较小和社会认可度较低,才在很大程度上造成了案主资源的短缺。

(五) 建立社会工作职业能力实训体系

社会工作实习教学是为培养学生的职业能力服务的。我们应该以培养职业能力为基点,着力打造"课程体系—职业能力—演练平台"三位一体的社会工作职业能力实训体系,力求做到"三实",即以实践为导向,健全课程体系;以实务为重心,培养职业能力;以实训为中心,打造演练平台。

其一,以实践为导向,健全课程体系。根据"教育-实践"导向,完整的社会工作专业的课程体系必须包含社会工作理论、社会工作价值伦理、社会工作实务和社会工作研究四大模块。遵循专业化、规范化、本土化和国际化的要求,社会工作课程设置以实践为导向,使学生的课程学习与专业实践相结合,增强学生的应用能力(从理论到实践)和批判反思能力(根据实践反思、批判理论)。

其二，以实务为重心，培养职业能力。依照"理论-实务"教学模式，以培养学生的实务能力为重心，将理论教学与案例教学、实验教学和实习教学充分结合起来，利用课堂、社会工作实验室、社会实习基地和社会工作服务机构等场所培养学生的个案工作、团体工作、社区工作和社会行政等实务操作能力。

其三，以实训为中心，打造演练平台。除案例教学、实验教学和实习教学外，还应大力提倡学生在"做中学，学中做"，参与老师的教学和科研项目，参与政府部门、地方社区、公益团体和社会工作服务机构的项目策划、运作和管理，开展服务型学习和行动研究，培养学生的创新能力、创业能力和行动能力。另外，还要鼓励学生参与社会工作者职业水平考试的模拟训练并报名参加考试，以期让学生在毕业时就可以获得助理社会工作师的职业水平证书。

参 考 文 献

[1] 戴维·罗伊斯，苏瑞提·S 多培尔. 2005. 社会工作实习指导[M]. 4 版. 北京：中国人民大学出版社.
[2] 曾华源. 1993. 社会工作专业教育研究[M]. 台北：五南图书出版公司.
[3] 库少雄. 2003. 社会工作实习[M]. 武汉：华中科技大学出版社.
[4] 刘斌志，沈黎. 2006. 社会工作督导反思：学习成为有效的社会工作督导老师[J]. 社会工作(9 下).
[5] 肖萍. 2006. 社会工作实习教育模式的本土性探讨——资源概念的引入[J]. 南京社会科学(3).
[6] 鲁艳桦. 2007. 社会工作专业实习的几点思考——以学校社会工作课程实习为例[J]. 社会工作(8 下).
[7] 李昌阳. 2009. 社会工作实习模式的实践探索和思考[J]. 社会工作(12 下).
[8] 安秋玲. 2009. 社会工作者实务认知与获得途径的访谈研究[J]. 华东理工大学学报(社会科学版)(3).
[9] 游洁. 2007. 对社会工作实习教学的反思[J]. 湖北财经高等专科学校学报(2).
[10] 万江红，逯晓瑞. 2008. 从参与角色看中国社会工作实习教育的现状[J]. 社会工作(9 下).
[11] 汪淑媛. 2008. 论台湾社工教育对社会工作职业风险之忽视[J]. 台大社会工作学刊(7).
[12] 肖小霞. 2007. 社会工作实习教育的困境与出路——角色理论的视角[J]. 重庆城市管理职业学院学报(2).
[13] 向荣. 2000. 中国社会工作实习教育模式再探索[J]. 云南高教研究(2).
[14] 文军. 2009. 当代中国社会工作发展面临的十大挑战[J]. 社会科学(7).
[15] 王金山. 2009. 社会工作本土化必须关注的三大问题[J]. 华北水利水电学院学报(2).
[16] 刘淑娟. 2010. 社会工作专业实习教育面临的困境及对策研究[J]. 成人教育(3).
[17] Royse D, Dhooper S, Rompf E. 1999. Field Instruction—A Guide for Social Work Students [M]. 3rd ed. New York：Longman：16.

附录一 东吴大学社会工作实习计划摘录

一、宗　　旨

本手册之编印在于协助本系学生。
(1) 了解实习目标,强化实习动机。
(2) 了解自我之实习取向,提高实习效果。
(3) 了解选择实习机构的方法。
(4) 了解申请实习机构的程序。
(5) 了解并恪守本系之实习规则。

二、实习目标

本系社会工作实习的目标在于使学生能从实际工作中,对当前的社会现象、社会问题、社会机构的服务网络及社会工作专业所扮演的角色,透过实际的接触以增进了解,整合学校所学,而增强其服务能力。实习方式及其目标分为下列三阶段:

(1) 实习(一)使学生对各种社会工作机构及其功能有初步之认识,并激发学生对社会工作之兴趣,以作为实习(二)、实习(三)之准备。

(2) 实习(二)提供学生实际从事专业社会工作的机会,训练学生之服务精神及处理问题的能力,以作为未来从事专业社会工作之基础。

(3) 实习(三)加强学生在某一特定工作领域中的深入了解,或拓展学生在不同工作领域中的经验。

三、实习办法

(一) 实习(一)办法

(1) 修习时间及学分数:于二年级期中修习(必修);上学期 1 学分,下学期 2 学分。

(2) 相关规定:上学期若未达及格标准,则停修下学期之课程,并于下学期重修;若上学期及格,但下学期不及格,则于下学期重修下学期之课程。

(3) 考评办法:考核项目包括课程参与状况、团体讨论表现及书面报告,各项所占百分比由任课老师自行决定。

(二) 实习(二)办法

1. 修习时间及学分数

于三、四年级间之暑假或四年级上学期及寒假修习(必修),于四年级上学期授予分数及成绩,计 3 学分。

2. 相关规定

(1) 个案工作、团体工作及实习(一)不及格者,不得修习。

(2) 学生可选择在期中实习或暑假实习,包括机构实习及实习心得发表会,总时数不得低于 320 小时或 40 个工作日,其中机构实习不得低于 240 小时或 30 个工作日。

(3) 所有实习学生皆须于四年级上学期参加实习心得发表会,以充实实习内容。实习心得发表之评分占该次实习总分数之 30%。

3. 考评办法

(1) 实习(二)总成绩比率表。

督导成绩		实习心得发表会成绩
机构督导	学校督导	准备、整理及发表
40% 个人成绩	30% 个人成绩	30% 整组及个人成绩

(2) 督导成绩考评办法:由实习机构督导员及学校督导老师分别评定实习生之表现。评估实习表现之指标包括下列各项:

  A. 请假次数;

  B. 迟到早退情况;

  C. 工作态度;

  D. 建立人际关系的能力;

  E. 运用社会工作方法的能力;

  F. 指定工作之执行状况;

  G. 其他。

(3) 实习心得发表会成绩考评办法:实习心得发表会之成绩由学校督导老师及实习心得发表会之评审老师分别评定后,依实习心得发表会实施计划之规定计算此项目总成绩。

(三) 实习(三)办法

(1) 修习时间及学分数:为选修学分,于实习(二)完成后施行,施行时间与督导老师商定。计 2 学分,学分于四年级下学期授予。

(2) 相关规定:

A. 选修同学必须已修完实习(二);
B. 实习总时数为160小时。
(3) 考评办法:总成绩比率为机构督导及学校督导各占50%。

(四) 实习心得发表会实施计划(注:如有修正,以当年最新修正之计划为准)

1. 目的

为使实习学生对实习有深入统整资料、回顾过程、检讨得失及公开发表机会,并增进尚未修习实习(二)之同学对实习之认识,特举办实习心得发表会。

2. 举办方式

(1) 参加对象,本系暑期与期中实习学生、尚未实习之学生、本系教师、实习助教,另外各组可自行邀请机构督导及外校实习伙伴参加。

(2) 程序,依相同领域之机构或相同机构为分组单位(由系办公室分组),各组组员经与督导老师讨论后,共同决定发表主题,自行筹划发表之内容设计、宣传、邀请同学及相关老师参与会议等事宜。

(3) 时间:于每学年度上学期期中举行。

(4) 形式:实习心得发表会以专题研讨会和博览会二种组合的形式举行。

(5) 注意事项。

A. 未能依规定参加发表会并取得此一部分之及格成绩者,视为未完成实习(二),将不授予学分。

B. 为适应每年实习情况可能有所变动,实习心得发表会之实施计划将作逐年修订,于每一年度期间另行印发。如有变动,将在开学后于系办公布栏公告,请注意有关规定并密切关注发表时间。

C. 考评办法:由学校督导老师及实习心得发表会之评审老师分别评定。评估项目、比重及各项目之评估指标将另于该年度所制订之实施计划中详细规定。

四、机构实习之安排程序

(一) 实习前的准备

1. 选择机构的一般要件

机构实习是社会工作学生一项重要课题,能让学生了解实务运作之过程,并进一步了解自己未来求职就业之方向,故学生在选择机构时必须慎重考虑自己的兴趣及未来的发展方向。本系学生应及早自我衡量,再根据自己的个性倾向,学习能力及未来期望有计划的努力及选择实习机构,如有疑虑,应与实习督导老师讨论。

依本系规定,社会工作学生必须于实习(二)至机构实习一次,并自行决定是否作第二次之机构实习(即实习三)。为了使每次实习能增加不同的工作经验,选择第二次实习机构时请注意:

(1) 若希望多了解各种领域机构之服务性质,可分别至不同类型机构实习,以增加对社会工作广度的了解。

(2) 若想加强对自己同一领域机构之认识,可选择在同一类型机构实习,但实习重点应有所不同。

2. 选择机构的自我衡量

(1) 检查自己修习过的课程与成绩。

(2) 检查自己参观社会工作机构的观感。

(3) 检查自己平日为人处世的个性。

(4) 考虑自己学校毕业后想发展的道路。

(5) 考虑自己身体、心理等其他因素。

3. 了解实习机构

(1) 参观各类实习机构。

(2) 参加系内举办与实习有关的各项活动,如实习座谈会,实习心得发表会等。

(3) 参阅系办公室存档之实习机构材料。

(4) 向学长请教其实习经验。

(5) 向老师请教。

(二) 分发程序

1. 登记及分发流程

日 期	内 容
十一月	开发新机构
十二月	新开发机构评估
二月底、三月初	实习说明会,领取实习机构申请相关资料
三月初至三月中	咨询、查阅实习机构资料或与实习机构、督导老师讨论
三月中	按规定时间交实习申请相关资料、逾期后果自行负责
三、四、五月	由本系按各机构之需要,学生实习志愿等安排实习机构
五月初至五月中	公布各学生实习机构及督导老师,办理实习学生保险事宜
六月初	实习督导会:督导老师与实习学生举行第一次督导会议,讨论实习内容,计划及规定之作业
七月初 九月初	暑假实习正式开始 期中实习正式开始
九、十、十一月	暑假实习结束,举行暑假组实习心得发表会
一月中	期中实习结束,举行期中组实习心得发表会

2. 实习机构分发优先顺序

学生选择相同机构者,分发优先顺序如下:

(1) 规定选修相关课程较多者。

(2) 曾于相关领域机构担任志愿工作者,服务时数较多者。请出具志愿服务记录册或机构开立之服务时数证明。

(3) 社会工作实习(一)之成绩较高者。

(4) 规定选修相关课程之总分较高者。

附录二 台北人民总医院社会工作学生实习教学计划实习进度表

一、第一周：定向阶段

（一）认识环境、机构及行政作业。
（二）认识医务社会工作的角色、职责、功能和技巧。
（三）了解疾病的意义与适应：病患的心理及需要。
（四）医疗团队的认识与运用。
（五）资源的认识与运用。
（六）个案、团体工作观察。
（七）阅读讨论。
（八）与督导员拟订实习计划。

二、第二周：见习阶段

（一）个案工作观察及见习。
（二）个案工作实施：独立接案的准备；完成记录及工作计划。
（三）参加医疗团队：查房、会议。
（四）阅读及个案研讨会。
（五）个别及团体督导。
（六）同辈支持团体。

三、第三、四、五周：实务阶段

（一）独立个案工作。
（二）阅读及个案讨论会。
（三）个别及团体督导。
（四）同辈支持团体。
（五）准备实习个案报告会专题报告

四、第六周：结束期

（一）个案工作结束或转案。
（二）个案研讨会。
（三）与督导员共同完成实习评估。
（四）实习总检讨：机构实习督导员、学生、学校指导老师三者检讨。

附录三　社会工作实习各类表格

一、实习意愿初步调查表

学生实习意愿初步调查表

　　　　　　　　　　　　　　　　　　　　　　　　填表时间：_____

1. 关于本调查表的说明
2. 请列出拟定实习的地区
①
②
③请简述上述选择的理由_____
3. 请列出拟定实习的机构
①
②
③请简述上述选择的理由_____

班级_____　　　学号_____　　　填表人签名_____

二、实习学生资料表

实习学生资料表

　　　　　　　　　　　　　　　　　　　　　　　　填表时间：_____

姓名_____　性别_____　年龄_____
学校_____　系_____
班级_____　联系电话_____
性格特点_____　特长_____
社会实践情况_____
曾受过何种社会工作训练_____
曾学习过的专业课程：□社会工作导论　　□个案工作
　　　　　　　　　　□小组工作　　　　□社会工作
　　　　　　　　　　□人类行为与社会环境
　　　　　　　　　　□社会问题　　　　□社会福利与行政
　　　　　　　　　　□_____　　　　□_____
　　　　　　　　　　□_____　　　　□_____

自传:(同学可参考以下几方面的内容书写)
①家庭情况(个人状况简述、家人现状及相互关系、家人对你的重大影响等)
②成长经验(成长过程中的重大事件、做事态度观念的养成等)
③学习经验(对实习所做的准备:备课、社团经验、义工经验、专长等)
④对实习的期待(希望对自己的自我成长和专业成长方面的要求等)

三、学 习 契 约

学 习 契 约

实习生姓名_____ 班级_____ 学号_____
实习时间_____   实习机构名称_____
学校实习督导老师姓名_____
学习契约
1. 学习目的
①学生希望学习的范围
②学生希望探索的理论或工作方法
③导师评定学生的学习需要
④预期困难
2. 个人及专业发展
①学生需要改善的地方
②学生仍可加强的优点
③功能
④事工、工作对象、介入手法的性质
⑤作业的分量
⑥特殊安排(如有的话)
⑦机构特别要求
3. 督导
①时段、次数、形式
②学生的期望
③对导师的期望
④记录、报告等的种类、形式以及提交日期
4. 评估
①中期及最后检讨的安排
②学生表现的评估基础
导师签名:_____ 学生签名:_____

附录四 《深圳市社工督导人员工作职责手册》（试行）

第一章 总 则

第一条 为完善我市社会工作督导人才管理和培育机制，根据市委、市政府《关于加强社会工作人才队伍建设推进社会工作发展的意见》，结合我市实际，对原《深圳市社工督导人员工作职责规定》重新修订，制定该办法。

第二条 督导是指由资深社会工作者通过定期持续的工作程序，向新入职社工传授专业服务知识与技能，促进其成长并确保服务质量的职业活动，具有行政、教育、疏导以及支持的功能。

我市本土督导人才队伍包括督导、督导助理两个级别的社会工作者，其中督导又分为高级督导、中级督导、初级督导。试点阶段，在督导助理向初级督导晋升的过程中，选取部分优秀督导助理担任见习督导。

第二章 行业协会职责

第三条 受市社工主管部门的委托和授权，对本土督导人员的职责范围、选拔晋升办法、评估考核制度等规范进行拟订和发布。

第四条 对本土督导人员在资格认定、履职情况、违纪处罚等方面享有监督和处理权。

第五条 在必要时代表机构与督导，向政府及相关单位反映和协调相关事项，对行业内相关主体之间存在的纠纷，依申请或主动进行相应的调查处理和规劝协调。

第三章 机构职责

第六条 各社工机构应配合市社工主管部门和深圳市社会工作者协会（以下简称"市社协"）积极创造条件，重视对督导人才的培养和管理服务。具体如下：

（1）根据该职责办法及市社协所颁布的本土督导人才选拔办法相关规定，结合本机构实际情况，制定机构内督导人员选拔办法及职责、评估制度。并报送市社协审核。本机构内部的督导人员进行选拔应坚持公开、公平、公正原则。

（2）积极配合市社协所委派的香港督导或顾问的工作，充分利用其专业优势，完善本机构内部督导制度。

（3）保证本机构内督导人员有足够的时间、空间发挥其督导功能，积累专业督导经验和能力。

（4）在本机构内，赋予本土督导人员相应的行政权力（如团队内考核评估权，政策建议权，人事任免建议权等），以利于其工作开展。

第四章 督导职责

第七条 在试点阶段，督导人员具体包括初级督导、见习督导。其中，初级督导原则上需取得社会工作师资格（社工试点阶段可放宽至助理社会工作师），从见习督导中经过考试差额淘汰产生。见习督导需取得助理社工师或以上职业资格，具有至少一年以上一线社工工作经验（社会工作专业）或两年以上社工工作经验（社工相关专业），从我市在岗督导助理中选拔产生。具体选拔方式请参照市社协相关通知。

第八条 本土督导（该处仅指见习督导、初级督导）原则上按照1名本土督导：14名社工（包括督导助理）标准操作。各机构可根据具体情况，予以适当调整。特别情况，机构需与市社协另行商定。

第九条 督导（试点阶段包括见习督导及初级督导）对市社协负有以下职责：

（1）负有政策建议和倡导的职责。按照市社协要求定期递交工作或政策建议报告等；

（2）积极参与市社协所组建的督导人员组织、政策研究、培训及其他相关活动等。

第十条 督导对机构负有以下职责：

（1）参与机构服务质量评估，在机构专业服务推广及决策方面给予建议；

（2）及时对团队的问题和情况进行总结及建议，调整服务方案，优化服务结构，促进服务效果提升；

（3）配合机构人事部门，对团队内督导助理、一线社工的工作进行绩效考核、评估等；对团队内社工招聘、选拔、培养、调岗、辞退等给予机构专业建议；

（4）协助机构，对团队内社工工作程序、服务质量以及职业操守进行监督。

第十一条 督导（包括见习督导、初级督导）对上级督导人员（试点阶段包括香港督导、见习督导小组顾问）的职责：

（1）完成上级督导或顾问为其制定的个人成长方案；

（2）将发展中所存在问题进行反馈，探讨解决方案并予以跟进；

(3) 按照规定,每月接受上级督导个人督导及集体督导,具体可由上级督导根据市社协要求确定;

(4) 配合完成其他类促进行业交流与发展的协调性工作。

第十二条　督导对督导助理负有以下职责:

(1) 培养督导助理督导能力,包括指导、制定并跟踪落实督导助理个人成长方案,协助其完善年度工作计划等;

(2) 给予其适当的情绪支持等;

(3) 定期给予督导助理个人面见督导和小组督导。跟进督导助理所转介的疑难个案、小组或其他实务工作等;

(4) 根据督导助理的实际发展阶段,适当安排其独立开展对一线社工的督导工作,提升其督导能力;

(5) 指导督导助理制定本督导团队年度服务推行计划,并予以落实;

(6) 及时处理督导助理反馈的有关一线社工、服务推行等相关情况,并与上级部门及时沟通,做好上传下达工作。

第十三条　督导对一线社工负有以下职责:

(1) 负责所带领团队的业务方向的整体规划,监督并规范其所负责领域的工作程序及社工的职业操守等;

(2) 给予社工业务指导:按照专业督导程序,定期召开社工个人面见督导及团队督导会议,审阅、批复一线社工服务情况,并按时完成督导记录;

(3) 提升团队社工自身业务能力,策划并组织实施各类形式的培训等;

(4) 带领团队发掘、联络相关社会资源,拓展新的服务项目;

(5) 协调机构、用人单位、社工、行业协会等相关部门之间的关系,以促使服务的有效开展。

第十四条　为保证本土督导人才的督导能力,处于见习期的见习督导应根据见习督导小组顾问要求,落实顾问对其进行的培养规划,亦应保持适量实务工作量,具体遵守以下原则:

(1) 见习督导实务工作仅指以见习督导为主或单独完成,直接针对服务对象所开展的社工服务(服务记录上社工姓名应为见习督导本人)。

(2) 见习督导每月可有 10 节(半天)左右一线实务工作时间,具体由见习督导与其督导顾问根据团队具体情况予以明确。

(3) 自上岗至 2010 年 12 月之前,至少需完成疑难个案(4 次面谈以上)2 个以上,治疗性小组(4 节(半天)以上)1 个以上或其他类小组(4 节(半天)以上)2 个以上,活动(包括新拓展的服务项目)1 个以上。均需有完整服务记录。

(4) 针对各领域服务开展情况不同,可对以上指标进行适当调试,其中小组指标和个案指标之间可互相换算,具体由其所带领督导顾问确定。

第五章　督导助理职责

第十五条　督导助理需取得助理社工师或以上职业资格,具有半年或以上社工工作经验,从我市优秀社工中选拔产生。具体可参见《深圳市社会工作者督导助理选拔与聘用办法》。

第十六条　按照1名督导助理:6名一线社工比例配备。具体可参见《深圳市社会工作者督导助理选拔与聘用办法》。

第十七条　督导助理接受上层督导的业务指导,其具体工作职责由上级督导予以明确,在团队中原则上承担以下职责:

(1) 在督导指导下,落实完成个人成长方案;

(2) 在督导指导下,完善本小组的年度工作计划,推进服务开展及其他协调性工作;

(3) 协助督导规范团队内的工作程序及分工,监督社工的职业操守,帮助团队社工对岗位分工、职责、工作范围等有清晰的了解;

(4) 协助督导落实完成各类理论、实操技巧的培训等;

(5) 在督导指导下,对一线社工进行实务操作上的指导,跟进一线社工转介的疑难个案、小组等;并可适时适量独立开展对社工单独督导;

(6) 协助督导,对一线社工的工作进行绩效考核和评估;

(7) 对一线社工给予适当情绪支持,引导新员工尽快适应工作等;

(8) 协助督导,收集、整理一线社工的服务记录及其他工作报告,按时递交给督导,督促本组社工落实见习督导的审批、反馈意见。配合机构完成本组社工的考勤及督促、考核每日工作完成情况,及时提交给督导审核;

(9) 定期向督导进行工作汇报,反馈团队发展中的问题,并予以跟进落实;

(10) 在完成督导助理岗位上的工作内容之外,还需承担其小组中一线社工平均指标量的80%以上。

第六章　附　　则

第十八条　本土督导人员选拔、评估办法将由市社协另行拟定。

第十九条　本规定由市社协负责解释。

第二十条　本规定自公布之日起施行。

(注:该件由深圳市社会工作者协会于2009年4月13日公布)

附录五 深圳市社会工作实习生管理办法（试行）

总　　则

第一条　为规范我市社会工作实习生的实习活动，维护实习生和社工服务机构的合法权益，保障实习的质量，根据深圳市政府购买、资助社工服务的有关要求和《深圳市社会工作者登记和注册管理办法》的相关规定，特制定本管理办法。

第二条　本办法所称实习生，是指在我市社工服务机构从事辅助性社会工作的未毕业高校大学生。包括在社工服务岗位、社工服务项目、社区综合服务中心、社工服务机构行政岗位等社会工作岗位及社会工作相关岗位从事辅助性社会工作的未毕业高校大学生。

第一章　社工服务机构使用实习生的程序规定

第三条　社工服务机构使用实习生需要由社工服务机构与实习生所在高校、实习生签订三方《实习协议》。协议中需明确各方的基本权利义务。

第四条　社工服务机构需在实习协议签订的同时为实习生购买人身意外伤害商业保险。

第五条　社工服务机构将《实习协议》、实习生的身份证和保险单复印件和该实习生照片，在实习协议签订的5个工作日内交市社会工作者协会（以下均简称为市社协），市社协在收到上述资料3个工作日内审核并颁发统一的《深圳市社会工作实习证》。

第六条　实习生必须佩戴由市社协统一颁发的《深圳市社会工作实习证》上岗。

第七条　实习期满，社工服务机构需将该实习生的实习证交回市社协。

第二章　社工服务机构的权利义务

第八条　社工服务机构应当给实习生提供平等开放的学习氛围和必要的工作条件，并尽量让实习生能够参与社会工作专业实务工作和社会工作专业培训。

第九条　社工服务机构使用实习生必须按照本管理办法的程序规定，为实习生办理实习证。

第十条　社工服务机构不得让实习生在政府购买社工服务岗位和公益金资助项目和社区综合服务中心等社工服务岗位上独立上岗。

第十一条　社工服务机构应当为每个实习生安排有在深圳一年以上社会工作从业经历的注册社工为实习生的具体指导人员。

第十二条　社工服务机构可根据机构资金状况，参照市社协每年度发布的实习生津贴指导标准制定实习生补贴制度。

第十三条　有下列情形之一者，社工服务机构有权拒绝接受或提前解除实习协议：

1. 曾经受过刑事处罚的，但过失犯罪除外；
2. 因涉嫌犯罪正在接受司法机关处理的；
3. 身份不明；
4. 未到法定工作年龄（年满18周岁）；
5. 患有精神疾病、传染疾病或其他重大疾病；
6. 严重违反《深圳市社会工作者守则》；
7. 严重违反社工服务机构的规章制度；
8. 给社工服务机构造成严重不良影响；
9. 其他不适宜从事社会工作的情形。

第三章　实习生的权利义务

第十四条　实习生须遵守《深圳市社会工作者守则》，以社会工作的价值观、社会工作知识、社会工作专业方法为服务对象提供社会服务。

第十五条　实习生应当自觉遵守所属机构的规章制度，自觉维护机构形象，听从用人单位的工作安排。

第十六条　实习生在开展社会工作实务时只能从事辅助性工作，须在指导人员的指导下进行，不得单独从事社会工作实务。

第十七条　实习生在深圳实习期间，必须参加市社协统一举办的实习培训。

若培训期满且考试合格者将取得实习培训合格证。毕业后继续留在深圳从事社会工作的，该合格证可视为岗前培训合格证。

若未修满培训学时，或未通过考核的，已参加部分学时仍可折抵相应的岗前培训学时。

第十八条　实习生除了必须参加实习培训外，还可以参加社工服务机构和市社协举办的其他实习生社会工作培训。

第十九条　实习生的作息时间和请假制度按国家相关规定执行,社工服务机构不得强迫实习生加班。

第二十条　实习生在实习阶段发表与实习工作有关的报告、论文等文章,在发表前需经所在社工服务机构同意,社工服务机构享有该文章的著作权,实习生拥有署名权。

第二十一条　实习生可向所在社工服务机构反映实习中发现的问题,并可提出建设性意见与建议。

第四章　违规行为的处理

第二十二条　在我市社工服务机构实习的实习生和社工服务机构均应当接受市社会工作主管部门和市社协的管理和监督。

第二十三条　市社协实行实习生查访制度,建立实习生档案,并开展定期和不定期地查访。

对于违反本管理规定的行为,将予以批评;

对于严重违反本管理规定,将在行业内予以通报批评,并报请有关行政主管部门处理。

第五章　其他规定

第二十四条　社会工作专业应届毕业生在毕业一年内未取得社会工作职业水平证书的,在政府购买服务、公益金资助项目以及社区综合服务中心等社工岗位上岗的情形,按照相关规定执行。

第二十五条　各社工服务机构应当制定机构的实习生管理制度,当机构的实习生管理制度与本管理办法相冲突时,以本管理办法为准。

第二十六条　本管理办法经深圳市社会工作者协会会员代表大会通过后实施。

深圳市社会工作者协会

后 记

社会工作实习教育是社会工作专业教育的重要组成部分,是社会工作实务人才培养的重要途径和主要环节。社会工作实习的教材建设和课程讲授是社会工作实习教育的重要途径。目前,社会工作实习的教材从总体上来说数量不多,我国香港和台湾地区的学者编写的教材主要集中于20世纪80年代,我国内地的学者编写的教材则是从21世纪初开始的,最近几年也有少量国外教材被翻译成中文出版。应该说,这些教材在内容上各具特色,均较好地反映出国内外社会工作实习方面的经验、模式和特点。基于种种因素的考虑,本书的编写采用了"折中"的做法,在借鉴同类教材和相关论著的成功经验的基础上,较好地兼顾了社会工作实习的理论教学和实践指导两方面的需要,在对现有研究成果进行梳理和总结的同时,进行了一定的探索和创新。严格来讲,本书的主要目的在于抛砖引玉,以期能够进一步推动社会工作实习的教学与研究。

本书由李伟梁负责编写提纲、组稿和前期统稿等工作,库少雄参与全程讨论,全部书稿最后由二人共同修改并定稿,具体工作主要由李伟梁完成。参加本书各章编写的名单如下:

第一章　库少雄
第二章　李伟梁
第三章　方劲
第四章　杜妍智
第五章　裴旋
第六章　朱凯
第七章　童玉英
第八章　李伟梁

除了以上作者为本书编写付出的努力外,我们还要感谢中南民族大学、浙江师范大学和华中科技大学等学校的相关领导给予的高度重视和大力支持。此外,研究生张红芳、杨露璐、徐莹颖、叶淑静等参与了本书部分章节的资料收集和文字整理工作,在此一并致谢。华中科技大学出版社的策划编辑钱坤和责任编辑杨玉斌为此书的编写和出版付出了很多辛劳,在此向他们表示衷心的感谢!

由于时间仓促及水平有限,书中还存在不少需要改进的地方,希望各位老师、同学不吝赐教,提出进一步修改和完善的宝贵建议。

本书主编
2011年7月